DANIEL MORENO

LOS HOMBRES DE LA REVOLUCION

SEXTA EDICION

Daniel Moreno

LOS HOMBRES DE LA REVOLUCION

COSTA-AMIC EDITORES, S.A.
MEXICO, D.F.

DISEÑO DE PORTADA:
Alegoría sobre el tema revolucionario, hecho a tinta china por el Profesor Julián Solares Gerardo

La presentación y contenido de esta obra son propiedad del editor. Ninguna parte puede ser reproducida o transmitida, mediante ningún sistema o método, eléctrico o mecánico.

© Derechos reservados
 1994, PROCULMEX, S.A. DE C.V.
    (coedición con)
 COSTA-AMIC EDITORES, S.A.
 Lázaro Cárdenas 104
 México 06080 Centro, Tel: 510-18-04

Miembro de la Cámara Nacional de la Industria Editorial, Reg. Núms. 4542 y 313.

1ª Edición, febrero 1960.
2ª Edición, febrero 1971.
3ª Edición, junio 1977.
4ª Edición, septiembre 1981.
5ª Edición, marzo 1985.
6ª Edición, octubre 1994.

ISBN: 968-459-034-2

IMPRESO EN MEXICO/PRINTED IN MEXICO

REVOLUCIONARIOS DE ENTONCES

(PRÓLOGO A LA PRIMERA EDICIÓN)

Estamos en la celebración del primer medio siglo de la Revolución Mexicana; los hombres que la realizaron, surgidos en su mayoría del campo, pero en la mayor parte de los casos de la masa del pueblo, rindieron su tributo a la tierra, en su mayoría, hace muchos años. Decenas de millares perecieron en los combates, muchos miles murieron de hambre, otros al abandonar su terruño, huyendo de la violencia, desatada sobre todo en el campo. ¿De dónde provinieron esos hombres? ¿Cómo eran, vistos desde el enfoque humano, aquellos seres surgidos de la nada? En muchos casos analfabetos, es decir, que ellos y su familia habían pertenecido a tal punto a la clase explotada, que ni siquiera aprendieron las primeras letras. Sometidos a esclavitud o semiesclavitud en las regiones de destierro, en Valle Nacional, en Quintana Roo; vendidos á los grandes latifundistas. O bien, trabajadores también explotados en las minas, o en las fábricas, bajo un régimen de trabajo sin las menores garantías sociales o prestaciones que atenuaran la rudeza de sus labores. En pocos casos, hombres de estudio o intelectuales.

Un breve muestreo realizado entre cerca de mil revolucionarios me ha permitido hacer un cálculo, que desde luego es provisional, en el que se advierte que cerca del 80% fueron labriegos o peones del agro; menos del 10% trabajadores, algunos que después figuraron de manera destacada, obreros de las minas; otros, surgidos de las fábricas textiles. Recordemos siquiera de paso las huelgas más notables en las postrimerías del régimen porfirista. No porque no las haya habido antes, como ya lo ha hecho notar Moisés González Navarro en el tomo IV de la Historia Moderna de México, que está a punto de concluirse bajo la dirección del gran historiógrafo don Daniel Cosío Villegas. Las huelgas de Cananea, fundo minero, y Río Blanco, zona fabril de hilados y tejidos, revelan en que sectores de los obreros se hallaban los que tenían más conciencia de clase. Otro sector muy importante es el ferrocarrilero, del que surgieron elementos como Rodolfo Fierro, Margarito Ramírez, y multitud más, que realizaron hazañas que en algunos casos pertenecen al campo de la leyenda. Algún día se escribirá el libro que relate la participación de los hombres del riel en la Revolución: La rielera en la Revolución se podría titular. Y los dinamitadores de trenes han sido el tema *fecundo para muchos churros cinematográficos mexicanos, si bien, tema al mismo tiempo de excelentes películas.*

De los intelectuales ya Federico González Garza se dolía con toda razón; y es que, ya lo han dicho diversos autores, los hombres de letras casi nunca han respondido al llamado popular. A los intelectuales les asquea la violencia, a menos que sea represión de tipo reaccionario. De todos es sabido que al concluir la lucha armada los elementos más jóvenes de poca preparación, tuvieron oportunidades para ocupar cargos de gran importancia; y es que bajo un régimen como el porfiriano resultó perfectamente lógico que las clases dirigentes fuesen conservadoras. Hace ocho años don Luis Chávez Orozco relató la triste historia de los hombres de pensamiento en la historia de México, pues han vivido con un pueblo al que han sido inferiores. Tal vez algunos objeten el caso de los reformistas liberales. Pero ellos no son más que la pauta confirmativa, pues fueron, lo mismo Ramírez que Altamirano, Zarco que Ponciano Arriaga, hombres de acción y de pensamiento. Los artepuristas de la época, la élite del medio siglo pasado, fue conservadora. Y los grandes combatientes, preparados o no, fueron hombres del pueblo: Santos Degollado y Jesús González Ortega pueden servir de ejemplos ilustres. Los Lerdo y Ocampo son la excepción.

Entre burócratas, comerciantes en pequeño, campesinos de mediana propiedad, forman cerca del 10%. Los intelectuales apenas el 2%. Lo que no debe mortificar a los hombres de pensamiento de nuestros días. La educación la otorgaba el Estado o los sectores privados, a una minoría privilegiada. Las teorías de Spencer o el positivismo comptiano, sirvieron en algunos casos para justificar la explotación popular. Un Villa, un Zapata, un Saturnino Cedillo, aprendieron a firmar y a leer con cierta fluidez o con dificultad, ya mayores; y muchos se quedaron apenas en el umbral del saber. Con periodistas, maestros, etc., se completa la lista total.

De las semblanzas biográficas que aparecen a continuación, hemos preferido, en muchos casos, tomar los retratos de Martín Luis Guzmán, del doctor Ramón Puente, de Federico González Garza, y de otros autores, para tener una imagen más viva. En algunos casos tuvimos la colaboración del acucioso compilador don Miguel Velasco Valdés, cuyas semblanzas se señalan en el lugar correspondiente. Tenemos algunas imágenes insuperables del singular periodista norteamericano John Reed, el de México insurgente *y* Cómo tomaron el poder los bolcheviques. *También, de José Vasconcelos, cuya santa indignación, como él la llamó, ilumina vigorosamente las páginas de* La Tormenta, *o de* El Desastre, *libros en los que se desliza la pluma bronca y agresiva del gran escritor. Sobre la lucha en el Constituyente y la intervención norteamericana se agregan sendos capítulos (Djed Bórquez y Mario Gill).*

En todos los casos se ha procurado la objetividad, sin que pretendamos haberla logrado del todo. Sólo quiero advertir que, nacido después de la terminación de los años bélicos, sin pertenecer a ninguna familia atropellada o afectada en forma alguna por cualesquiera de las facciones en que se dividieron los revolucionarios, los datos que se aportan se hacen con la mayor imparcialidad. Por ello mismo resultará un libro heterodoxo en mucho, pero siempre fundado en opiniones atendibles y sobre todo en hechos concretos. Siempre que se trata de una opinión que choca con clisés establecidos, he preferido acudir a una cita de autor contemporáneo y actor o testigo presencial de los acontecimientos. No se trata, sin embargo, de un libro erudito, sino de una obra de divulgación. Alejada de propósitos exhaustivos, por lo que todos echarán de menos a ciertos personajes. El criterio que se siguió para biografiarlos fue el de presentar elementos de todas las facciones, figuras que en alguna forma fueron representativos. Tal vez algún día intentemos una obra más cabal y desde luego, estimamos que ese tipo de trabajos queda incompleto mientras no se escriba la historia de los grupos sociales en la Revolución. Por suerte, ya hay elementos suficientes para hacerlo.

DANIEL MORENO

México, febrero de 1960.

PROLOGO A LA SEGUNDA EDICION

Los personajes de la Revolución Mexicana —lo mismo los precursores, que los realizadores y doctrinarios—, han sido víctimas de una deformación interesada, debido a motivaciones estrictamente políticas. Turiferarios a sueldo han escrito los panegíricos de las más diversas personalidades, sobre todo si han ocupado cargos importantes; ya no digamos si se trata de casos de hombres de la Revolución que un día se vieron encumbrados a los primeros cargos del servicio de la República, en particular la Presidencia: Adolfo de la Huerta, Alvaro Obregón, Plutarco Elías Calles, Abelardo Rodríguez, Pascual Ortíz Rubio, básicamente, vieron uncidos al carro del poder a los más diversos aduladores. Lo que de ellos se dijo: primer agrarista de la Revolución; primer obrero de la República, etc., etc., nos hacen recordar la frase estribillo de la famosa alocución de San Juan Crisóstomo: vánitas vanitatis... "Vanidades de vanidades y todo es vanidad".

En México parece que ha tenido vigencia, al menos en las primeras décadas, la vieja idea de que los vencidos jamás tienen la razón. Pero las contradicciones de los diversos sectores que intervinieron en la lucha: carrancistas, maderistas, villistas, zapatistas y otros istas han hecho que los héroes de ayer sean los deturpados del presente o del mañana. Por ello creemos que nuestro libro —en su primera edición— tuvo la fortuna de merecer las críticas de las más diversas facciones, y ya que a ninguna trató de servir, al par que elogios de aquellos que prefieren la historia apegada a la verdad, o que al menos ha tratado de investigarla. En esta oportunidad no hemos hecho cambio de importancia, sino simplemente afinado algunos estudios en los que, por la premura de la originaria redacción, estimamos que debían agregarse.

Algunos nuevos personajes, no incluidos en la primera oportunidad aparecen, ahora, por creerlos imprescindibles para el mejor conocimiento de los combatientes por la gran etapa iniciada en 1910.

DANIEL MORENO

San Angel, D. F. Febrero 1971.

NOTA A LA TERCERA EDICION

Tardó en aparecer esta tercera edición, no obstante que la anterior se agotó hace cinco años, porque quise hacerle algunas adiciones fundamentales, al incluir cinco personajes que seguramente los lectores habían echado de menos: Luis Cabrera, prestigiado ideólogo, revisar el capítulo correspondiente al egregio Gral. Salvador Alvarado; la personalidad del íntegro combatiente Antonio I. Villarreal; un dirigente obrerista, de cambiante actuación: Luis N. Morones; y al presidente que mayor impulso dio al programa revolucionario. He agregado también un personaje de la facción, carrancista, Jacinto P. Treviño, porque estimo que sin examinar los planos diversos no se completa la imagen real de una etapa histórica. Seguramente que en posteriores ediciones añadiremos otras figuras.

Debo agradecer a los profesores de enseñanza secundaria la amable acogida que han otorgado a esta obra, seguramente porque intenta apegarse a la verdad histórica, sin atender las diversas fórmulas que desvían, por interés material o por partidarismo; y puedo afirmar que muchas de las ideas sostenidas en esta obra y en una complementaria: Raíces ideológicas de la Constitución de 1917, han logrado abrirse paso entre los nuevos investigadores.

Confío en que la benévola acogida del público me permita enriquecer este trabajo en posteriores ediciones, como es de prever por la favorable aceptación que hasta hoy ha tenido.

DANIEL MORENO

San Angel, D. F., a 15 de junio de 1977.

LOS HERMANOS FLORES MAGON

Entre los precursores de la lucha entablada contra la dictadura de Porfirio Díaz, figuran, en primer término, los hermanos Flores Magón: Ricardo, el más intransigente; perseguido, desterrado, prisionero, su vida terminó en una penitenciaría norteamericana: la cárcel de Leavenworth. Jesús y Enrique completan el combativo trío. Muchas de las ideas que recogió la Revolución y que fueron desarrolladas en la Constitución de 1917, las expusieron por vez primera en el "Programa del Partido Liberal Mexicano", el año de 1906, es decir, mucho antes que la mayoría de los ideólogos tuviera ideas precisas sobre los problemas fundamentales, tanto políticos como sociales y económicos, del país.

Hijos de Teodoro Flores, un hombre de gran inquietud social, y de Margarita Magón, una mujer extraordinaria por su espíritu de sacrificio y su vocación de servicio colectivo, Jesús nació el 6 de enero el pueblo de San Antonio Eloxochitla; y Enrique, el 13 de abril de 1872, en San Simón; Ricardo el día 16 de septiembre de 1874, en 1877, en Teotitlán. Todos en Oaxaca. Radicado su padre en México, siendo ellos pequeños, su madre decidió llevarlos a la capital para que estudiaran, abandonando la comodidad del hogar en su pueblo. Ya en la ciudad, murió pronto don Teodoro, por lo que quedaron huérfanos y en la pobreza. Ello determinó que aún niños comenzaran a trabajar para ganarse la vida.

Adolescentes iniciaron sus actividades políticas, por lo que pronto supieron lo que era el aporreamiento por la policía, pues sus prédicas eran durísimos ataques al gobierno del general Díaz. Muy jóvenes, también, se iniciaron en el periodismo de oposición. Fueron colaboradores del periódico semanario *El Demócrata*. En él se denunciaban las pobres condiciones de vida de los campesinos y de los obreros, de las injusticias cometidas. Sus artículos les valieron el ingreso al penal de Belén. El primero en sufrir una larga prisión fue Jesús, el mayor, que estuvo detenido nueve meses en la expresada cárcel. De ahí, salió según su propia expresión, hecho un costal de huesos. Lo peor del caso, que por demás era típico, es que jamás fue sometido a un tribunal de justicia. Simplemente perdió la libertad por las arbitrarias disposiciones dictatoriales, y un día la recuperó.

El día 30 de noviembre apareció *Regeneración*, periódico en el que se denunciaban los peores crímenes del porfirismo. Se comenzó por combatir la pésima administración de justicia; pero en poco tiempo se convencieron que esa mala administración era tan sólo un capítulo de toda la organización social, en la que la falta de equidad se extendía a todas las relaciones económicas y políticas. El día 5 de enero de 1901, en la ciudad de San Luis Potosí se celebró una convención de los clubes liberales. A ella asistió Ricardo como delegado e hizo un ataque a fondo al propio Dictador. Poco después *Regeneración* fue asaltado y Jesús y Ricardo hechos prisioneros. Aún presos, su madre enfermó gravemente; y un enviado del Dictador la visitó, ofreciéndole la libertad de los prisioneros en cambio de la promesa de que ellos no siguieran en su lucha antigobernista. Doña Margarita lo rechazó con entereza y murió sin ver a sus dos hijos mayores.

Una segunda etapa de la lucha antiporfirista la constituye la actuación de los Flores Magón en el periódico *El hijo del Ahuizote*, que dirigía el valiente periodista Daniel Cabrera. Una enfermedad de éste hizo entrar al vocero en una racha de decadencia. Tomaron el periódico en arrendamiento y lograron alcanzar una circulación de 26.000 ejemplares, que para esa época fue muy grande. Especial mención merecen los ataques lanzados al general Bernardo Reyes, al proyectarse la "Segunda Reserva del Ejército". En breve contaron con compañeros tan valiosos como Librado Rivera, Manuel Sarabia, Rosalío Bustamante y otros. Pero también muy pronto volvieron a la cárcel de Belén.

No es sorprendente que una de las cuestiones que más ha debatido la historiografía mexicana en los últimos veinte años, y que seguramente seguirá siendo discutida por mucho tiempo, es la personalidad de Ricardo Flores Magón, notable precursor de la Revolución Mexicana, cuyo pensamiento y acción fueron determinantes en muchos de los sucesos armados ocurridos antes de 1910. Su periódico *Regeneración* es la mejor respuesta a quienes afirman que nuestro movimiento armado y social careció de ideología. Las razones por las que sigue sin aclararse la actuación de Flores Magón, más que de índole histórica, lo son de naturaleza política y económica, ya que su pensamiento se encuentra claramente enmarcado entre los más avanzados de los ideólogos mexicanos del siglo XX. Hay estudiosos norteamericanos que lo sitúan a la altura de Bakunin y de los socialistas más notables de fines del siglo pasado y principios del presente. Y resulta un tanto extraño que la magna obra de G. D. H. Cole, *Historia del pensamiento socialista*, de siete volúmenes, lo ignore.

Decíamos que son intereses económicos y políticos los que impiden aclarar los perfiles del pensamiento de Flores Magón, ya que los sucesos de Baja California, durante la invasión de elementos magonistas, a los que se mezclaron en determinado momento filibusteros ajenos a su movimiento, sitúan en bandos distintos a elementos que hasta nuestros días gozan de vigorosa influencia en la política y la economía mexicana. Nada de extraño es que las personas con ideas conservadoras ataquen a este prominente luchador, que era indudable y temible adversario de ellas. Lo verdaderamente increíble es que algunos elementos que se dicen de ideas avanzadas lo vituperen. Ello deriva exclusivamente de la ignorancia de nuestra historia, ya que los mismos que la escriben carecen, en la mayoría de los casos, de verdadero espíritu crítico. Por tanto, más que discutir las ideas o las acciones del fundador y director de *Regeneración,* autor también de copiosa obra política y literaria, que inclusive incursionó en el campo teatral, queremos exponer algunas de sus ideas.

Se ha señalado nítidamente la influencia de Flores Magón sobre Zapata, lo mismo sobre los rebeldes a la dictadura de Díaz en Veracruz, Coahuila y Chihuahua, que sobre los más distinguidos elementos con ideologías que rodeaban a Zapata o que intervinieron en numerosos sucesos anteriores a 1910. Samuel Kaplan, en *Combatimos la tiranía,* ha hecho uno de los mejores estudios sobre este personaje. Nosotros queremos establecer la indiscutible influencia del floresmagonismo en la Constitución de 1917, a reserva de examinar otros ángulos de su personalidad.

La más elemental o superficial lectura del "Programa y Manifiesto del Partido Liberal Mexicano", es suficiente para darnos cuenta de hasta qué punto las ideas magonistas fueron factor determinante en nuestra estructuración política de 1917, donde los liberales estilo siglo XIX, encabezados por Carranza y sus allegados, fueron vencidos plenamente por los diputados que, seguramente con menor preparación pero con mejores ideas respecto a la realidad mexicana, estuvieron representados por un Francisco J. Múgica, un Heriberto Jara, un Luis G. Monzón, Manjarrez, Victoria y otros no menos combativos.

En la exposición previa del programa citado, se decía: "El Partido Liberal, dispersado por las persecuciones de la dictadura, débil, casi agonizante por mucho tiempo, ha logrado rehacerse, y hoy rápidamente se organiza. El Partido Liberal lucha contra el despotismo reinante hoy en nuestra patria, y seguro como está de triunfar al fin sobre la dictadura, considera que ya es tiempo de declarar solemnemente ante el pueblo mexicano cuáles son concretamente, los anhelos que se propone realizar cuando logre obtener la influencia que se pretende en la orientación de los destinos nacionales".

*
* *

Firmaban el manifiesto, que apareció en Saint Louis, Missouri, Estados Unidos, el 1º de julio de 1906, Ricardo Flores Magón, como presidente; Juan Sarabia, vicepresidente; Antonio I. Villareal, secretario; Enrique Flores Magón, tesorero; Librado Rivera, primer vocal; Manuel Sarabia, segundo vocal, y Rosario Bustamante, tercer vocal. Ricardo era no solamente el mayor de influencia, a pesar de la indiscutible valía de Villarreal o Juan Sarabia, sino también el de pensamiento más sólido y mejor organizado.

Al analizar las condiciones de los obreros bajo el régimen del general Díaz, los manifestantes declaraban: "El capitalista soberano impone sin apelación las condiciones de trabajo, que siempre son desastrosas para el obrero, y éste tiene que aceptarlas por dos razones: porque la miseria le hace trabajar a cualquier precio o porque si se rebela contra el abuso del rico, las bayonetas de las dictaduras se encargan de someterlo. Así es como el trabajador mexicano acepta labores de doce o más horas diarias por salarios menores de setenta y cinco centavos, teniendo que tolerar que los patrones le descuenten todavía de su infeliz jornal diversas cantidades para médico, culto católico, fiestas religiosas o cívicas y otras cosas, aparte de las multas que con cualquier pretexto se le imponen".

No menos combativa era la exposición sobre las condiciones de los labriegos: "En más deplorable situación que el trabajador industrial se encuentra el jornalero del campo, verdadero siervo de los modernos señores feudales. Por lo general, estos trabajadores tienen asignado un jornal de veinticinco centavos o menos, pero ni siquiera este menguado salario perciben en efectivo. Como los amos han tenido el cuidado de echar sobre sus peones una deuda más o menos nebulosa, recogen lo que ganan esos desdichados a título de abono y sólo para que no se mueran de hambre les proporcionan algo de maíz y frijol y alguna otra cosa que sirva de alimento".

*
* *

Pero no todo fueron críticas en torno al atraso que presentaba el país, a pesar de la indudable transformación que se operó durante el porfiriato. Hay multitud de proposiciones que luego fueron recogidas por otros combatientes y que plasmaron en la Constitución de 1917. Entre otras muchas, de orden político y social, tenemos: reducción del período presidencial a cuatro años; supresión de la reelección para el Presidente y los gobernadores de los Estados; supresión del servicio militar obligatorio; abolición de la pena de muerte, excepto para los traidores a la patria. Todas estas propuestas fueron recogidas literalmente. Una proposición que revelaba el profundo conocimiento de cuestiones regionales, no solamente de orden general, se advierte cuando sostienen en su programa la restitución a Yucatán del Territorio de Quintana Roo, formado a finales del gobierno del general Díaz, de modo arbitrario.

Lo que en materia de mejoramiento y fomento de la instrucción señalaron, se recogió literalmente. Y en lo que hace a las relaciones entre el capital y el trabajo, decían:

"Establecer un máximum de ocho horas de trabajo y un salario mínimo en la proporción siguiente: un peso para la generalidad del país, en que el promedio de los salarios es inferior al citado, y de más de un peso para aquellas regiones en que la vida es más cara y en las que este salario no bastaría para salvar de la miseria al trabajador". A continuación, otros propósitos que se recogieron al pie de la letra en el artículo 123 constitucional: "Reglamentación del servicio doméstico y del trabajo a domicilio. Adoptar medidas para que con el trabajo a destajo los patrones no burlen la aplicación del tiempo máximo y salario mínimo. Prohibir en lo absoluto el empleo de niños menores de catorce años. Obligar a los dueños de minas, fábricas, talleres, etc., a mantener las mejores condiciones de higiene en sus propiedades y a guardar los lugares de peligro en un estado que presente seguridad a la vida de los operarios".

Primero el artículo 123; después las leyes obreras de los diferentes Estados, para finalmente quedar encuadrados dentro de la Ley Federal del Trabajo; todas estas ideas y postulados de un programa se hicieron realidad. Después nos hablan de la obligación de los patrones a pagar indemnización por accidentes del trabajo y la declaración de nulidad de las deudas de los jornaleros del campo para sus amos. La prohibición de que los patrones, bajo severas penas, pagaran a los trabajadores de cualquier otro modo que no fuese dinero en efectivo, lo mismo que la de castigar e imponer multas a los trabajadores o los descuentos del jornal como se hacía en las tiendas de raya. Y algo que ahora, de tan acostumbrados como estamos, nos parece indiscutible, pero que hace más de medio siglo parecía inalcanzable: la obligación del descanso dominical.

En materia de propiedad en el campo, las ideas de los magonistas eran también de índole avanzada. En materia impositiva significaban un gran adelanto y, por lo que hace a cuestiones que se recogieron en el Código Civil (previamente en la Ley de Relaciones Familiares), también su programa era un preludio de lo que más tarde se legisló. "Establecer la igualdad civil para todos los hijos de un mismo padre es rigurosamente equitativo. Todos los hijos son naturalmente hijos legítimos de sus padres, sea que éstos estén unidos o no por contrato matrimonial. La ley no debe hacer al hijo víctima de una falta que, en todo caso, sólo corresponde al padre".

Cuando se inició la lucha armada de 1910, don Francisco I. Madero llamó a los Flores Magón. Dotado de gran sensibilidad, el apóstol del civismo comprendió la fuerza que éstos tenían y a través de Jesús, el mayor, y de Juan Sarabia, se pone en contacto con ellos. Se les ofrecieron cargos en el nuevo gobierno que se proyecta-

ba al triunfo. Le respondieron que se organizase una junta revolucionaria para gobernar al país. Con Villa y Zapata se pusieron de acuerdo, pero no con Madero. Por ello, *Regeneración,* publicó un artículo de Ricardo en que se afirmaba:
"Madero, los políticos, los ricos; todos ellos andan al trote, buscando un medio de aquietar a las masas. Encuentran sólo uno: devolver la tierra a los desposeídos. Entiendo por fin que los desposeídos no pueden seguir siendo entretenidos con palabras.
"El campesino, el trabajador de la ciudad, tienen hambre física. No les gusta hablar. La palabra «libertad» no tiene sentido para ellos. ¿Cómo podrían, si sus hogares no tienen fuego? ¿Cuando sus mujeres tiritan bajo harapos asquerosos? ¿Cuando sus hijos lloran y sollozan por pan?
"Las frases Sufragio Efectivo. No Reelección; Libertad de Prensa; Derecho de Reunión, no tienen valor para el hombre que, encorvado sobre el surco, sabe que la tierra que fertiliza con su sudor no le pertenece. Ni para aquel que, cuchara en mano, asienta los ladrillos del edificio en el cual nunca habitará. Ni para aquel que, respirando el aire de la malsana factoría, sabe que lo que sus manos producen, no es para él. Ni para aquel que, con las montañas sobre su cabeza, nota que el metal que él arranca de la roca sonará como moneda en otros bolsillos, resplandecerá como medallas en los pechos de bandidos uniformados, adornará los brazos, los cuellos y los peinados de mujeres de los ricos.
"Esta nueva actitud del campesino y el obrero está perturbando el sueño del gobierno de Madero. Reuniones de consejo ministerial para considerar —pero no para afrontar— el problema social, se suceden uno al otro con fútil rapidez.
"Cuando el trabajador se humilla, ruega con un favor por lo que justamente le pertenece; los adinerados, los políticos, el gobierno, sonríen y se burlan del cobarde.
"¡Ah, pero cuando el grito de valor, y la acción revolucionaria, toman el lugar de la súplica gemebunda, algo sorprendente ocurre: El orgulloso, el poderoso, el altanero, se ven obligados a aflojar su garra de sobre aquellos que por siglos han sido dolientes víctimas!"
En 1911 los Flores Magón invadieron Baja California, para apoderarse de ella y tener una base desde la cual combatir al gobierno de Porfirio Díaz. Tomaron Mexicali y Tijuana, pero al final fueron derrotados, ya caída la dictadura. Injustamente se les ha hecho el cargo de filibusteros, diciéndose que se habían vendido al gobierno de los Estados Unidos. Nada más falso y absurdo, si se recuerda la trayectoria sin tacha de estos revolucionarios. Podrían equivocarse, según el punto de vista ideológico que se sustente, pero jamás se les podrá hacer el cargo de traición. En Estados Unidos se les juzgó conforme a las leyes de neutralidad y se les declaró culpables de

haberla violado. Como consecuencia, la cárcel de nuevo. Agustín Cue Cánovas ha hecho un estudio sobre este capítulo.

Ricardo fue hecho prisionero nuevamente y llevado a la cárcel de Leavenworth, donde murió el día 20 de noviembre de 1922. Asesinado, según las investigaciones del escritor Samuel Kaplan *(Combatimos la Tiranía.* Un pionero revolucionario mexicano cuenta su historia a Samuel Kaplan. Traducción de Jesús Amaya Topete. México, 1958).

El año de 1945, el 1o. de mayo, sus restos fueron trasladados a la Rotonda de los Ilustres, donde por fin reposan.

PRAXEDIS GUERRERO

Precursor de la Revolución guerrillero, escritor. Nació en León, Guanajuato, en 1882. Murió combatiendo en Janos, Chih., el 30 de diciembre de 1910.

Era de tendencia anarquista y perteneció al Partido Liberal encabezado por los hermanos Flores Magón. Tomó parta activísima en diversas asonadas de fines del siglo pasado, unido a los hermanos Sarabia, a Camilo Arriaga, a Librado Rivera y otros inconformes que desde allende el río Bravo amagaban los pueblos de nuestra frontera Norte.

El 26 de julio de 1906 tomó las armas por primera vez atacando el pueblo de Las Vacas, y unido a Pedro Araujo, Pedro Miranda, Néstor López, Modesto Ramírez, Juan Maldonado, Emilio Munguía, Martínez Peña, Pedro Arreola, Manuel Vales, Calixto Guerra, etc., que formaban un núcleo de apenas 40 hombres se lanzó al ataque al grito de "¡Ahí están los mochos!". En esa acción Arreola cayó mortalmente herido exclamando: "¡No porque muere un chivo se acaba todo el ganado!". El 1o. de julio tomó parte en la acción de Las Vacas, Enrique Flores Magón y José Inés Salazar, que después sirvió a la usurpación de Victoriano Huerta. Posteriormente asistió al encuentro de Palomas. Adviene la revolución de 1910 y halla a Praxedis Guerrero en pie de lucha, con el rifle en la mano; pero apenas iniciada la campaña militar, una bala troncha la vida útil y patriótica de tan notable guerrillero mexicano. Su labor de escritor de combate queda en las páginas de *Redención* y otros periódicos que hacen historia.

MIGUEL VELASCO VALDÉS

Nota: Al aparecer la 2a. edición de esta obra, ya se cuenta con una buena biografía del gran Praxedis, auspiciada por el Instituto de Estudios Históricos de la Revolución Mexicana.

ANDRES MOLINA ENRIQUEZ

Uno de los más grandes sociólogos mexicanos es el autor de *Los Grandes Problemas Nacionales,* obra fundamental para comprender la caída del régimen de Porfirio Díaz. Se trata de un libro que, según Agustín Cue Cánovas, es el estudio sociológico más notable que se ha escrito en el curso de nuestra evolución histórica. Apareció en 1908, en plena madurez de su autor, que vio la luz primera en el pueblo de Jilotepec, Estado de México, el año de 1868. Por estimarlo de fundamental importancia, transcribimos una breve pero certera semblanza hecha sobre este gran pensador:

Mientras la mayor parte de los intelectuales mexicanos, a principios de este siglo, entendía y explicaba los problemas nacionales en términos de poder político y de lucha por ese poder, y discurría sobre la historia del país en función de la búsqueda de instrumentos jurídicos cuyo valor supremo radica en el mantenimiento de la paz, Andrés Molina Enríquez forjaba las armas de un análisis sociológico capaz de desentrañar cuáles eran y cómo se movían las fuerzas sociales de cuyo rejuego la armazón política venía a ser mera expresión. Desentendiéndose de las teorías en boga, en la medida en que esas teorías devenían en cristal deformador de la realidad o en cortina de humo para no verla, Molina Enríquez dio todo su valor a la certera expresión de Ponciano Arriaga en el Constituyente de 1856-57: "Nos divagamos en la discusión de derechos y se olvidan los hechos positivos". Hechos positivos recogió don Andrés y analizó y sistematizó a lo largo de prolongados años de esfuerzo laborioso, en los que no poco le sirvieron las concienzudas obras de Wistano Luis Orozco. Culminación de tal trabajo fue *Los grandes problemas nacionales,* obra aparecida en 1908, en la que Molina Enríquez explica la historia del país como la lucha de grupos étnicos dentro de la sociedad. Al dar a esos grupos, más que un contenido racial (peligro en el que no llegó a caer), una clara connotación económica, según el grado de su posesión, o desposesión de la riqueza y de la lucha por adquirirla y controlarla, Molina Enríquez planteó correctamente el conflicto cuyo estallido violento derrocó al antiguo régimen y abrió paso al desarrollo del México moderno. Al exhibir las verdaderas bases del régimen de las haciendas, su explotación del peón, su ineficacia económica y su impacto sobre la vida nacional, en la dictadura y la ignorancia del pueblo, Molina Enríquez trazó el esquema conforme al cual habría de desenvolverse la obra agraria de la Revolución: destruir el sistema latifundista, sin llegar a la abolición de la propiedad privada en el campo (como lo pretendería Flores Magón en su etapa anarquista), pero entregando parte de las tierras a los campesinos desposeídos (cosa que descartaba Wistano Luis Orozco). O, en otras palabras, Molina Enríquez señaló el doble camino de la pequeña propiedad agrícola, como unidad más eficiente y moderna de explotación rural, y del sistema ejidal, como respuesta a la sed de tierra de los campesinos y base para darles mayores ingresos y el disfrute de la libertad.

Poco después del triunfo de la revolución maderista, estimando que las conquistas fundamentales de la Revolución no se realizaban, y que Madero defraudaba la Revolución, proclamó el Plan de Texcoco (1911). Se desconoció al presidente de la Barra y afirmó, con razón, que no era el lema de "Sufragio Efectivo. No Reelección", el que había levantado a las masas contra la tiranía, sino el deseo legítimo de mejorar sus condiciones económicas; contra el ensanche del latifundismo y el caciquismo reinante en el país.

Si en el terreno político de alcance de cargos públicos, este gran doctrinario no alcanzó éxito, sus ideas lo consagran como el campeón de la reforma agraria, como defensor de los derechos del pueblo.

Con certeras ideas en materia internacional, se mostró partidario decidido de la tesis de la no intervención en los asuntos interiores de otros países. Señaló la influencia de los Estados Unidos, y vivió lo suficiente para ver realizada en la etapa 1934-1940, sus ideas fundamentales. Falleció el 2 de agosto de 1940.

Es penoso comprobar que, al llegar el centenario de este gran mexicano, sólo unos cuantos lo recordamos. Oficialmente se le ignoró.

WISTANO LUIS OROZCO

Finalizaba el siglo XIX y México vivía en la etapa de máximo esplendor y pujanza del porfirismo. La fachada liberal de aquel régimen de terratenientes, generales e inversionistas extranjeros ocultaba el armazón de peones, siervos y obreros esclavizados que lo sostenía en pie, y el endeble cimiento de miseria popular de que arrancaba. La voz oficial de la época sólo tenía expresiones de optimista bienestar y satisfactorio ajuste de los problemas nacionales. Pocos, excepcionales, eran los que penetraban más adentro de la superficie de las cosas y atisbaban una honda, inquietante cuestión social que resolver. De esos pocos fue don Wistano Luis Orozco, quien, rastreando las huellas del derecho territorial a lo largo de la historia mexicana, dio con las realidades humanas y con las relaciones sociales de orden primordial en que ese derecho se apoya y de las que es resultante. En su obra *Legislación y Jurisprudencia sobre terrenos baldíos*, publicada en 1895, Orozco trascendió los límites restringidos del estudio puramente jurídico enunciado en el título y vino a poner en evidencia cómo la concentración de la propiedad rural en unas cuantas manos causaba el estancamiento de la agricultura, el atraso económico del país, la miseria del pueblo y la postración de la vida cultural y política. En 1911, cuando la lucha revolucionaria en ascenso auguraba como algo inminente la aplicación de la Reforma Agraria, Orozco reiteró el contenido esencial de sus ideas en el opúsculo *La cuestión agraria*, en el que declaró llegada la hora de "sustituir estas orgullosas e ignorantes oligarquías de la población agrícola con una clase democrática inteligente, ilustrada, libre y acabar con la vergonzosa esclavitud en que descansa el cultivo de nuestros campos". Sin embargo, Orozco desestimó la pujanza de la lucha campesina de que en buena parte se nutría la Revolución y los dramáticos conflictos que la provocaban, y, con una conciencia puramente burguesa, recomendó el reparto de la tierra sólo mediante la previa compra de las grandes haciendas por el Estado, y el posterior fraccionamiento y venta de ellas entre una nueva clase de propietarios rurales capitalistas. En cambio, Orozco vio clara la necesidad de una revolución agrícola, a través del crédito y de estímulos fiscales para el fomento de las obras de riego y los caminos, la mejoría de las semillas y de los ganados y la adopción de técnicas modernas de trabajo en el campo.

(Problemas Agrícolas e Industriales de México.
Director: Manuel Marcué Pardiñas).

LA FAMILIA SERDAN

(Cornelia y los Gracos)

Puebla de Zaragoza, Puebla de los Angeles, Angelópolis —según cierto piadoso mito la edificaron en una sola noche seres angelicales— o Cuna de la Revolución de 1910, son los nombres con que se designan a la pulcra capital del Estado de Puebla, relicario de arte colonial, sede Levítica y una de las más bien trazadas urbes de América.

Puebla ha sido teatro de grandes batallas; hízose heroica en 1862 y 1863 en que tropas mixtas de malos mexicanos e invasores franceses la atacaron, y en ella, por fin, el 2 de abril de 1867 fueron aniquilados los imperialistas al mando del general Manuel Noriega tras el audaz asalto del héroe de Miahuatlán y la Carbonera, general republicano don Porfirio Díaz, jefe del Cuerpo de Ejército de Oriente.

La multicitada ciudad de Puebla fue residencia de una familia de clase media "acomodada", la de los Serdán, de hondas raigambres antañonas, que se hizo notable durante la brevísima fase inicial de la revolución impropiamente llamada maderista.

Esta familia —madre viuda, hermana célibe, dos hermanos y la esposa de uno de éstos—, brillaron como un lampo en los dos trágicos días del 18 y el 19 de noviembre de 1910, al constituir.e, unidos a otros precursores, en vanguardia del movimiento rebelde que, a partir de los tratados de Ciudad Juárez, en mayo de 1911, habría de intentar la restauración de las grandes libertades cívicas que por interminables lustros holló el viejo régimen tuxtepecano, desde 1878.

Hacia aquella época el Estado de Puebla, tan cercano a la metrópoli, era una de las peores satrapías del porfiriato, el cual la había puesto bajo la sujeción de una especie de procónsul anciano y déspota, favorito del gran elector oaxaqueño, como era llamado por antonomasia don Porfirio Díaz. Aquel jirón patrio estaba constituido, por el poder de las bayonetas, en inamovible heredad de don Mucio Martínez y su familia, monopolista de pingües negocios, algunos tan turbios como el de la carne.

Este hombre menospreciaba al pueblo, ejercía sobre él una oprobiosa dictadura y gobernaba *manu militari*. Era general de brigada, secuaz de don Porfirio en las asonadas de La Noria y Tuxtepec, y en 1910 contaba ya con tres reelecciones consecutivas, sin que hubiese siquiera barruntos de que sus méritos, ciertos o fingidos, se premiasen con una plácida jubilación, una soñolienta senaduría o un jugoso mando de fuerzas armadas, en fin, con algo que lo alejara de aquella ínsula; por todo esto vale decir que aquella entidad federativa se hallaba condenada a padecer la perpetuidad de este acólito de Marte, menguado de estatura, cutis cetrino, nariz roma, ojos claros, "piocha" napoleónica, cuerpo enjuto y sonrisa que semejaba una mueca sardónica.

*
* *

En la casa número 4 de la vetusta calle de Santa Clara, en la ciudad de Puebla, con nomenclatura actual de 6 Oriente o de Los Mártires, habitaba por aquella época la familia Serdán, dedicada a la venta de calzado, cosa que le permitía disfrutar de cierta holgura económica, porque si en la ciudad de México el costo de la vida era muy bajo, lo era mucho más en la provincia.

Componía el grupo familiar doña Carmen Alatriste viuda de Serdán, doña Filomena del Valle de Serdán, el esposo de ésta, Aquiles Serdán, la señorita Carmen Serdán, y Máximo, del mismo apellido.

Ninguno de ellos, pese a sus antecedentes porfirianos, veía con buenos ojos la secular reelección del ilustre estadista y, menos aún, la del vicepresidente don Ramón Corral, que era manzana de las discordias políticas desde 1906. En otras palabras, los Serdán hacían oposición subrepticia al grupo de los llamados científicos que encabezaban el licenciado don José Ives Limantour, secretario de Hacienda y Crédito Público, el propio Corral, don Enrique C. Creel, don Rosendo Pineda, otrora secretario particular del ministro de Gobernación y el suegro de don Porfirio, Manuel Romero Rubio, los hermanos Macedo, etc.

Los dos varones —Aquiles y Máximo— habíanse afiliado, desde las postrimerías de 1908, en el Partido Nacional Democrático; pero dadas las renuncias y dubitaciones del general don Bernardo Reyes para asumir su candidatura a la vicepresidencia de la República, resolvieron, abandonar el reyismo para incorporarse en el Partido Antirreeleccionista de cuya rama en Puebla, Aquiles era presidente.

Durante la convención de este grupo celebrada en la ciudad de México los días 16 y 17 de abril de 1910, a la cual concurrieron componentes del antiguo y moribundo Partido reyista, desilusionados ante la desairada actitud política de su ex candidato, Aquiles, representante de los contingentes poblanos, votó por las candidaturas de don Francisco I. Madero y doctor Francisco Vázquez Gómez para presidente y vicepresidente de la República en el sexenio de 1910 a

1916, y durante la jira de propaganda presidencial, en ocasiones acompañó al futuro caudillo, entendiéndose ambos a las mil maravillas.

Había en el Estado de Puebla numerosos clubes que propugnaban la reelección, y a tan poderosos enemigos se opusieron los Serdán organizando el minúsculo grupo de inconformes políticos, juzgados como intocables cuyo contacto manchaba y podía conducir a la cárcel.

Al principio de estas actividades dizque subversivas, el gobernador Mucio Martínez no tomó mucho en cuenta a los disidentes; mirábalos con estudiado desdén y respondía con palabras humillantes a sus proclamas un tanto subidas de tono.

El público, atónito, ante la inusitada tolerancia gobiernista, se preguntaba: ¿luego eran verdad las promesas de ejercicio libre del sufragio, hechas por don Porfirio durante la entrevista con el periodista yanqui James Creelman, del *Pearson's Magazine*?

Para don Mucio, la familia Serdán, Aquiles sobre todos ellos, era una punta de locos como el mismo Madero, simples perseguidores de utopías; y no ocultaba su concepto, antes bien lo repetía en todas partes.

* * *

Ya en plena campaña electoral el señor Madero estuvo en la ciudad de Puebla —10 de mayo de 1910—, alojado en el Hotel Jardín; el público, por simpatía o morbosa curiosidad, quiso conocer al bisoño político, al iluso que osaba enfrentarse al Héroe de la Paz, el férreo rebelde que había arrojado de la presidencia de la República al licenciado Sebastián Lerdo de Tejada y que, poco antes, en los días del fracasado Plan de la Noria, puso en jaque al gobierno y a la persona misma del Benemérito don Benito Juárez, pese a haber sido éste el salvador de la República.

¿Había olvidado o ignoraba Madero el telegrama que, según decires, sólo seis palabras contenía, el dudoso y discutido "sorprendido in fraganti, mátalos en caliente", que había motivado la muerte del general don Trinidad García de la Cadena?, ¿no había llegado a sus oídos cómo pasó, en el peor de los desprecios, sus últimos días el licenciado Justo Benítez gran amigo, paisano y consejero del gran dictador, tan sólo por haberse complacido en escuchar el canto de las sirenas políticas y dar crédito al "tú serás rey"?, ¿no conocía la vida infrahumana que llevaban en las tinajas de San Juan de Ulúa los enemigos del gran viejo?

Cuéntase que cuando alguien comunicaba al presidente Díaz que el general o el político X iba a levantarse en armas, respondía: está bien; si se levanta, yo lo acuesto... ¡y para siempre!

La multitud se agolpaba en las afueras del hotel, y la policía tuvo que instalar un servicio de seguridad, menos para dar garantías al visitante que para irle a la mano en cualquier momento. A la vez se redobló el espionaje en las cercanías de la casa de los Serdán, pues sobre la rebeldía de este grupo de suicidas empeñados en pasarla mal, había el antecedente de que Aquiles estuvo procesado, durante algunos meses, por imputársele cierto robo de pistolas y otras armas portátiles, aunque si se atiende a los preparativos de la asonada de noviembre, de haber existido ese hurto fue un medio desesperado para proveerse de material bélico destinado a la lucha.

Aquiles solía marchar a México para comprar armamento y municiones en el establecimiento de don Arsenio Combaluzier, ciudadano francés, amigo y, parece, que hasta compadre del general Díaz. De esta armería, situada entonces en una de las calles de Plateros llamadas ahora Avenida Francisco I. Madero, salía periódicamente buena cantidad de pertrechos para los hombres de la revolución que se gestaba. ¿En qué sitio de Puebla permanecían ocultas las armas y municiones, que la policía no daba con ellas, pese a su estricta vigilancia?

Algunas veces Aquiles dejaba a un lado los deberes que se había impuesto, para entregarse, en la capital, a los placeres de la vida nocturna; en estos casos regresaba a la Angelópolis con los humos alcohólicos aún no bien disipados; entonces alardeaba de que muy pronto terminaría el imperio de los del Partido Científico (sic), y que él sería uno de los encargados de restaurar para el pueblo lo que debía ser y de hecho era del pueblo, es decir, que éste recuperaría sus plenas libertades cívicas.

La policía ignoraba gran parte de estos hechos, que para tales ignorancias sirve la policía; era un secreto a grandes voces la preparación de la revuelta, un sigilo que hacía recordar lo que pasaba a cierto igüedo de una zarzuela española:

Todo Madrid lo sabía,
todo Madrid, menos él.

Mas llegó el momento en que las gasconadas del sedicioso llegaron al colmo, y como se le tenía entre ojos por el turbio proceso de las pistolas, la vigilancia hubo de redoblarse, resolviéndose en una visita policíaca a la vieja casona de Santa Clara. Allí tenía que estar, necesariamente, la clave de la situación; si no allí, ¿en dónde?

Cierto día se presentó en el domicilio quien por hazañas era celebérrimo jefe de la policía poblana, Miguel Cabrera, quien sin orden de autoridad competente se empeñaba en practicar un cateo; pero el intruso no contaba con que en aquel recinto había mujeres tan valerosas como los más resueltos hombres y, desde luego, conscientes de sus derechos.

La lucha difinitiva entre los desafectos y las gentes del gobierno iba a iniciarse ¡y en qué forma tan desigual!

A las puertas de la residencia cuyo frente mira al templo de Santa Clara, Cabrera fue detenido por la señora Filomena del Valle de Serdán, esposa de Aquiles, quien con los brazos en cruz, como para interponer una barrera, dijo al visitante:

—¡Entre si se atreve, se las entenderá con mi marido!

El bravucón se detuvo: ¿qué misterioso influjo poseía esa mujer que no temblaba ante la catadura del esbirro?... ¿Era, de veras, valiente, o una simple simuladora como lo son los avezados al juego del poquer que, según se estila decir en nuestro lenguaje folclórico, "petatean" o "semblantean" al contrario?

Cabrera por las dudas, hizo llamar al mayor Fregoso, cuyo carácter reposado y suaves maneras obtuvieron lo que con brusquedad no había logrado su jefe.

Se parlamentó y, a regañadientes, franqueóse la entrada a los fisgones, sin que la búsqueda acusara sino simplemente cartas, documentos y propaganda en verdad inocua; nada de armas u otros pertrechos, nada de lo que podía constituir el cuerpo del delito: aquellos agitadores sabían hacer bien las cosas.

Es ocasión de hablar, siquiera someramente, sobre Miguel Cabrera, tipo de merecida mala fama aún entre los más desalmados delincuentes. Este hombre había sido jefe de la "reservada" o policía "secreta" de la ciudad de México en los terríficos tiempos del inspector Eduardo Velázquez, "suicidado" misteriosamente en una celda de la hoy extinta cárcel de Belén, oprobio de nuestra civilización.

Fue causa de la muerte de Velázquez el seudolinchamiento de Arnulfo Arroyo, pobre dipsómano que tras una fenomenal papalina, intentó golpear —y lo consiguió en parte—, no asesinar, a don Porfirio Díaz, durante una ceremonia cívica la mañana del 16 de septiembre de 1897.

Cabrera coludido con su jefe Velázquez y con los subalternos Preve y Bellido, fraguó el linchamiento del infeliz beodo, consumado en el transcurso de la noche del 16 al 17 del mismo septiembre, en uno de los "separos" de la llamada Diputación, actual ala poniente del palacio de gobierno del D. F.

Sujeto a juicio penal, Cabrera estuvo preso y perdió su jugoso empleo —por lo que se ve, no es novísima en México la llamada "institución de la mordida"— yendo posteriormente en busca de otro puesto mejor al feudo de don Mucio Martínez, donde por sus "buenos" antecedentes se le concedió el mando de la policía urbana.

La misteriosa muerte de Velázquez que, con el asesinato de Arroyo, quiso exhibir su abyecta adhesión al presidente Díaz, fue ordenada, según decires, en las altas esferas oficiales, para lo cual se le puso la siguiente disyuntiva: te matas o te matamos.

Después de esto, el coronel Campuzano, alcaide en la cárcel de Belén, al penetrar en la celda del preso, lo encontró muerto, empuñando en la diestra una pequeña pistola de dos cañones, tipo bulldog.

* * *

Tras el primer cateo en el domicilio de los Serdán se ordenó otro más minucioso que dio idénticos resultados: cartas, cuentas, apuntes, nada notable; volvían los polizontes a encontrarse con un núcleo de levantiscos perfectamente apercibidos para cualesquiera circunstancias.

Es de presumir ineptitud profesional en Cabrera y sus subalternos, a la par que audacia e inteligencia en los Serdán, puesto que las armas, ya numerosas, no fueron descubiertas en lugar alguno de aquella casa. Pudo haber sucedido que en ambas búsquedas estuviera el cuerpo del delito en otro lugar; pero, para el caso, es lo mismo: ¿cómo si ya estaba en muy rigurosa vigilancia aquella familia, pudo introducir en Puebla, impunemente, cuando, cuanto y como quiso aquellos pertrechos, sin que los sabuesos se dieran cuenta de esta maniobra?, ¿había cómplices y encubridores entre el personal del gobierno?

La señorita Carmen Serdán salía de casa diariamente, a deshoras y usando diversos disfraces, para fijar en paredes, puertas y postes algunos impresos sediciosos, de literatura incendiaria. Los polizontes hacíanse cruce: ¿quién era el osado, el imprudente que a tanto se atrevía sabiendo cómo las gastaba el gobierno?

Cermen Serdán, muerta hace unos cuantos años, fue la figura más diáfana en la epopeya del 18 al 19 de noviembre de 1910; esta singular mujer no fue justipreciada por sus coetáneos ni por el gobierno que tanto le debía. Apenas si éste le arrojó algunas migajas de piedad envueltas en una mesada de trescientos pesos, y el Congreso de la Unión, como si quisiera cohonestar esta ingratitud, dispuso que el nombre de la heroína se grabara, en áureas letras, sobre uno de los muros del salón de sesiones de la cámara baja.

En lo que corresponde a los días que precedieron al levantamiento y durante la refriega en el local de Santa Clara, no hay hipérboles respecto a la conducta de esta familia de entereza granítica, que parece desprendida de un cuadro de la Roma cesárea. La fama de los Serdán se basa en hechos rigurosamente históricos.

Fueren cuales fueren las convicciones políticas de los grupos antagónicos al maderismo, nadie podrá negar sinceramente a los Serdán y a quienes los acompañaron en la lucha de aquel 18 de noviembre, un coraje que haría padecer de envidia al hombre más arrojado.

Podrá discutirse la bondad de la causa que abrazaron; se objetará en aquellas tres mujeres la religiosidad rayana en el fanatismo —por desdicha no insólito en muchas mujeres mexicanas—, quizás se pongan reparos a ciertos puntos no muy nítidos de su vida privada, todo lo que se quiera, pero sería cruel entrar en regateos de sus méritos, el menor de los cuales fue, como se dice en nuestra paremiología, "poner el cascabel al gato", a lo que se negaron muchos antirreeleccionistas agazapados, y renunciar a toda posibilidad de entenderse con el cientificismo, cuando éste alardeaba de omnipotencia.

Ellos supieron de antemano que no alcanzarían piedad en caso alguno; que los hombres pagarían con la ley del talión, y las mujeres con vejaciones y una sevicia inusitada.

*
* *

En el año de 1910 Aquiles fundó un periodiquillo, *La No Reelección* que el valiente tipógrafo Gilberto Carrillo tiraba subrepticiamente y sin miras de lucro, en una imprenta de mala muerte que disponía tan sólo de unos cuantos retales casi inservibles. Fue esta hoja de prensa un órgano aleatorio y efímero que, por lo limitado de sus ejemplares, pasaba de mano en mano clandestinamente, como único medio de difusión.

Llegó el momento en que las cosas se presentaron tan difíciles para la familia, que el jefe de ella tuvo que apelar a la fuga, una huida con perfiles novelescos que bien podían haber servido de argumento a cualquier película de aventuras cinematográficas.

A fin de burlar la vigilancia que principalmente sobre Aquiles gravitaba, Carmén ideó sacarlo de la casa encerrado en un cajón de madera que parecía contener calzado, y en el cual el pobre cautivo apenas si podía mal respirar. Durante el trayecto por las calles aquel bulto humano iba dando tumbos, retorcido como una etcétera y rompiéndose las uñas a fuerza de asirse a las tablas.

El fardo estuvo algunas horas en el domicilio de unos amigos, y de allí la"mercancía", a pie y disfrazado, se dirigió a tomar el vagón que lo condujo a México en camino a San Antonio, Texas, EE. UU., de donde al poco tiempo regresó a Puebla acompañado de uno de sus más fieles colaboradores, Fausto Nieto, que sería su gran acompañante durante los sucesos que se gestaban y a los que no era ajeno Pascual Mendoza, otro de los conjurados, dirigente del nutrido gremio de trabajadores textiles en la región de Atlixco, Puebla.

Máximo viajaba a menudo en busca de prosélitos, en tanto que las mujeres no desperdiciaban oportunidades de hacer propaganda subversiva, ya en el estrado hogareño, ora en el mercado, en el templo, donde era factible ganar partidarios de empuje dispuestos a jugarse la vida en la aventura. Y los hubieran tenido en mayor número si el carácter casi adusto de Aquiles no hubiese restado a la causa simpatizadores y amigos.

No había venido al mundo este hombre con el don de la tolerancia y la amabilidad. Su idiosincrasia nerviosa empujábalo a la contradicción, al debate, a la pugna; no era flexible, no transigía ni aceptaba enmiendas a sus órdenes. Los hechos desmentían su figura magra, y aunque era poseedor de una fuerza casi hercúlea, daba cierta impresión de debilidad, con su cara seriota, alopecia avanzada y fino bigote bien cuidado. Nació en 1876, representaba algo más de los treinta y cuatro años que ya tenía.

* * *

La inquietud cundía en Puebla y llegó un momento en que el gobernador del Estado, general de brigada Mucio P. Martínez, se dio cabal cuenta, aunque tardíamente por fortuna para la revolución acaudillada por el señor Madero, de los alcances del movimiento que se gestaba en sus dominios, en los cuales nunca se había puesto el sol de la tranquilidad. El concepto peyorativo en que tenía al inquieto fabricante de zapatos habíase metamorfoseado; no se trataba de un loco cualquiera, sino de un cuerdo de bastante peligro, de un agitador de cuerpo entero. Así resultaba imposible para el gobierno pasar inadvertidos los hechos y no adoptar providencias decisivas, porque peligraban los monopolios, la perpetuidad en el mando y hasta la fortuna amasada a costa del pueblo.

Mucio Martínez recibió aviso cierto, el 17 de noviembre, de que el 20 del mismo mes estallaría en su feudo una asonada en la que tomarían parte algunas gavillas de perversos mal organizados, sin planes maduros ni ramificaciones fuera de la ciudad; pero, con todo y esto, por las dudas, se hizo una juiciosa pregunta: y si tales estúpidos, en un acceso de desesperación se atrevieran a todo, si tuviesen una poca de buena suerte, ¿no le echaría en cara don Porfirio su pasividad para prevenir el desorden?...

Y los informes coincidían en que el candidato a la Presidencia de la República, don Francisco I. Madero, durante su estancia en San Antonio, Texas, incubaba un movimiento subversivo en toda formal.[1]

---

[1] En el Plan de San Luis Potosí, elaborado, sin duda alguna, en el extranjero y no en la capital potosina, sus autores establecieron, entre muchas otras, la siguiente disposición relativa a la fecha del levantamiento: "...7o. El día 20 de noviembre, desde las seis de la tarde en adelante, todos los ciudadanos de la República tomarán las armas para arrojar del poder a las autoridades que actualmente gobiernan. Los pueblos que están retirados de las vías de comunicación, lo harán desde la víspera..." El documento, aparentemente elaborado en San Luis Potosí, se expidió en

La policía creía tener en sus manos todos los hilos de la trama, y hallarse en aptitud de imponer fácilmente su autoridad. Seguía empecinada en su ignorancia y en su soberbia. Sin embargo, a gran prisa, dictáronse órdenes para que en las primeras horas de la mañana del 18 se realizara una batida en el domicilio de los Serdán, a fin de saber a ciencia cierta lo que allí se fraguaba; y, de todas maneras, proceder a la aprehensión de los inodados que tenían en jaque a la autoridad, debiendo ser a la inversa.

Simultáneamente a esta denuncia Aquiles tuvo aviso de que había orden para su captura mediante formal allanamiento de morada. Recordó el caso del periodista independiente Olmos y Contreras, director de un órgano local, materialmente acribillado a puñaladas por desconocidos "bien conocidos", por paniaguados del gobernador Martínez, como venganza por la tarea oposicionista que había adoptado el escritor. Fue un crimen espeluznante que repercutió en toda la República.

Con él no se repetiría el caso; estaba dispuesto a vender a buen precio su vida, a defenderse y a defender su hogar.

Y recorrió la ciudad en busca de sus compañeros, dando los últimos retoques a sus planes, advirtiendo a los comprometidos que el "golpe" tenía que ser inmediato. No era la situación para andarse con tibiezas; la indecisión les haría dejar la pelleja en manos de los reeleccionistas. El grupo, o se levantaba en armas, o acabarían en la cárcel o el anfiteatro sus componentes. Era de recordarse el caso de Sinaloa acaecido a mediados de julio.

Y los Serdán atravesaron el Rubicón.

Al atardecer del día 17, reunida la familia y los adictos que la acompañarían en la dura jornada, se pasó lista de presente. Allí se encontraban: Carmen Alatriste viuda de Serdán, Filomena del Valle de Serdán, Carmen, Aquiles y Máximo Serdán, Miguel Sánchez, Rosendo Contreras, Andrés Cruz, Manuel Velázquez, Manuel Paz y Puente, J. Clotilde Torres, Francisco Yépez, Miguel Patiño, Fausto Nieto, Jesús Cano, Carlos Corona, Luis Teyssier, Francisco Sánchez, Epigmenio Martínez, Martín Pérez, Andrés Robles, Manuel Méndez, Vicente Reyes, y un mozalbete de corta edad.

A cada uno de éstos se designó un puesto, dentro o fuera del edificio, o bien una comisión delicada, concreta y de mucho riesgo.

La noche transcurrió entre discusiones y aprestos... ¡Que de una vez sea mañana y no el 20 de noviembre —ya se dijo que la fecha oficial era esta última—, con lo cual evitaremos interferencias de la fuerza armada!

Aquiles y Máximo se harían fuertes allí mismo; los acompaña-

San Antonio, Tex., EE.UU., con fecha 5 de octubre de 1910, firmado por el señor Madero.

rían algunos inodados; las mujeres podrían ausentarse si lo deseaban; la cosa era asunto de hombres. Ellas despreciaron la advertencia solidarizándose con la suerte, buena o mala, que iban a correr aquellos maquinadores; no por ser mujeres tenían miedo, al contrario, ansiaban pelear codo con codo entre aquellos valientes.

Algunos de los comprometidos no se presentaron; otros más, que merodeaban por las afueras, atisbando, se encargarían de tomar las alturas en los templos de Santa Clara, frontero al edificio, Santa Teresa y San Cristóbal, muy cercanos; se asaltarían los puestos de guardias en El Carmen, la cárcel de San Juan de Dios, el cuartel del Paseo Viejo o de San Francisco, y un grupo especial tendría a su cargo la aprehensión del gobernador, general don Mucio P. Martínez, que vivía a unos cuantos pasos, en la actual calle 2 Norte; logrado su arresto, se procedería al del anciano general jefe de la zona, don Luis G. Valle; se atacarían los palacios de Gobierno y del Ayuntamiento, así como otros puntos clave.

Era un plan demasiado ambicioso, quimérico. Y como nada cuesta soñar, se planeó que después de logrado todo lo anterior, la columna rebelde, triunfante, ampliaría sus operaciones hacia las anfractuosidades de la serranía La Malinche, cuyos habitantes, en su gran mayoría indígenas, estaban dispuestos a correr la aventura; después... ¡a incorporarse con el jefe de la revolución que ya se habría adueñado del norte de México!

No cabe duda que el optimismo desorbitado toca los límites de la demencia.

*
* *

A las siete y media de la mañana del viernes 18 de noviembre de 1910, comenzó el ataque al edificio de Santa Clara, residencia de los Serdán. Treinta gendarmes a cuyo frente iba Miguel Cabrera, pretendieron introducirse por la fuerza, dizque para hablar con el jefe de la familia.

Manuel Velázquez dio la voz: —¡Alerta!

Aquiles disparó su rifle, y Cabrera cayó exánime. A tal vida, tal muerte. Su epitafio debió ser: "vivió atropellando y murió atropellado".

Un nuevo disparo, hecho por Carmen, y el policía Vicente Murrieta es abatido.

¡No tiren! —grita el mayor Fregoso— que, al parecer, era amigo de la familia y, en días anteriores, había obtenido que Filomena del Valle, mujer de Aquiles, le franqueara el paso para practicar un cateo.

—¡Pues entréguenos sus armas— le ordena Carmen. Y, al hacerlo, es atado de manos y conducido a un aposento en el fondo del patio—. Es amigo, continúa Carmen, no hay que matarlo, basta con tenerlo a raya.

Los demás gendarmes vacilan, están acéfalos, no hay quien los dirija y no saben qué actitud tomar; alguno marcha a pedir refuerzos.

El gobernador acude con cien carnitas[2] del batallón Zaragoza; los soldados de línea se presentan en número de trescientos que después refuerzan sesenta rurales. Todos contra un puñado de combatientes cuya captura es fatal.

Sigue la lucha. Los del gobierno ocupan posiciones, toman alturas, despejan las calles y se adueñan de los templos más cercanos —Santa Teresa y San Cristóbal—; ya el de Santa Clara, frontero a la casa, había sucumbido ante los fuegos de fusilería.

Joaquín Pita, jefe político del Distrito de Puebla, mismo hombre que durante la usurpación del general Victoriano Huerta será el jefe policíaco de la ciudad de México, pretende parlamentar tendiendo a ganar tiempo; le siguen veinte hombres.

Filomena lo apostrofa y le grita: "¡Atrás!", mientras que con su cuñada Carmen se asoma a los balcones para arengar a la multitud:

—¡Vengan, aquí hay armas!

Y Carmen agrega:

—¡Por ustedes lo hacemos por ustedes peleamos!

El anciano general Luis G. Valle, jefe de la zona militar, se presenta por la calle de Las Cruces a la cabeza de un contingente de infantería. Se le incorporan más soldados a las órdenes de los coroneles Romualdo Licona, Mauro Huerta y Gaudencio de la Llave; éste cae herido y su caballo queda muerto; aún así, el triunfo, en esos momentos, ya no era dudoso: el gobierno iba dominando la situación.

No ha terminado la ofensiva; se trata de exterminar a los sitados que van perdiendo terreno, apenas si pueden sostenerse en los patios, en los corredores y en algunos cuartos.

---

[2] Carnitas llamábanse los cuerpos regulares de la milicia estatal. Sus hombres vestían abigarradamente, poseían mal armamento, estaban miserablemente pagados y eran mal vistos por los soldados de la federación. Cuerpos de "carnitas" había en Puebla, en Oaxaca, en Yucatán y otras entidades. En la época de la usurpación huerteana estos grupos y los antiguos rurales fueron agregados a las tropas de línea, en calidad de auxiliares. Los carnitas del Estado de Puebla eran de Infantería, los de Oaxaca, de Artillería, equipados éstos con bocas de fuego fundidas en bronce. En la época del seudoimperio de Maximiliano, algunas de estas corporaciones prestaron eminentes servicios a la patria. Los rurales se hicieron famosos, por su vistoso indumento, en la época porfiriana; en los desfiles militares eran ovacionados. Hoy ya no existen estos hombres, terror de los bandidos de camino real.

Una mujer alza los brazos, sus ojos fulguran, un gusto de resignación la ennoblece: es Carmen Serdán que exclama:
—¡Estamos cumpliendo!

El fin de la jornada ya no es dudoso, ¿cómo podía serlo a estas alturas? A duras penas pueden los sitiados contestar el fuego. Hay municiones; pero Máximo, que es el proveedor, se halla mal herido. Carmen asume su papel, recorré la casa, sube a la azotea cuyos ocupantes están desorientados. Ella alienta a esa gente... se multiplica.

Ya está perdido el edificio. Hay tropas arriba, abajo, en las habitaciones, en la calle, en todas partes.

Carmen siente un brusco golpe en la espalda. Está herida. Un hilillo de sangre le tiñe de rojo el vestido. Otra bala roza su cabeza. Su madre le pregunta:
—¿Estás herida?
—Sí —contesta—, pero esto se cura con saliva.
Y sigue en la brega.

Su madre acude a vendarla con el jirón de una sábana. También esta mujer, la señora Alatriste viuda de Serdán, casi anciana, ha permanecido en su puesto al igual que la esposa de su hijo, doña Filomena del Valle que se encuentra grávida y débil.

Un soldado cae. Máximo, agonizante, pretende marcharse; pero es confortado por su hermana Carmen:
—Mírame —ella le dice—, estoy mal herida y no me retiro; haz tú lo mismo —pero Máximo ha exhalado ya el postrer suspiro. Había traspuesto los umbrales de la Historia.

Aquiles, impotente, deshecho de cuerpo y espíritu, enloquecido, se refugia en estrecho y disimulado agujero inmediato a su alcoba. No puede más. El desaliento ha hecho presa en él; los bríos de las primeras horas de lucha se agotaron a fuerza de derrocharlos.
—Quiero ver a Aquiles, deseo hablarle —dice Joaquín Pita—, yo no asesino a los vencidos, díganle que no tema, ¿dónde está?
—Lo ignoramos —se le responde—, nosotros también quisiéramos verle.

La policía y los soldados se afanan en hurgar por todos los rincones, nadie sabe de Aquiles; pero mientras se le descubre, los vencedores destruyen muebles, fisgan, injurian, gritan, están beodos de sangre.

*
* *

Son las dos de la mañana del sábado 19 de noviembre de 1910. La soldadesca permanece en sus puestos, la mirada avizora, el índice sobre el llamador del fusil; hay centinelas en toda la casa; cada cuarto se halla vigilado por dos, tres o más hombres.

Cerca de la alcoba del matrimonio Serdán se escucha tenue ruido; no, no ha sido simple figuración acústica; el rumor se repite, y hasta parece que un mueble ha cambiado ligeramente de sitio.

De repente, desde la oscuridad, asoma una cabeza humana. Es Aquiles que, presa de alta fiebre, con la mirada vagarosa, levanta ambos brazos y dice con voz que apenas se oye:

—Soy Aquiles Serdán... hice lo que pude, lo que debí hacer... no estoy obligado a más.

El vencido parece otro hombre; su gesto es de tristeza, las fauces caídas, la altivez ha cedido ante la resignación, el dolor físico opaca al deseo de aparecer entero.

Por toda respuesta se escucha un tiro, y otro, y otro. El hombre se contrae de dolor... ¡y nada más!

La tropa está enardecida y sedienta de sangre; no le importa que el enemigo esté muerto, y lo "favorece" con el tiro de gracia. Ahora nadie podrá decir que faltó nobleza hacia los caídos.

Había bregado tanto y a tan grande altura este sectario, cumplió tan bien su papel de rebelde, ayudó tanto a alentar a los demás inodados en la conjura, mantuvo tan en alto la tea del movimiento libertario, que sería grave parcialidad imputarle flaqueza ante lo irremediable.

No tenía objeto proseguir una lucha tan desigual; siquiera hubiese contado con medios de defensa o de sostenerse por más tiempo contra quinientos enemigos, podría dudarse de su valor; pero muerto Máximo, herida Carmen, sus demás compañeros en poder de los adversarios, su madre y su esposa reducidas a la impotencia, todo reproche por haberse entregado resulta odioso.

MIGUEL VELASCO VALDÉS

Nota: El telegrama a que se alude el escritor Velasco Valdés, "Mátalos en caliente", se refiere a los sucesos de Veracruz, que aterrorizaron al país, por lo feroz de la represión. Lo del Gral. García de la Cadena fue otro crimen.

PASCUAL OROZCO

Militar, político, agricultor. Nació en la hacienda de Santa Isabel, Chihuahua, el 28 de enero de 1882. Murió asesinado en El Paso, Texas, el 30 de agosto de 1915. Fue una estrella fugaz del maderismo cuya causa abrazó por consejos de don Abraham González, su gran jefe y protector. Realizó sus operaciones, de 1910 a 1911, en el Estado de Chihuahua. Logró formar un homogéneo grupo de guerrilleros que tuvo en constante jaque y derrotó algunas veces a los soldados federales, consistiendo uno de sus primeros actos bélicos el encuentro de Miñaca; después se encamino a San Isidro; sigue su marcha y derrota en Pedernales al destacamento del capitán Sánchez Pasos, muerto en la acción; prosigue hacia Cerro Prieto y con 300 hombres ataca a 1,200 federales del general Juan J. Navarro, a quien derrota con fuertes bajas causadas por una "máquina loca" que diezma sus filas. Intercepta la columna del coronel Martín L. Guzmán, uno de los más dignos, valerosos y eficientes jefes porfiristas, y con la cooperación de los jefes Blanco y Caraveo en abla combate en que resulta herido y días después muerto el coronel Guzmán. Desde el campo de batalla Orozco remite a don Porfirio Díaz algunos prisioneros con este mensaje: "Ahí le envió una hojas para sus tamales". Sigue su fulgurante ofensiva; inflige grave descalabro a los coroneles Valdés y Gordillo; en Villa Ahumada se hace de pertrechos, rebasa Samalayuca y pone sitio a Ciudad Juárez donde muere el pundoroso y bravo coronel Manuel Tamborrel. Orozco, desobediente al señor Madero, persiste en la acometida y ayudado por hombres de Francisco Villa, se apodera del punto el 10 de mayo de 1911.

Desde esos momentos y por haber salvado el señor Madero de una muerte segura al general Navarro que había rendido la plaza, se inicia, entre jefe y subalterno, una pugna que culminaría con la rebelión de Orozco en Chihuahua en marzo de 1912, conforme al llamado Plan de la Empacadora, suscrito el 25 del mismo mes y año. La batalla de Rellano, ganada por Orozco al general José González Salas, secretario de Guerra y Marina, seguida del suicidio de este jefe, alarmó al gobierno del señor Madero, enviándose contra los sublevados al general Victoriano Huerta, quien en breve sitio dio fin a la revuelta que había invadido ya parte de los Estados de Sonora y Coahuila. Al triunfo de la asonada felixista de la Ciudadela, Pascual Orozco y su padre reconocieron al gobierno emanado de la usurpación, formando parte del ejército que se enfrentaría a los constitucionalistas. Huerta aprovechó la rendición de Orozco y quiso acabar con el zapatismo, enviando a Orozco, padre, al lado de Zapata para inducirlo a deponer las armas. La misión tuvo muy mal éxito, pues el mensajero fue fusilado por los surianos. Al caducar la dictadura de Victoriano Huerta, Orozco, cuyo grado de general de división se había reconocido, partió al exilio en los Estados Unidos, donde fue ultimado por unos "rangers" que le atribuyeron el delito de abigeato.

MIGUEL VELASCO VALDÉS

(Románticos de la Revolución)

LUIS MOYA

Entre los hombres que se lanzaron a la Revolución, hubo de todo: los que sintieron la necesidad de un cambio en la estructura política del país; los que sufrieron el peso de la tiranía y decidieron sacudírsela; los que soñaron con un México mejor, poniendo su vida y sus bienes al servicio de una causa que consideraban justa. Por otro lado, los logreros, a los que solamente las malas pasiones los impulsaron a la "bola", o bien, los que calcularon perfectamente las condiciones en que se lucharía y las ventajas que podrían obtener. Entre los románticos y soñadores figuran casi todos los que surgieron en 1910 al lado de Madero, los que no vacilaron en enfrentarse a la dictadura, cuyos resquebrajamientos eran impalpables. Tan lo eran, que aun espadones como Bernardo Reyes, considerado por muchos como sucesor natural de Don Porfirio, se acobardaron cuando vieron que el viejo soldado del 2 de abril y La Carbonera, estaba dispuesto a permanecer en el mando.

Entre las figuras revolucionarias de leyenda, prototipo de nuestros mejores hombres del campo, figura Luis Moya, héroe sin manchas.

Una estampa de alguien que lo conoció, el doctor Ramón Puente nos lo presenta así: "Ya empezaba a ser viejo cuando comenzó la Revolución. La espesa barba cerrada que en un tiempo fuera rubia, como la de un príncipe austríaco, se había desteñido y manchado de canas; los ojos azules penetrantes, habían perdido mucho de su luz como un cielo que comienza a nublarse, pero quedaba intacto el fuego interno, las impresiones que se graban desde la niñez y que son las postreras en borrarse".

¿Cuáles eran en Luis Moya las impresiones infantiles? Cincuentón al iniciarse la campaña maderista, había nacido en Chalchihuites, Zacatecas, al principiar la segunda mitad del siglo décimonono. Su vida había transcurrido en un ambiente de comodidad y holgura. Hijo de ranchero rico, en su mocedad vio pasar por una de las haciendas que su padre administraba entre Durango y Zacatecas, a los peregrinos que luego se instalaron en Paso del Norte: Juárez y Lerdo de Tejada, Iglesias y sus seguidores.

La victoria liberal caló hondo en la mentalidad de Moya, y aunque se enfrentó al gobierno porfirista, entre sus héroes favoritos quedaron los prohombres de la República, sobre todo el inquebrantable y orgulloso Lerdo. Le guardó culto singular y dedicó sus mejores actividades a la vida del campo y a la miseria. Ello le llevó a transitar las estepas norteñas, a recorrer los estados de Chihuahua, Durango, Zacatecas y Coahuila.

Un buen día, cuando aún nadie pensaba en rebeliones, dos hombres se encontraron y fácilmente se comprendieron: Francisco I. Madero, infatigable y progresista propietario rural, y Luis Moya, minero afortunado y agricultor sin fatiga. La amistad surgió y, a su tiempo, el enlace de correligionarios.

*
* *

Adorado por los labriegos y afortunado en amores, Luis Moya, muy joven decidió correr mundo. Sus peones y caporales, en San Agustín de Melilla, le vieron partir con pena y, más de una amada con lágrimas en los ojos. "Se ausentaba de allí todo un apuesto mozo, adorado de las mujeres, el primer rejoneador en los herraderos, vigilando la labor incansable y haciendo beneficios incansables también". Su vida tiene altibajos, pues si el campo y la minería le propician el éxito y en los lances de Venus le sigue la fortuna, los hados de Birján le son desfavorables. El tapete verde le hace perder cuantiosas sumas.

Joven de espíritu, aunque ya cincuentón, se encuentra en Chihuahua, cuando su antiguo amigo Madero, y otros luchadores comienzan a batirse en la prensa y en los clubes, contra don Porfirio. Luis Moya es de los primeros en afiliarse, como fundador, al Club Antirreeleccionista de esa ciudad. En la aventura le acompaña otro patriarca, don Abraham González, y otras figuras rebeldes como Claudio Herrera y Guillermo Baca. Todo ímpetu y la fogosidad que otrora empleara en las mujeres y la charrería, se dedican a la causa democrática. Y un día pasa Madero por la prócer ciudad norteña y nuevamente se dan la mano aquellos dos hombres llenos de nobleza y sentido de la justicia social. Queda también sellado el pacto de que, si como se espera, las urnas no resuelven la lid cívica, las armas lo resolverán.

Poco después de iniciada la lucha, empuña las armas. Tenía que operar entre Jiménez y Parral, según se había convenido; pero uno de los conjurados, Guillermo Baca, había muerto. A fines de enero de 1911 no había logrado elementos que cooperaran con él, por lo que decide marchar a su tierra natal. Apenas con veinte hombres, toma el 4 de febrero la población de Nieves, Zacatecas. La victoria y su prestigio hacen que sus fuerzas aumenten rápidamente, pues camina por senderos donde todos lo conocen. Además, irradia una fuerza magnética que le atrae correligionarios. "Su aspecto sobre el caballo es el de un general boero, paternal y al mismo tiempo impetuoso, león en el combate y sereno en la victoria".

*
* *

No faltan los hechos temerarios. Estando en su natal Chalchihuites, se le avisa que el enemigo se encuentra en los aledaños, mientras él contempla una corrida de toros. Sin inmutarse, pero reloj en mano, da sus órdenes, pues decide salir a batir al enemigo al terminarse la corrida, lo que hace con precisión matemática. Siguen sus correrías y la fama vuela por doquier. Sus soldados se comportan como disciplinados profesionales y la acción del jefe es de lo más eficaz. Procura convencer a sus adversarios, además de vencerlos, y realiza una tarea administrativa loable en todos los terrenos que pisa en son de triunfo.

A principios de abril decide marchar sobre Zacatecas, donde hace espectacular entrada. Escogió para penetrar a la ciudad un Domingo de Ramos, cuando el gentío se encuentra por catedral. Recorre la ciudad y se da tiempo para charlas con una de sus hijas, como jugando, en aquellos lances en donde ronda la muerte.

Dondequiera que triunfa lo acompañan las bendiciones de los humildes, por los que siempre se preocupa. Hace que se paguen los sueldos de los profesores, en época que esto era bastante difícil, y ordena que los montepíos abran sus puertas para entregar las herramientas a los artesanos, o que a las mujeres se les entreguen sus elementos de trabajo.

Cuando prácticamente había triunfado el movimiento maderista, muere en el asalto a Sombrerete.

ABRAHAM GONZALEZ

A principios del año de 1909 se sentaba en una de las bancas de la plaza de armas de la ciudad de Chihuahua, un individuo hasta de 45 años, alto, robusto, ligeramente cargado de hombros, pero de mirada bondadosa y de fácil sonrisa. Llevaba por nombre Abraham González, y pertenecía a las familias de la Sierra, emparentado con algunos defensores de Tomochic, pueblo que, extorsionado por el gobierno local, y con ayuda de la Federación, fue arrasado hasta dejar únicamente los escombros y el recuerdo de una epopeya que cantó la novela del periodista revolucionario Heriberto Frías.

Se extendían los parientes de Abraham González a los Estados limítrofes de Norteamérica; Texas, Nuevo México, Arizona y California. Su tío paterno, don Cruz, había sido gobernador de Chihuahua y algunos de sus primos, los Baca, gobernador de Nuevo México. Por ese contacto con los Estados Unidos, era un enamorado de la democracia americana. El mismo, después de terminar la preparatoria en el Instituto de Chihuahua, había hecho algunos estudios en la Universidad de Notre Dame, en Indiana, y conocía el inglés perfectamente. Para esa época ya había vivido gran parte de su vida, pero era soltero, porque "su novia había ido a la Revolución". Una revolución que estaba esperando, pronosticada por los enemigos del general Díaz en el ostracismo, que desde allí escribían un periódico denominado *Regeneración*. Abraham González era liberal, magonista, todo lo que significaba la oposición a la dictadura porfiriana que había matado el sufragio con sus frecuentes reelecciones.

Para aquel hombre sencillo, fuerte, tanto en la parte física como en lo moral, sin otro interés en el mundo que sus anhelos democráticos, fue como una anunciación el libro de Madero —*La Sucesión Presidencial*—. Simpatizó en espíritu con su autor, quiso ser de sus primeros colaboradores y lo fue con un generoso desinterés que lo llevó hasta el martirio.

Se sentaba en aquella banca a conspirar con el coronel Lomelín, con el licenciado Aureliano González, con el doctor Perea, con Cástulo Herrera, con Luis Moya, con Braulio Hernández, un joven coahuilense de tipo de pastor protestante, con don Manuel de la O, un viejo gambusino, insospechable de meterse en política... y con muchos otros. Pero ni quien se imaginara que aquellas pláticas en un paraje público, fueran asuntos de importancia. A los pocos días, Abraham González tuvo el valor civil de formar el Partido Antirreeleccionista y de aceptar la presidencia de la Asamblea. Era una temeridad, pero los poderosos de Chihuahua lo juzgaron una niñería. ¿Qué podía lograr aquel puñado de segundones, muchos de ellos sin oficio ni beneficio? Pocos años antes, Chihuahua había presenciado hechos que atestiguaban cómo se castigaba a los subversivos al régimen porfirista, cuando pasaron rumbo a San Juan de Ulúa, y se les formó proceso por un juez especial, traído de México, que los dilató varios meses en la Penitenciaría: a Juan Sarabia, a César Elpidio Canales y al joven Timoteo G. Cuéllar, entonces imberbe.

Nadie notó, por lo mismo, que un buen día, Abraham González saliera rumbo a la sierra y permaneciera por aquel rumbo varios meses conectando con la gran conspiración a Francisco Salido, a los Caraveo, a los Casavantes, a los Orozco, a los Frías, a los Dosal, a los Estrada, y que en Chihuahua engarzaría al movimiento a Luis Moya y a Francisco Villa, a quien recomendó el coronel Lomelín.

Nadie notó tampoco ni le dio importancia a que González fuera enviado a la ciudad de México como delegado de los antirreeleccionistas de Chihuahua y que allá trabara amistad con Aquiles Serdán, con el doctor Vásquez Gómez, con José Guadalupe González, de Zacatecas, y con muchos otros; y que él y Serdán fueran precisamente los que propusieran la candidatura de Francisco I. Madero para la presidencia, una vez que Vásquez Gómez y Toribio Esquivel Obregón la rehusaran... Varias veces aquella trinidad: González, Madero y Serdán conferenciaron en secreto.

Después, cuando Madero ya en gira democrática, pasa por Chihuahua y González lo acompaña en todos sus actos, perora en el Teatro Noriega, apoyando aquellas ideas que parecían subversivas, entró una poca de desconfianza, pero se le vigilaría de cerca para que no fuera muy lejos. ¿A dónde podía ir sin pasar por las celdas de aquella histórica Penitenciaría, testiga de refinados tormentos, como los que se aplicaron a los acusados de robo al Banco Minero del Estado?

La perspectiva no era halagüeña, pero González la burla unos días antes del 20 de noviembre, plazo señalado por el plan de San Luis Potosí para el levantamiento armado. Le debe la Revolución a sus primeros paladines: Orozco, Villa, Luis Moya; personalmente, Madero, la más eficaz ayuda para pasar al territorio mexicano y organizare en las planicies de Chihuahua. Era el nombrado para sucederlo, en su testamento político, en vista de la deserción del doctor Vásquez Gómez... Después, fue para Madero su ministro, su amigo, su colaborador de mayor confianza. Juntos hicieron una visita a la torre donde estuviera preso el Cura Hidalgo y que guarda Chihuahua como una joya dentro de su palacio federal, y escribieron pensamientos que parecen su sentencia de muerte.

Abraham González, por su aspecto, parecía un hombre de campo o también un coronel retirado. Los periódicos de la capital lo bautizan con el mote de "Ñor Abraham" y lo zahieren con dolo, exagerando su rusticidad, pero seguramente jamás hubo un ministro de Gobernación más respetuoso de la prensa. Lo era de todos los derechos ciudadanos. Llama a Pascual Orozco cuando sabe que éste trata de rebelarse y le pide paternalmente que diga la verdad sin temor de que vaya a impedírselo. Orozco le llora protestándole lealtad, y se despiden con un abrazo. Tenía desconfianza de Villa y cuando viene el cuartelazo orozquista llega a sentirse solo, confiado únicamente a los cuidados de una dama, la señora Moye, viuda de Portillo y de su joven hijo, Ramón, hermano de Francisco, que fue en Chihuahua una de las primeras víctimas revolucionarias. Más tarde, cuando se convence de que Villa es realmente fiel, le augura que "llegará lejos".

Por todos los detalles de su temperamento, era un predestinado para ser víctima. Lo sabía y más de una vez se le oye decir: "yo me muero en la raya". Huerta, cuando lo conoce le clava una mirada cruel, y en el primer choque que tienen por extralimitaciones del viejo militar que se siente un César después de vencer a Orozco, le dice con macabra ironía: "que Dios proteja a su Señoría, Señor Gobernador".

No fue necesario más; consumado el golpe de Estado que costó la vida de Madero, de su hermano Gustavo y de José María Pino Suárez, Abraham González sigue la lista, por su demasiada confianza en la hombría del general Rábago, jefe de la Guarnición, a quien había favorecido. Estaba en connivencia con José María Maytorena, de Sonora, y con Venustiano Carranza, de Coahuila, en quien tenía profunda seguridad.

Se le aprehende y se le encierra en el Palacio Federal. Su último compañero de cautiverio es el cónsul de El Paso, Texas, Enrique C. Llorente, que ha sido uno de los más fieles del maderismo, el brazo derecho para vencer a Orozco. De Llorente es el único que se despide cuando se le comunica que tiene que partir a México para ser juzgado. Sabe que no es cierto, pero finge creerlo. Al salir a la calle, para tomar el automóvil que ha de conducirlo a la estación, divisa en una esquina el carruaje del general Luis Terrazas, quien se asoma por la ventanilla para identificarlo. Sus custodios son el coronel Benjamín Camarena y el teniente coronel Hernando Limón, que al llegar a terrenos de Bachimba, detiene el convoy para cumplir las órdenes fatídicas.

Durante el camino, el prisionero ha ido silencioso, pensativo, como rumiando en su interior toda la intensa historia de aquellos breves años, despidiéndose del poder, de la esperanza de vivir una paz hogareña al lado de una joven con la que pretendía desposarse.

Al hacérsele descender del carro, siente el frío de la noche invernal que en aquellas yermas soledades es congelante, y se levanta el cuello del abrigo. El ambiente huele a zorrillo y en la lejanía aúllan los coyotes, pero en el cielo brillante las estrellas... Sólo la suya ha traspasado el horizonte.

Iluminada por la linterna de un ferrocarrilero camina la escolta que lleva el reo; pero sólo unos cuantos metros. Se escucha una descarga, y a los pocos minutos regresa el grupo conduciendo un cadáver para que lo trituren las ruedas del ferrocarril... Quizá no fueron tan minuciosas ni tan inicuas las instrucciones de Huerta, pero sus oficiales se encargaron de envilecerlas.

Dr. Ramón Puente

FILOMENO MATA

(EL SEMBRADOR DEL IDEAL)

POR ANTONIO UROZ

Las revoluciones no surgen de la noche a la mañana, porque quienes se acostaron sumisos amanezcan rebeldes: sino que son la culminación de una labor constante, tenaz, muchas veces ignorada, llevada por hombres que con agudo espíritu crítico señalan primero los errores, y luego las posibilidades de su enmienda o su rectificación. En la historia de la Humanidad, han sido siempre individualidades generosas las que han sembrado ideales de libertad que tardan más o menos tiempo en fructificar; la Revolución Mexicana no escapa a esta regla histórica.

No era fácil la tarea periodística bajo el régimen "patriarcal" de don Porfirio. Los hombres más rebeldes alternaban la sala de redacción con la celda obscura de cárceles y comisarías. En un régimen de servil y unánime adulación, cualquiera crítica era desacato; cualquiera burla, ultraje. Un código perfeccionado para defender al régimen existente caía implacable sobre el que se apartaba del sendero de la adulación envilecida. No era cosa fácil en los lustros anteriores al derrocamiento de don Porfirio ser periodista.

Miseria, coacción, brutalidad... Tales eran los elementos que el periodista tenía que vencer. Y en esa lucha fueron muchos los que sucumbieron. Quizás, en la pléyade ilustre de sembradores de los nobles ideales revolucionarios nadie merece con mayor derecho puesto de honor que Filomeno Mata.

Periódicos de oposición los había: Daniel Cabrera editaba *El Hijo del Ahuizote,* de satírica tradición nacional; Juan A. de la Peña, Alfonso Cravioto y Federico Pérez Fernández, *El Colmillo Público;* Paulino Martínez, *La Voz de Juárez;* Casimiro Alvarado, *Juan Panadero;* Ricardo Flores Magón, Librado Rivera, Juan Sarabia, *Regeneración;* Heriberto Frías, *La Voz de Mazatlán,* y en el campo obrero, Antonio de la P. Escárcega, *El Diablito Bromista;* Juan A. Olivares, *Aurora Social* y Rafael Martínez, *Rip-Rip,* e Ignacio Eduardo Rodríguez, *Avante e Ideas Nuevas.* Todos estos hombres, como sus inmediatos colaboradores, sufrieron la cárcel en muchas ocasiones, atropellos inauditos y en ocasiones la muerte.

No escapó a regla tan general Filomeno Mata. Su periódico *El Diario del Hogar* era un modelo de pulcritud. Parecía adivinarse en él ese afán de superación cultural que había de ser uno de los rasgos distintivos de la Revolución y que ha culminado en la acción política de un régimen que dedica diariamente muchos millones de pesos a la educación nacional. Su cuidadosa presentación y atractivos temas, lo hacen deseable en todos los hogares y a todos llegaba. Pero en su primera plana se ostentaba continuamente un comentario de Filomeno Mata, en el cual los errores, las contradicciones del régimen eran exhibidos con lógica implacable. Muchos personajes a quienes nadie se atrevía, no ya a censurar sino aún a nombrar, aparecían ante los lectores de *El Diario del Hogar,* despojados de su falsa honestidad, de su falsa ciencia, de sus mentidos méritos. Así, derribando ídolos en el altar de la tiranía, iba haciendo en el pueblo de México conciencia revolucionaria.

La amenaza, las prisiones eran constantes. También el soborno. En una ocasión, Filomeno Mata, huésped, como de costumbre, de las bartolinas de la cárcel de Belén, recibió la visita de un prominente porfirista, dirigente del grupo científico. Explicó el visitante, que estaba en condiciones de obsequiar al preso un taller con la mejor maquinaria, así como una cantidad mensual que asegurara la desahogada aparición del periódico, Filomeno Mata rechazó con dignidad espartana:

—Prefiero que mis hijos hereden mi miseria, antes que mi deshonra...

Si la Revolución tuvo, especialmente en sus primeros propagadores y mejores caudillos, un tono indudable de austeridad de expíritu de sacrificio, se debe principalmente porque estos hombres fueron políticamente educados en la escuela del periodismo de la Revolución. La lectura de aquellos artículos mesurados en la forma, terribles en el fondo, el conocimiento del riesgo y peligros que sufrían quienes los escribían, no dejaba de estremecer el ánimo de los mexicanos más generosos quienes hacían en su expíritu propósito de imitar tan noble actitud. La Revolución fue así engendrada en lo más noble, más constructivo, más valeroso de México.

Hombres como Filomeno Mata han hecho más por la Patria, mucho más que otros que ganaron nombre, pero no más justa fama...

FRANCISCO VASQUEZ GOMEZ

En el pueblo de Tula, Tamaulipas, nacieron Emilio y Francisco Vásquez Gómez; ambos fueron personajes centrales en la Revolución. Pasados los años y triunfantes en sus profesiones, con muestras de orgullo indicaban a sus amigos la choza en que transcurrieron los primeros años de su vida. Marchan a la ciudad de México a hacer estudios. Francisco decide estudiar la carrera de medicina; pero sin elementos para ello trabaja como gendarme nocturno, oficio considerado vil en aquella época, y cuyo sueldo era de $ 0.75 diarios. El doctor Puente, que ha hecho una semblanza, recuerda:

"Mal alimentado y peor vestido concurría a la escuela; tampoco lo recomendaba su tipo indígena ni su tez bronceada; pero lo salva su aplicación. Alguna vez su necesidad lo hace llegar a clase con un par de zapatos de distinto color, que unidos a lo raído de su traje le dan un aspecto misérrimo. Uno de los alumnos, notando ese detalle, expresa su disgusto, porque individuos tan pobres sean admitidos como estudiantes, «deshonrando la profesión», Vásquez Gómez oye la crítica y se retira a un rincón del segundo patio para llorar de vergüenza o de rabia, dos sentimientos que se mezclan en el pobre cuando los mimados de la fortuna tratan de humillarlo; pero se consuela pensando que a pesar de su mala traza, es el primer lugar en la cátedra.

"La novela de su martirio fue larga, las penurias sin cuenta, hasta que llega la hora de obtener el título. Todavía de pasante se va a establecer al risueño pueblo de Coatepec, cercano a Jalapa, para juntar el costo de la recepción. La acogida favorable que tiene en ese pueblo lo decide a escogerlo para establecerse como médico durante los primeros años de su carrera. Al cabo de tres o cuatro hace dinero y fama, emprende un viaje de estudio por Europa y regresa a la capital para abrirse camino.

"Ya había encontrado también la compañera de su vida, una mujer abnegada e inteligente a la que conoce de estudiante. Su éxito depende de una circunstancia casual. Por el hecho de estar recién llegado de Europa se le llama para opinar sobre un enfermo rico; están en la junta las eminencias del Proto-Medicato. Vásquez Gómez, contrariando a todos, formula un diagnóstico que dice estar seguro de comprobar con una operación. Se aplaza la prueba para el día siguiente y es aquella su noche triste: o triunfaba para quedarse en

México o perdía para tener que regresar a su pueblo. Pero cuando llega la hora la razón está ampliamente de su parte. Entonces, el doctor Carmona y Valle, el médico más respetado por su sabiduría, tiene para él una frase de aliento: «Esta ocasión el discípulo ha superado al maestro».

"Pero todavía le falta a Vásquez Gómez otro paso para afianzar su estabilidad en la capital; tener una clase en la Escuela de Medicina, y el asunto es cuestión de una oposición: su contrincante va a ser el doctor Fernando López, famoso oculista, director del Hospital Militar y yerno de un ministro. Las pretensiones de Vásquez Gómez no son ganar, sino obtener al menos la mención honorífica que lo avoque para una vacante. Pero el destino determina otra cosa; durante la prueba, el doctor López se muestra muy por debajo de su fama; habla unos cuantos minutos sobre la tesis que necesita desarrollar y enmudece. El presidente del Jurado, excediéndose de sus atribuciones, le dice que se reponga; pero no hay manera de romper aquel silencio. Vásquez Gómez, por el contrario, está prolijo, demuestra conocer el punto con amplitud, y hay que indicarle, para callarlo, que ha pasado el tiempo reglamentario. El acontecimiento resulta muy sonado, porque los familiares del doctor López, seguros de su triunfo, tenían preparado un banquete, al que estaba invitado el general Díaz.

"Por estas circunstancias y por haberse dedicado Vásquez Gómez a la especialidad de oídos y garganta, es llamado para atender a la esposa del presidente; y más tarde, al propio general Díaz, que comienza a padecer de una sordera justificada de sobra por su edad y que acaba por ser completa en sus últimos años. Quizás es de los primeros en darse cuenta del mecanismo y de la fragilidad de aquel régimen, así como de lo propicio que sería para un hombre resuelto, escalar el poder. Los reyistas lo invitan para pertenecer a su grupo y por la amistad que Vásquez Gómez lleva con el presidente, que con frecuencia lo invita a sus cacerías, es escogido para ir a poner en su conocimiento los trabajos políticos que tratan de emprenderse. El general Díaz desnuda ante Vásquez Gómez su miedo por el general Reyes, y como para disuadirlo de que siga siendo reyista, le dice en tono solemne: «Si el pretendiente fuera un hombre como usted, que se ha formado a sí mismo, y que es todo un carácter, sería distinto»".

La conducta de los hermanos Vásquez Gómez, es característica, frente a la Revolución, de los elementos de mayor preparación y que por sus ideas pudieron servir al maderismo. No lo hicieron por conveniencia, por temor o por otros motivos, en ningún caso laudable. Doliéndose de ello, Federico González Garza, uno de los pocos intelectuales que se afiliaron resueltamente al maderismo, en su libro *La Revolución Mexicana. Mi contribución política-literaria*, nos habla de esta cuestión y concretamente de estos personajes, por lo que estimamos oportuno recordar lo que el expresado autor señaló de un modo certero:

"Los hermanos Vásquez Gómez.— Pero lo que más contrariaba a Madero y a sus compañeros en el primer período de la Revolución, era que entre esos poquísimos elementos directores, no se pudiere contar ni siquiera con los que estaban lógicamente obligados a ponerse al servicio de la Revolución, ya que en el período pacífico y netamente democrático habían figurado de modo tan prominente. Nos referimos a los hermanos Vásquez Gómez, el licenciado y doctor, quienes negaron su concurso a Madero en los momentos más críticos de la Revolución. De esta suerte, aunque ellos se trasladaron antes del 20 de noviembre de 1910 a los Estados Unidos, lo hicieron para librarse de la persecución del general Díaz y de los «científicos», pero no para ir a revolucionar como lo hicieron Madero y los principales antirreeleccionistas, entre ellos Sánchez Azcona, Roque Estrada, Bordes Mangel, los hermanos González Garza y otros; pues bien sabido es que ambos hermanos Vásquez Gómez fueron siempre enemigos de toda revolución mientras el gobernante por derrocar se llamara Porfirio Díaz y se corriese un verdadero peligro; ya que sabían que el viejo Dictador nunca se tentó el corazón para hacer desaparecer a sus enemigos.

"Así fue como por la falta del número suficiente de hombres de capacidad intelectual que supieran poner alma y pensamiento a la altura de la enorme empresa enderezada a manumitir a todo un pueblo, Madero tuvo que contentarse con el pequeño grupo de antirreeleccionistas decididos, y que requerir y aceptar desde luego los servicios de sus hermanos Gustavo y Alfonso que se hallaban en Estados Unidos, y los de Emilio y Raúl dentro del país, y quienes por méritos propios como antirreeleccionistas, especialmente el primero, tenía pleno derecho para colaborar al lado de su hermano. Mas si a estas honrosas circunstancias se añade la de que no sólo ellos, sino también las hermanas de Madero, poseían bienes de fortuna que siempre estuvieron dispuestos con gran desprendimiento y entusiasmo a ponerlos a disposición del jefe de la Revolución, se comprenderá que a falta de grandes intelectuales del calibre de muchos que estaban al servicio de la autocracia y oligarquía reinantes y del de otros que aunque independientes eran pasivos, no tenían fe o carecían de energía en el carácter, y a falta de los señores Vásquez Gómez que siempre habían sido considerados en el seno del antirreeleccionismo como elementos de más peso por su edad y experiencia, aunque no por su empuje y decisión ni tampoco por su sinceridad se comprende, decimos, que Madero hubiera de echar mano de quienes lo habían seguido al extranjero para iniciar la Revolución, después de haber colaborado entusiastamente en la parte netamente democrática de la misma Revolución.

"Esta es la razón por que los señores Vásquez Gómez no tuvieron derecho de criticar posteriormente a Madero y sus parientes porque uno y otros acusaran siempre la tendencia de tratar como «asuntos de familia» aún las mas graves cuestiones de la Revolución; pues que si tal cosa ocurría era debido exclusivamente a las causas ya indicadas: escaso personal por la abstención de quienes estaban logicamente obligados a seguir colaborando, cualesquiera que fuese el giro que tomara la Revolución, y la circunstancia de ser los miembros de la familia Madero los únicos que supieron afrontar los gastos de la lucha armada.

"En consecuencia, por la carencia de patriotismo, falta de fe y pasividad en el carácter, los hombres de alta capacidad intelectual no estuvieron en 1910 del lado del pueblo, y por falta de valor y de fe tampoco estuvieron los Vásquez Gómez en los verdaderos momentos de prueba, siendo esta la causa por la que los puestos prominentes y de mayor peligro que al iniciarse la Revolución a ellos por derecho les hubiera correspondido ocupar, tuvieron que ser desempeñados por los revolucionarios jóvenes que al lado de Madero estaban dispuestos a arrostrarlo todo y entre ellos se encontraban sus hermanos Gustavo, Alfonso, Emilio y Raúl Sánchez Azcona, González Garza, etc.

"Pues bien, esta intervención que en tratándose de otra familia no hubiese tenido mayor importancia, al tratarse de los hermanos Madero, tuvo graves consecuencias. En efecto, la gran familia de los Madero, agrupada en derredor de su ascendiente más conspicuo, el abuelo don Evaristo, un verdadero patriarca, fue modelo de unión, energía y laboriosidad; siendo muy de notarse que entre sus miembros culminara un rasgo muy característico y muy valioso: una envidiable solidaridad en sus afectos y en sus intereses.

"Esto quiere decir que si la Revolución fue acaudillada por un Madero y si en la organización y fomento material de la misma tuvieron que colaborar especialmente dos de sus hermanos, prestando entusiastas servicios; fue inevitable que también se interesaran profundamente en la arriesgada empresa, el padre del caudillo, los demás hermanos y hermanas, así como todos sus tíos y primos, figurando principalmente su tío Evaristo Madero y su primo el licenciado don Rafael Hernández.

"La única manera, en consecuencia, en que pudo ser evitada esta intervención o al menos atenuarse en sus efectos, es que un buen número de los muchos elementos pensantes con que entonces contaba la República, hubiese respondido entusiasta al llamado de la Revolución, como habían sabido responder los hombres del taller y los hombres del campo; pués así hubiese contado Madero con un gran núcleo de hombres de valor intelectual que habrían sabido hacerse cargo de las gravísimas tareas de allegarse fondos, organizar y administrar y atender con el máximum de eficacia aquel glorioso movimiento.

"Esto no pudo ser porque algunos, aunque con hoja brillantísima de servicios prestados a la causa del pueblo, esperaban que Madero los hubiese invitado especialmente para lanzarse a la Revolución, como fue el caso de Luis Cabrera; otros, por completo desencantados de la cosa pública y falta de fe en el pueblo, como fue el caso del licenciado Soto y Gama; otros, por conveniencia y cálculo, esperando sacar provecho del sacrificio y valor de los demás, que serían los que decidieran favorablemente los destinos de aquella gloriosa aventura patriótica, y la gran mayoría, por la simple falta de dignidad y patriotismo, pues les importaba un bledo la suerte de sus hermanos los de abajo, hallándose como se hallaban perfectamente bien avenidos con la Dictadura, para ellos fuente inagotable de copiosas granjerías y privilegios, aunque fuera al precio de sus prerrogativas como ciudadanos.

"De tan deplorable situación siguieron derivándose consecuencias muy serias; Madero se vio obligado a ser demasiado obsecuente y tolerante con tal de contar con la colaboración de quienes en la campaña democrática habían tenido una muy importante participación, como los mencionados Vásquez Gómez, aunque a la hora de apelarse a las armas hubiesen demostrado inconformidad absoluta con tal procedimiento; pues dada aquella circunstancia y la de encontrarse uno de ellos, don Emilio, en San Antonio y el otro en Washington, era muy natural que el *leader* insistiese en atraerse y convencer a estos dos prominentes políticos, por entonces pacifistas, no obstante que Madero y todos los que le estaban ayudando en los Estados Unidos, encontraban en ellos un rasgo que los caracterizaba y que hoy podemos señalar como una de las primeras causas que más contribuyeron a minar y socavar la autoridad del jefe de la Revolución y que impidiera al fin la consolidación de su gobierno.

"Nos referimos a aquella constante actitud de ambos hermanos, particularmente del doctor Vásquez Gómez, aquel invariable sentimiento, aquel aire inconfundible de suficiencia, de superioridad y de desdén hacia los actos y la personalidad del héroe y de los antirreeleccionistas de mucho menos edad que ellos, que rodeaban a Madero; superioridad y suficiencia que hoy vemos que algo distaba de estar basada en la realidad; pues muy pronto quedó demostrado que en punto a elevación moral y a energía espiritual trascendente, estaban muy por debajo del iniciador de nuestra gran Revolución, y en lo intelectual, lo único que podemos decir, aun a riesgo de que pierdan seriedad estas apreciaciones, es que ellos poseían la superioridad que por lo general poseen todos los que son ya muy avanzados en edad sobre los que apenas están llegando a la plenitud de la vida, verdad cristalizada, en el decir popular: «Más sabe el diablo por viejo que por diablo», sin contar con que a aquéllos les faltó valor, entusiasmo, optimismo y visión, cualidades sin las que jamás se hubiese triunfado y que en Madero concurrían en grado excelso.

"De ahí que podamos afirmar que si hubiese habido, al iniciarse la Revolución, otros elementos intelectuales o de respetable situación social, de que echar mano, es absolutamente seguro que Madero y sus jóvenes compañeros no se hubiesen vuelto a acordar de los señores Vásquez Gómez, ni hubieran aceptado sus servicios cuando por el mes de febrero de 1911, al convencerse de la pujanza de la Revolución insinuaron dichos señores pacifistas su deseo de colaborar entonces con el grupo y éstos no hubiesen después pretendido figurar prominentemente en el gobierno de Madero, ni menos suplantar la voluntad de éste, como se ha visto que más tarde lo hicieron, como si a él no le debiesen sobre todo don Emilio, su ingreso al gabinete del gobierno provisional y su inesperada e inexplicable transformación de medroso pacifista en un revolucionario radical".

Esa conducta, que a principios los llevó al antirreeleccionismo, al que sí se afiliaron con sinceridad, ocasionó su distanciamiento con Madero, y sobre todo con sus partidarios, que afrontaron la lucha. El doctor Vázquez Gómez no logró, al final de la lucha contra Díaz, ocupar el cargo de vicepresidente; pues el propio Madero se inclinó por Pino Suárez y realizó una gran labor para evitar que don Francisco figurase en tal cargo. Después vendrá la controversia abierta. Al pronunciarse Pascual Orozco contra el presidente Madero, se le acusa de connivencia. Aun contando con muchos partidarios para la presidencia, tanto el doctor, como su hermano el licenciado Emilio, no logran canalizar las corrientes favorables. Habían estado demasiado tiempo en situaciones difíciles y ahora se mostraban intransigentes. Tampoco con Carranza ni Villa se entendieron; y ni siquiera con Zapata, por quien mostraban simpatías ideológicas. El final es el destierro

De regreso a México, Francisco Vásquez Gómez entrega sus *Memorias*, documento de primer orden para conocer tan contradictoria personalidad y muchos acontecimientos íntimos que el autor conoció perfectamente. Fallece el 16 de agosto de 1933, en la ciudad de México.

*
* *

La nombradía política ha hecho olvidar uno de los capítulos más importantes de esta vida: su alta jerarquía de pensador, demostrada en sus agudas, al par que profundas críticas al positivismo, como el propio Valverde Téllez, erudio ilustre, ha puntualizado. Cuando un historiador acucioso y preparado escriba el capítulo referente a la educación, el doctor Francisco Vásquez Gómez, merecerá un lugar prominente.

FRANCISCO I. MADERO

Cuando los mexicanos nos acercamos a la figura de este gran hombre, sentimos impresiones diversas: por una parte, una profunda admiración por su valentía extraordinaria, al enfrentarse a una dictadura de más de treinta años, cuya fachada no hacía ver las profundas grietas que la minaban; por otra, al llegar el hombre al gobierno, una ausencia de penetración política que algunos estiman como el desconocimiento total de los fenómenos sociales. Sin embargo, conforme vamos penetrando en su personalidad, hallamos en él no solamente al apóstol, que rubricó con su vida su adhesión al pueblo mexicano, sino al hombre genial que se enraizó en el sentimiento popular, tanto por su infinita bondad, como por su comprensión de algunos de los más tenaces combatientes por la causa del pueblo: Zapata y Villa sobre todo. Un estudio de estos tres personajes *(Trilogía de la Revolución: Madero, Zapata, Villa),* nos ha llevado a la conclusión que fueron quienes mejor vieron, en matices diversos pero llegando a la misma fuente, el dolor secular de los mexicanos.

En 1917 se publicó, en La Habana, uno de los mejores libros sobre el México y los acontecimientos de 1913, *Los últimos días del presidente Madero,* por un hombre hacia el que nuestro país tiene una deuda insaldable, don Manuel Márquez Sterling (2ª edición, Editorial Porrúa, México, 1958). De ella tomamos un esbozo biográfico que es, en breve síntesis uno de los mejores que se ha hecho del hombre que inició la rebelión democrática contra Porfirio Díaz.

"Nació Madero el 30 de octubre de 1873 en Parras de la Fuente, Estado de Coahuila, y perteneció a una familia opulenta de agricultores, ajena a las intrigas de la política, no obstante haber sido su bisabuelo, don José Francisco, diputado al Primer Congreso Constituyente de Coahuila y Tejas, y su abuelo, don Evaristo, gobernador en aquellas vastas regiones del norte americano. Estudió la carrera del comercio, primero, en Baltimore, después en el Liceo de Versalles; viajó por Europa e ingresó finalmente, en la Universidad de San Francisco, de California, hasta concluir su educación, a los veinte años de edad, y establecerse en San Pedro de las Colonias para administrar las propiedades que tenía su padre en La Laguna.

Cuentan los biógrafos de Madero que se entregó de lleno a las faenas agrícolas e implantó modernos sistemas de cultivo, examinó el modo mejor de aprovechar las aguas del río Nazas, que fertilizan los campos de Tlahualillo, en el Estado de Durango, y de La Laguna, en Coahuila, y conseguir su repartimiento, con equidad, entre los ribereños; en 1900 publicó, sobre este tema, el folleto en que propuso la construcción de una represa a previsión de la sequía; y el Dictador, que no pudo adivinar al hombre capaz de arrebatarle su imperio, le dirigió una de sus cartas halagadoras felicitándolo por el proyecto.

En las montañas tupidas y en los valles risueños, Madero explayaba constante actividad y ganábase el corazón de los labradores con singular ternura; cuidaba que no engañasen a los empleados de su hacienda, en el peso del algodón, como era en otras punibles costumbres; aumentaba espontáneamente el salario del jornalero; construía para sus obreros habitaciones ventiladas e higiénicas, y, aficionado a la medicina homeopática, a menudo cargaba con su pequeño botiquín y curaba a sus peones. "En la ciudad —refería uno de sus íntimos— era de verse cómo lo asediaban los enfermos menesterosos a quienes proporcionaba alivio del dolor, consuelo de las penas y recursos pecuniarios; y en años de malas cosechas, en que los vecinos carecían de trabajo, organizaba en Parras un comedor público, sin que, por eso, faltasen cincuenta o sesenta niños pobres en su casa particular, donde se les diera toda clase de alimentos; contribuía siempre con sumas fuertes a sostener los institutos de beneficiencia; recogía huérfanos desamparados, y le preocupaba sobremanera la instrucción del pueblo; protegió y educó a muchos jóvenes pobres que ansiaban abrirse paso en la vida, y los mandaba, de su cuenta, a distintos lugares del país; fundó la Escuela Comercial de San Pedro, asignándole, de su peculio, fuerte cantidad; y en sus dominios instalaba y sostenía colegios, y obligaba a los obreros a que enviasen a sus hijos a las aulas, predicando, siempre, en contra de la ignorancia que engendra la ignominia".

Imaginativo y sentimental, Madero pierde poco a poco el carácter de hombre de negocios y no goza, entre su propia familia, entre los amigos, fama de práctico, si bien todos a una reconocen su claro talento, algo desviado por lecturas que no eran precisamente de números, iniciado ya en su definitiva orientación filosófica. Los afanes de la industria y los prodigios de la agricultura no llenaban su alma; ni el medio millón de pesos que ahorró satisfacía su ambición de más amplia esfera. Consideraba pasajeros y efímeros los bienes terrenales; íbase su pensamiento a los cielos en busca de grandes verdades que alimentaran su fervor, y volvió su alma toda a la doliente humanidad con el vivo deseo de servirla y empujarla hacia su designios, en el espacio insondable. No tenía, desde luego, preparación suficiente para inventar una doctrina, ni adquirió ilustración literaria muy sólida, ni era dado a profundizar en el análisis de sus propias observaciones; pero sobrábale fantasía para asimilar con lujo de adornos la lectura; y entregábase con toda buena fe, y con ímpetus de propagandista y de profeta, a la senda que sus autores favoritos le marcaran en las noches quietas y lánguidas de sus campos de algodón. Así lo encontramos, en 1906, figurando como delegado por el Centro de Estudios Psicológicos de San Pedro de las Colonias en el Primer Congreso Nacional Espírita, y en una de las sesiones en que los debates cobran animación, pide la palabra y talla una síntesis de su moral, en la Tierra, para el progreso de las almas, ascendiendo a la perfección, de mundo en mundo, camino de la dicha. Es ya un discípulo entusiasta de Allan Kardec, un sacerdote del credo que contiene *El libro de los Espíritus,* valuado por Myers como ensayo prematuro de una nueva religión y una ciencia en germen. Contempla el Universo y lo embriaga una felicidad absoluta al contacto de la fuerza, la luz, la energía que irradia y vibra en su centro, abstraído en el éxtasis de fenómenos incógnitos. Engéndranse, así, las audacias y el desbordamiento de sus iniciativas. Maestros de ultratumba le hablan de redención. En la sociedad de sombras que él frecuenta, ha tropezado un abismo a través del cual se ligan las almas; quiere leyes de lo invisible que agranden su concepto del bien y regulen el deber a la gloria, y se sumerge en los destellos de la nueva fe y explica, por la invasión de sublimes ideales, el arte, la clarividencia del genio, la comunión del amor en lo sobrenatural e infinito". (Márquez Sterling, op. cit.)

Desde 1904, contra lo que muchos han sostenido, afirmando que de repente le entró la chifladura política a Madero, inicia trabajos propiamente políticos, ya no el bienestar colectivo desde un punto de vista personal, sino con vistas a la dirección pública en la actuación gubernamental. Se adentra en la política electoral de Coahuila. Alfonso Taracena ha destacado este hecho ocurrido en aquellos años: "También el porvenir de Coahuila era sombrío con la perspectiva del gobierno del licenciado Fuentes, y Madero y sus amigos resolvieron fundar un «Club Democrático Benito Juárez», que se opusiera al triunfo de dicho señor. Para dar a conocer las tendencias de la agrupación, se convocó al público y se procedió a elegir la mesa directiva del club, resultando presidente Madero; vicepresidente, don José María Hernández; primer vocal, doctor Durán; segundo, Alfonso Madero; tercero don Catarino Benavides; tesorero, don Eligio Sánchez y secretario, don Indalecio de la Peña" (*Madero, vida del hombre y del político,* prólogo de José Vasconcelos, segunda edición. Ediciones Botas, México, 1938).

El mismo grupo edita un periódico, *El Demócrata,* en el que apareció un artículo de Madero, titulado "Vox populi, Vox Dei". Con toda valentía, el periódico hablaba de los derechos humanos, del voto, de libertades, y tiene gran repercusión en el Estado. La campaña se hace en todo el Estado: Madero escribe lo mismo a los hacendados, que a los hombres más descollantes, denuncia la avidez de los políticos y el abandono en que se tiene a los pueblos. Lógicamente se producen las persecuciones, y al venir las elecciones las gana el gobierno por medio de la chicana y el fraude. Ahora viene la convención para lanzar candidato al gobierno de Coahuila. Madero pronuncia un discurso que ha sido recogido por el autor antes citado y en el que el apóstol futuro se muestra partidario de que la convención se haga en Torreón y no en la ciudad de México:

"Señores: En este momento tenemos que resolver un problema de vital importancia para nuestro Estado y para la República en general. No hay que hacernos ilusiones; escoger entre México y el Estado de Coahuila para reunir nuestra convención, es escoger entre el antiguo sistema de servilismo y cobardía que nos ha dado tan amargos frutos, y el sistema que queremos implantar los coahuilenses de dignidad y de valor, para ponernos frente a frente ante al gobierno dictatorial que oprime a nuestra infortunada patria, y arrancarle de sus manos la soberanía de nuestro Estado, que ha usurpado.

"Señores: Es indispensable pensar con serenidad la resolución que vamos a tomar. Ir a México, es ir a doblegarnos ante el déspota, es ir a besar la mano que nos oprime, es reconocer al Dictador el derecho de inmiscuirse en nuestros asuntos internos, es sancionar la costumbre de irle a suplicar que nos cambie, de gobernador, cuando tenemos el derecho de hacerlo, y, por último, es darle el golpe de gracia a la Soberanía de nuestro Estado. Nosotros no podemos, no debemos hacer eso; nosotros que en este momento somos los representantes genuinos del pueblo, defender sus derechos, si necesario es, a costa de nuestras vidas. El sagrado depósito que nos han confiado nuestros conciudadanos, poniendo en nuestras manos sus destinos, debe darnos una idea más elevada de nuestra misión; debe hacernos comprender que, como representantes del pueblo de Coahuila, no podemos humillarnos ante el tirano que ha pisoteado nuestras leyes, que ha usurpado nuestros derechos, que ha matado nuestras libertades y nuestro civismo...

"Señores: A México nos llevará la esperanza de un triunfo fácil, pero ese triunfo, si lo llegamos a obtener de tal modo, será haciendo el doloroso sacrificio de nuestra dignidad y de la Soberanía de nuestro Estado. Ir a México, es perder simpatías y quizá la admiración de la República, que ansiosa sigue las peripecias de nuestra lucha, esperando ver en nuestro triunfo, el primer golpe asestado a la tiranía, golpe que prepara su propia ruina.

No más promesas del caudillo.

La República ha hecho causa común con nosotros; en este momento nos ayuda con sus simpatías; al ser necesario, nos ayudará de un modo más efectivo, pues el malestar general que se nota en todas partes, es indicio seguro de que el pueblo mexicano está inflamado de justa indignación contra la tiranía y que sólo espera una oportunidad para hacer valer sus derechos. Yendo a México, volveremos con promesas del caudillo (eso es absolutamente seguro), pero esas promesas no nos darán ninguna seguridad en el triunfo; cuando más, si llegamos a creer en ellas, será para embotar nuestras fuerzas y nuestra energía, haciéndonos creer que nuestro "negocio ya está arreglado". En cambio, esa humillación nos desprestigiará ante nuestros combatientes y causará una dolorosa decepción a la República en general, que habrá visto desvanecerse su última esperanza de redención, que habrá visto con dolor caer entre las redes de la política porfirista a los coahuilenses, en cuya altivez y en cuyo valor cifraba sus ensueños de libertad.

"Además de todo eso, habremos perdido ante los ojos del mismo Dictador, que siempre mide el valor de sus enemigos para hacerles concesiones según su poder; pues desde el momento que nos acerquemos a él, comprenderá que somos unos cobardes, muy poco temibles, y dignísimos del desprecio con que nos tratará... En este momento, nuestra fuerza consiste en la actitud digna y viril que hemos asumido, y todos los satélites de Díaz quieren atraernos a su lado haciéndonos promesas halagadoras; promesas que también recibieron los ciudadanos de Durango, los de Nuevo León León, y que sólo sirvieron, para hacer respectivamente más ridícula y más sangrienta su derrota. Nosotros no debemos mendigar ayuda de nadie; nuestra dignidad nos lo prohibe, el triunfo de nuestra causa así lo requiere. Aceptar la ayuda interesada de Corral, es ponernos entre sus manos y hacer que nuestro Estado le sirva de primer escalón para encumbrarse a la Presidencia de la República; es ayudar a sostener otra nueva dictadura en nuestro país; es ponernos al lado de los dictadores de la patria; en una palabra, es convertirnos en serviles instrumentos de la tiranía, en vez de ser los campeones, los mártires, si necesario fuere, de la causa santa de la LIBERTAD".

En la parte del discurso que transcribimos se advierten con claridad las ideas políticas del orador. Notamos también la falsedad de quienes afirman su carencia de visión política. Por el contrario, en él podemos ver al ciudadano moderno, al "iluminado" de que alguna vez hablara Salvador Azuela. En suma, al futuro caudillo de la democracia mexicana. La campaña aludida fracasó, porque al gallo, Fuentes, le faltaron espolones. Volvamos nuevamente a uno de los mejores análisis que se han hecho de la personalidad de Madero, al esbozo de Márquez Sterling.

"Aparecía la dictadura inconmovible, pero en su naturaleza operábase ya el desgaste precursor. Don Porfirio, octogenario, habíase trocado en una especie de fetiche; y el poder lo usufructuaba, a saciedad, el círculo de sus amigos, presuntuosamente llamado Partido Científico, ilustre cónclave de jurisconsultos y financieros que revistió sus excesos de magnífico esplendor. Y asombra cómo aquellos estadistas no vieron llegada la hora de una formidable revolución, cómo creyeron que habría de vivir perennemente el pueblo mexicano en vasallaje a improvisados aristócratas, en el olvido de sus derechos primordiales, desmayada para siempre la opinión pública, sin escuelas ni tribunales, cantando los heroísmos y la gloria de sus detentadores. ¡Hermosa lección del dolor! ¿Cuándo fue permanente la obra del látigo, ni supo vadear la catástrofe el genio de la tiranía?

"La dictadura mexicana exigió condiciones inverosímiles para sostenerse: que no fuese mortal, como los demás hombres, el inimitable don Porfirio; que no adelantara el espíritu popular en su tétrico reinado; obscuridad y servilismo y muerte en calidad de soportes fundamentales; que la Tierra no vagase por el espacio, que no alumbrara el sol, que en las tinieblas eternas se plegara el Cosmos a sus mandatos. Y por eso mismo, la Revolución estallaría de súbito al impulso de un caudillo incipiente, y por la eficacia de errores acumulados y atropellos enaltecidos. Toda la habilidad de los *científicos* en el Parlamento, en el Gabinete, en el Foro, en la Cátedra resultaría vana y efímera; todos los elementos de resistencia se hallarían contaminados de poquedad; todo el organismo político padecería los mismos agravios de vejez; y sobre los escombros del desplome nuevos hombres plantarían el estandarte de nuevos tiempos, nuevos procedimientos y nuevas doctrinas.

"Don Porfirio asiste a los actos oficiales, habla a los extranjeros que le visitan, ofrece el maná a los *súbditos* que le piden protección; pero no es don Porfirio quien gobierna, aunque sí su colera la que espanta. Ahora don Porfirio es un gran señor del que habría hecho Shakespeare un portento; es el gran amo que ya no administra su enorme feudo, ni sabe las palpitaciones de su pueblo tributario, ni cree en la clausura de su largo poderío, ni pierde el hábito de antiguas intransigencias. Y aproximadamente otra reelección, que es, en él, como renovar sus títulos de emperador, con formularios perfectamente dispuestos, finge, como los dictadores latinoamericanos, las ansias de reposo, y, como a ellos, le obligan la patria y los amigos al último sacrificio. No tiene la menor sospecha de que contra él osarán alzarse portadores de ideales, ni que en el subsuelo trámase campañas democráticas el curandero homeópata de San Pedro de las Colonias, y brinda facilidades a quien pretendiese disputarle el solio.

"En la historia moderna de México, es esta una página trascendental. Y cupo el honor de trazarla a un periodista yanqui, Mr. Creelman, de quien hizo don Porfirio el transmisor de arriesgadas revelaciones. Así anuncióse que, a juicio del Dictador, el pueblo mexicano había madurado para la libertad y que él lo acataría si eligiese para presidente a un rival. "Recuerdo —me ha dicho uno de sus adictos— que subí las escaleras del Palacio e insinué los peligros de consentir que Mr. Creelman publicase los términos de aquel reportaje; pero la resolución era irrevocable, la confianza en sí mismo ilimitada, y comprendía que una atracción misteriosa, consecuencia acaso de la política del Dictador, conducíale al cataclismo".

"En su retiro de La Laguna, Madero escribe ya su famoso libro *La sucesión presidencial en 1910*. El fracaso de la democracia local indúcelo a un movimiento político en toda la República. Su ética le manda que luche. La providencia le ha encomendado apostólica misión. Y el filósofo será guerrero. Y una noche el guerrero será filósofo".

Estamos en 1908. Aparece el libro ya mencionado, en el que Madero plantea una serie de cuestiones. Para hacer una referencia analítica, voy a utilizar a uno de nuestros clásicos en materia de historia de las ideas políticas, al elegante escritor Emilio Rabasa, quien del autor y la obra, pocos años después de aparecida, comenta:

"Surgió por entonces el nombre de don Francisco I. Madero, desconocido por completo, calzando el libro titulado *La sucesión Presidencial en 1910*. El abuelo del autor, don Evaristo Madero, hombre de energías bien demostradas, millonario, ex gobernador de Coahuila, tenía entre descendientes y personas ligadas con ellos por matrimonio, una familia de más de cien miembros. La familia tenía varios millones de hectáreas de propiedad territorial, negociaciones industriales, bancarias, agrícolas, extendidas en Coahuila y Nuevo León, todas dirigidas por hombres activos y ambiciosos que barajaban grandes y numerosas empresas. Se asegura que en aquellos días sus negocios andaban muy comprometidos y que pesaban sobre ellos deudas de muchos millones. Se ha dicho que Francisco I. Madero pensaba en materias políticas, y que era visto por sus parientes como el de menor significación en la familia, por su poca intervención en los negocios.

"El libro, por su forma, revela una escasa instrucción. El lenguaje es malo, la fraseología vulgar, los recursos literarios pedestres y a veces pueriles, la ostentación de conocimientos históricos y de ciencia política revela su poquedad; su aplicación al caso de México, demuestra su cortedad de recursos. En el fondo el libro descubre dos cualidades: valor y buena fe; y estas virtudes, unidas al idealismo sin moderación que hace perder el contacto con las cosas y que allana lo imposible, hicieron el buen éxito, si no del libro, del autor, que pasó bien pronto del pacifismo de sus proposiciones a la lucha sangrienta que honradamente condenara. Fuera de sus pujos de erudición en historia de griegos y romanos, el libro estaba al alcance de todos, porque era sencillamente sencillo y fácil. Cuanto revelaba el sistema de gobierno del general Díaz, su absolutismo, de su perpetuidad, de sus infidencias, de su imposición sobre la ley, lo sabían y decían todos. Lo que había de nuevo, de inesperado, era el valor de decirlo en letras de molde y de excitar a la nación para que obrara en el recobro de sus derechos; y justamente lo que ganaba a la generalidad de los lectores era encontrar en el libro lo que ellos mismos pensaban y querían sin el valor de prociamarlo o de hacerlo.

"Esto no quiere decir que no haya algo bueno en el libro. De vez en cuando se encuentra un párrafo gallardamente escrito; con más frecuencia exposiciones serias, aun perjudiciales a su causa, que levantan al general Díaz. El retrato del presidente, hecho en un capítulo que le consagra, es fiel, desde la exhibición física del hombre, hasta los rasgos característicos que revelaban sus condiciones psicológicas; alaba su limpia vida privada, reconoce que era intachable como administrador, y que sólo con una honradez como la suya se podía llevar el orden del manejo de los caudales públicos hasta nivelar los presupuestos y presentar superávit en las cuentas anuales". *(La evolución histórica de México,* 1920).

La conferencia Creelman, de marzo de 1908, tuvo la virtud de revelar la hipocrecía del dictador, pues poco después se efectuaron las elecciones para gobernador en Morelos, hubo candidato de oposición, con todo lo que ello supone cuando es auténtica: oratoria fogosa, ataques a fondo, tumultos. Y la imposición con todo lo que arrastra: envío de tropas de la Federación para "restablecer el orden" atropellos, prisiones, etc. Y en octubre del mismo año surge el libro de Madero, con alusiones a la misma. Le toma la palabra al dictador y se muestra acorde en que el pueblo mexicano está apto para la democracia. Lo que en Díaz era marrullería, en Madero era penetración. Las conclusiones de su libro son XXV, de las que escogemos algunas:

"I.—*Nuestra guerra de Independencia y la que sostuvimos con Napoleón III nos legaron la plaga del militarismo.*

"II.—Al militarismo débese la dictadura del general Díaz que ha durado más de treinta años.

"III.—Esta dictadura restableció el orden y cimentó la paz, lo cual ha permitido que llegue libremente a nuestro país la gran oleada de progreso material que invade al mundo civilizado, desde mediados del siglo último.

"VI.—Todo hace creer que si las cosas siguen en tal estado (prolongación de la dictadura), el general Díaz, ya sea por convicción o por condescendencia con sus amigos, nombrará como su sucesor a algunos de éstos, el que mejor pueda seguir su misma política, con lo cual quedará establecido de un modo definitivo el régimen del poder absoluto.

"VIII.—El único medio de evitar que la República vaya a ese abismo, es hacer un esfuerzo entre todos los buenos mexicanos, para organizarse en partidos políticos a fin de que la voluntad nacional esté debidamente representada y pueda hacerse respetar en la próxima campaña electoral.

"IX.—El que mejor interpreta las tendencias actuales de la nación es el que propongo: El partido antirreeleccionista, con sus dos principios fundamentales: libertad de sufragio y no reelección.

"XII.—En caso de que el general Díaz se obstinare en no hacer ninguna transacción con la voluntad nacional, sería preciso resolverse a luchar abiertamente en contra de las candidaturas oficiales".

Aquí llegamos a un aspecto de la vida del gran líder democrático, que revela la razón por la que ocupa un lugar tan importante en nuestra historia: mientras los grandes figurones, lo mismo del grupo "científico" como de los porfiristas no científicos, o de la gente de oposición, siempre tuvieron miedo a la dictadura, Madero se le enfrentó resueltamente. Mientras un Teodoro Dehesa, prestigiado gobernador de Veracruz se negó siquiera a permitir algunos trabajos preelectorales; y un espadón arbitrario como Bernardo Reyes, no obstante la popularidad que en determinado momento llegó a alcanzar, se llenó de pavor con la desaprobación de los trabajos reyistas, por el Dictador, Francisco I. Madero fue primero a la lucha democrática, con todas las desventajas que ello suponía, por todo el aparato del sistema porfiriano, de cacicazgos y estamentos, y en el momento necesario se lanzó a la lucha armada, arrastrando sectores importantes de la voluntad popular y llevándolos, finalmente, al triunfo.

Con el Plan de San Luis, Madero se lanza a la lucha. Primero, con el Partido Antirreeleccionista, que realiza su asamblea en abril de 1910, va a la liga electoral con la fórmula Francisco I. Madero y Francisco Vásquez Gómez, para presidente y vicepresidente de la República. Después, se lanza a la revuelta. Como ha expresado José Mancisidor: "En todos los sitios operaron prodigios su arraigada fe en el pueblo mexicano; su entusiasmo por la empresa acometida; su espíritu de lucha y sacrificio; su decir inteligible y sencillo; su constancia en la obtención de lo que otros jamás hubieran intentado. Y así fue, por el admirable acierto que los pueblos revelan al escoger a sus héroes, el hombre insustituible en aquel minuto histórico. Su fe en el pueblo obró, para quienes niegan a éste fuerza creadora, lo inesperado" *(La Revolución Mexicana.* Ediciones El Gusano de Luz. México, 1958).

Del Plan de San Luis, que al final llevó en triunfo a sus redactores, en una lucha iniciada en noviembre, en Puebla, por la familia Serdán (V. el capítulo en esta obra), tomamos el artículo 3o., en el que se halla un postulado social y que permitió que las masas menos preparadas comprendieran el alcance de aquella lucha. Se decía:

"Abusando de la ley de terrenos baldíos, numerosos pequeños propietarios, en su mayoría indígenas, han sido despojados de sus terrenos, ya por acuerdos de la Secretaría de Fomento, o por fallos de los tribunales de la República. Siendo de toda justicia restituir a sus antiguos poseedores de los terrenos de que se les despojó de un modo tan arbitrario, se declaran sujetas a revisión tales disposiciones y fallos, y se exigirá a los que los adquirieron de un modo tan inmoral o a sus herederos, que los restituyan a sus primitivos poseedores, a quienes pagarán también una indemnización por los perjuicios sufridos. Sólo en caso de que esos terrenos hayan pasado a tercera persona antes de la promulgación de este plan, los antiguos propietarios recibirán indemnización de aquellos en cuyo beneficio se verificó el despojo".

La lucha, iniciada en noviembre, termina en mayo, después de que las tropas de Pascual Orozco y Pancho Villa toman Ciudad Juárez. El dictador renuncia el 25 de mayo, pero los tratados de Ciudad Juárez permitieron que la reacción siguiera en el poder. Francisco León de la Barra fue el instrumento de los reaccionarios para socavar el triunfo armado de la Revolución. Por si fuera poco, Madero cometió un grave error al debilitar a sus partidarios y darle mayor fuerza a sus enemigos. Mancisidor en un apartado que llama "La actitud antidemocrática de Madero", afirma, con razón, que el "deseo de eliminar a los Vásquez Gómez de su gobierno, más por satisfacer a sus amigos y partidarios, que por él mismo, animó a Madero a usar de un procedimiento, que por antidemocrático, reñía abiertamente con los postulados políticos del movimiento revolucionario que él había encabezado. Así, el 9 de julio de 1911, lanzó a la luz pública un manifiesto por cuyo mandato, con una resolución arbitraria, disolvía el Partido Nacional Antirreeleccionista para constituir, en su lugar, el Partido Constitucional Progresista. Las razones que arguyó para ello no pudieron ser más deleznables, y su actitud, más opuesta a los propósitos democráticos de la Revolución, que a la práctica establecida, durante treinta años, por el porfiriato".

Se plantea la campaña y ahora se hace con una nueva fórmula que llega a la presidencia y vicepresidencia: Madero-Pino Suárez. Triunfantes, toman posesión de su cargo y el presidente designa un gabinete que causa profundo malestar y disgusto: Manuel Calero como Secretario de Relaciones; Abraham González, de Gobernación; Manuel Vázquez Tagle, de Justicia; Miguel Díaz Lombardo, de Instrucción Pública; Rafael Hernández, de Fomento; Manuel Bonilla, como Secretario de Comunicaciones; Ernesto Madero, de Hacienda y el general José González Salas, como Secretario de Guerra.

El afán conciliatorio dio malos resultados. Salvo Abraham González, Bonilla y Díaz Lombardo, los demás elementos eran resueltos enemigos de la Revolución, y se aprestaron a luchar contra ella, desde magníficas posiciones. Así, pronto aparecen las rebeliones, de diversa causa: Zapata con el Plan de Ayutla; los Vásquez Gómez, con un Plan de Tacubaya, lanzado desde Estados Unidos; la sublevación reaccionaria del general Bernardo Reyes, que de pronto se envalentonó, pero fracasa. La más seria es la sublevación de Pascual Orozco en el norte, que es dominada por Victoriano Huerta. Luego viene la sublevación de Félix Díaz, que también fracasa. O sea, que el nuevo régimen no tuvo un momento de reposo en el año y tres meses que gobernó.

En febrero de 1913 se produce el cuartelazo ignominioso que da fin a su administración. Traicionado por Huerta y abandonado por muchos de sus antiguos partidarios, es asesinado tras de la renuncia de él y su vicepresidente (V. el capítulo intitulado "El crimen de la embajada"). De todos es sabida la responsabilidad del embajador norteamericano Henry Lane Wilson, así como la valerosa y digna actitud del embajador cubano, don Manuel Márquez Sterling, que hizo todo lo posible porque el crimen no se perpetrase.

La reforma en que ocurrieron los sucesos de febrero de 1913, vistos por uno de los actores de aquel drama, Federico González Garza, ocurrieron en la siguiente forma: "A las 4 a.m. (febrero 3) fue a despertarme a mi casa el señor vicepresidente de la República, Pino Suárez, diciéndome, con la mayor alarma retratada en su semblante: «¿Qué no sabe usted que acaba de pronunciarse el general Mondragón en Tacubaya? Se me asegura que en estos momentos tiene ya lista la artillería de un regimiento y que están encendidos los fanales de varios automóviles, listo para salir para esta capital con el propósito de poner en libertad al general Bernardo Reyes que está en la prisión de Santiago». Inmediatamente salté de la cama, me lancé al teléfono llamando al inspector general de Policía, el mayor Emiliano López Figueroa, quien en pocos minutos me confirmó la noticia. Llamé en seguida a la Prefectura de Tacubaya y pronto recibí igual confirmación. Dudando aún de la verdad de la noticia, violentamente nos trasladamos en su auto el señor Pino Suárez y yo, al Palacio Nacional en busca del comandante militar de la plaza, y nuestra sorpresa fue grande cuando al llegar a la puerta de honor del mismo palacio, vimos cómo desembocaban, carabina en mano y a caballo y envueltos todavía por las sombras de un incipiente amanecer, los alumnos de la Escuela de Aspirantes, a quienes en mala hora gente infame había corrompido, y que desprendiéndose de Tlalpan, venían a apoderarse de Palacio, iniciando su carrera militar con un acto indigno de deslealtad hacia las supremas instituciones de la República. Nuestro auto estuvo a punto de chocar con la falange rebelde; pues de no haber verificado nuestro chofer un movimiento habilísimo con su máquina, emprendiendo en seguida una veloz carrera para dar la vuelta al Palacio por la calle de la Moneda, se nos hubiera fácilmente reconocido y habríamos caído prisioneros en sus manos.

"Tenía ya la prueba evidente que buscábamos, y para tomar las providencias que eran de mi resorte como gobernador, nos dirigimos a la Inspección General de Policía, luego que no nos fue posible encontrar al comandante militar. Allí se despidió de mí el señor Pino Suárez y en seguida, después de hablar con el señor presidente por teléfono, me puse de acuerdo con el inspector y dispusimos que se concentraran en Chapultepec, en donde vivía el señor Madero, los dos batallones de seguridad y los dos regimientos de la gendarmería montada, pues era posible que los alzados intentaran un ataque a Chapultepec, hallándose este punto tan cerca de Tacubaya.

"A las 6 a.m. me trasladé al lado del presidente, acompañado del Inspector General de Policía, encontrándome al señor Madero tomando todos los datos que podía recoger, antes de partir para el Palacio Nacional, asiento oficial del gobierno.

"Mientras tanto, Mondragón con su artillería llegaba hasta la prisión de Santiago y ponía en libertad al general Reyes, a quien encontraron ya en traje de campaña. De allí se dirigieron a la Penitenciaría para libertar a Félix Díaz; pero antes de entregarlo habla conmigo el director de ese establecimiento, y me dice:

"«Frente a esta prisión se halla en actitud amenazante con toda su artillería el general Mondragón, acompañado del general Reyes y me exige la inmediata libertad de Félix Díaz. No tengo para defenderme más que 200 hombres, creo que la resistencia y cualquier sacrificio serían inútiles; ordéneme usted lo que deba hacer».

"Al mismo tiempo que esto ocurría se habían ido reuniendo al pie de Chapultepec las fuerzas a que antes he aludido, más todos los alumnos del Colegio Militar que estaban listos para defender al gobierno constituido. A la sazón se estaban dando las últimas disposiciones antes de partir y entonces, comprendiendo lo ventajoso que sería impedir que los pretorianos llegaran a Palacio antes que el señor presidente, contesté al director de la Penitenciaría, de acuerdo con aquel magistrado:

"Resista usted todo lo que pueda sin sacrificar a la guardia y valiéndose de cuantos medios diplomáticos tenga a su alcance.

"En seguida y en medio del mayor entusiasmo para batir a los rebeldes, descendió el señor presidente del Castillo de Chapultepec montando un magnífico caballo después de haber arengado con el calor con que sabía hacerlo en las circunstancias difíciles, a los alumnos del Colegio Militar, aumentando con sus palabras el sentimiento de adhesión y fidelidad hacia un gobierno de cuyo origen legítimo estaban perfectamente persuadidos.

Fue en el trayecto por toda la calzada de la Reforma que se fueron incorporando a nuestra columna todos los ayudantes del Estado Mayor del presidente, varios ministros y numerosísimos amigos leales que querían correr la misma suerte que el jefe supremo de la República, en aquellos solemnes momentos en que el econo de la pasión política, el rencor de los vencidos y el ansia de restauración, experimentada por una minoría que nunca supo amar al pueblo, de una dictadura que éste odiaba, había llegado a su máximum, sin comprender la reacción que todos sus esfuerzos serían vanos, pues ya el mismo pueblo había saboreado a sus anchas todas las libertades que fueron incapaces de concederle el viejo dictador con su cohorte de procónsules.

"Fue también allí cuando se acercó al señor Presidente, sin que éste lo hubiera llamado, y entre los muchos amigos que se iban presentando para ponerse a sus órdenes, su falso amigo Huerta, quien bajando de un coche de sitio y cubiertos sus ojos con unos espejuelos negros, quizá menos que su conciencia, se venía a poner a su disposición ahora que no tenía mando y con el pensamiento oculto de aprovechar esa oportunidad que ya venía buscando, para dar un golpe de muerte al que había sabido derrumbar al militarismo, representado por el viejo dictador Díaz.

"No estando presente el comandante militar, general Lauro Villar, por hallarse en Palacio, las fuerzas que acompañaban al señor presidente iban a las órdenes del general Angel de la Peña, ministro de la Guerra, quien se había incorporado antes que Huerta y había puesto al tanto al señor Madero de lo ocurrido en Palacio, al ser desarmados los aspirantes por dicho comandante militar.

"El entusiasmo del pueblo al paso del señor presidente iba cada vez más en aumento y la columna avanzó sin novedad por la Avenida Juárez hasta llegar frente al Teatro Nacional, en donde tuvo que hacer alto porque comenzó a escucharse nutridísimo fuego de fusilería en dirección de las calles de Plateros y Palacio; pero sin que por el momento pudiera localizarse con precisión de dónde partía.

"Esto fue causa de que se originara cierta confusión en la columna y en toda la comitiva, y desde luego se le hizo ver al señor Madero que no debería avanzar hasta que no se hiciera una exploración en las calles adyacentes y en las avenidas del 5 de Mayo y del 16 de Septiembre. Descendió de su caballo y mientras se hacía esa exploración, él y todos los que le acompañábamos, entre los que se encontraban ya los ministros Manuel Bonilla, Ernesto Madero y Rafael Hernández, nos replegamos hacia la acera oriente de la antigua calle de Santa Isabel (hoy del Teatro Nacional), entre San Francisco y 5 de Mayo.

"Allí se discutió con calor y entre un verdadero desorden, si el señor presidente debería continuar hasta entrar a Palacio o regresar a Chapultepec. El ministro de la Guerra era de la primera opinión y Huerta de la segunda, porque decía que el presidente de la República no debía exponerse como lo estaba haciendo el señor Madero. La confusión seguía aumentando y llegó a advertirse que parte de un cuerpo de caballería, sin saber quién lo ordenaba, se desprendió del núcleo y a galope tomó de la calle de San Juan de Letrán a la vez que se veía atravesar por las calles del 16 de Septiembre, en vertiginosa carrera a muchos caballos sin jinete pertenecientes a las fuerzas rebeldes que al frente del general Reyes, se habían presentado minutos antes frente al Palacio, habiendo sido rechazados y cayendo acribillado por las balas de una ametralladora el general mencionado.

"Se hacía necesaria, por lo tanto, una acción decisiva, tanto más cuando que una bala que se supo había partido de los balcones del edificio de la Mutua para herir de muerte al señor Madero, había hecho rodar por tierra a un gendarme que estaba a su lado. El ministro de la Guerra no acertaba a dar un pronto desenlace a aquella insegura situación. Huerta, por otra parte, seguía insistiendo en que debería hacerse alto y lo de más allá, en todo lo cual no estaba de acuerdo De la Peña, hasta que Huerta, comprendiendo que había llegado la oportunidad que ambicionaba, dijo con resolución y audacia al señor Madero:

"«—¿Me permite usted, señor presidente, que me haga cargo de todas estas fuerzas para disponer lo que yo juzgo que debe hacerse para la defensa de usted y de su gobierno?» El ministro de la Guerra cometió en esos instantes la imperdonable debilidad de no hacer observación alguna a lo que Huerta solicitaba, abdicando sin razón de su autoridad militar y permitiendo con ello, él que sabía quién era Huerta y los malos pasos en que andaba, que se consumara la primera parte del plan que aquel militar traidor se había trazado para aniquilar al magnánimo presidente que poco antes le había otorgado la banda azul de general de División.

"El señor Madero, viendo que De la Peña no dominaba la situación, ni hacía oposición alguna, ni tampoco ninguno de los ministros que le rodeaban, no tuvo más que ceder, dejándose guiar por su excesiva buena fe y confiando en su buena estrella que hasta entonces parecía no haberle abandonado.

"Esta es una relación exacta de una parte de los hechos que se verificaron durante la mañana del primer día de aquella decena trágica, que concluyó con el asesinato del señor Madero, su hermano Gustavo y su vicepresidente Pino Suárez.

"No fue el señor Madero, en consecuencia quien llamó a Huerta para que salvara su gobierno; fue este hombre falso que astutamente logró engañar a aquel a quien le juró muchas veces, bajo su palabra de honor militar y por las cenizas de su madre, que era su leal amigo''.

* * *

Después de estos hechos se consuma el crimen. Primero es asesinado Gustavo, y después la noche del veintiuno de febrero, el propio don Francisco I. Madero y José María Pino Suárez, previa renuncia a la Presidencia y a la Vicepresidencia que se les obligó a firmar. Todos están de acuerdo en que fue ésta la noche más triste de la historia de México.

PLAN DE SAN LUIS POTOSI

Los pueblos, en su esfuerzo constante porque triunfen los ideales de libertad y justicia, se ven precisados en determinados momentos históricos a realizar los mayores sacrificios.

Nuestra querida Patria ha llegado a uno de esos momentos: una tiranía que los mexicanos no estábamos acostumbrados a sufrir, desde que conquistamos nuestra independencia, nos oprime de tal manera, que ha llegado a hacerse intolerable. En cambio de esta tiranía se nos ofrece la paz, pero es una paz vergonzosa para el pueblo mexicano, porque no tiene por base el derecho, sino la fuerza; porque no tiene por objeto el engrandecimiento y la prosperidad de la Patria, sino enriquecer un pequeño grupo que, abusando de su influencia, ha convertido los puestos públicos en fuente de beneficios exclusivamente, explotando sin escrúpulos las concesiones y contratos lucrativos.

Tanto el poder Legislativo como el Judicial están completamente supeditados al Ejecutivo; la división de los poderes, la soberanía de los Estados, la libertad de los Ayuntamientos y los derechos del ciudadano sólo existen escritos en nuestra Carta Magna; pero, de hecho, en México casi puede decirse que reina constantemente la Ley Marcial; la justicia, en vez de impartir su protección al débil, sólo sirve para legalizar los despojos que comete el fuerte; los jueces, en vez de ser los representantes de la Justicia, son agentes del Ejecutivo, cuyos intereses sirven fielmente; las cámaras de la Unión no tienen otra voluntad que la del Dictador; los gobernadores de los Estados son designados por él y ellos a su vez designan e imponen de igual manera las autoridades municipales.

De esto resulta que todo el engranaje administrativo, judicial y legislativo obedecen a una sola voluntad, al capricho del general Porfirio Díaz, quien en su larga admnistración ha demostrado que el principal móvil que lo guía es mantenerse en el poder y a toda costa.

Hace muchos años se siente en toda la República un profundo malestar, debido a tal régimen de Gobierno; pero el general Díaz, con gran astucia y perseverancia, había logrado aniquilar todos los elementos independientes, de manera que no era posible organizar ninguna clase de movimiento para quitarle el poder de que tan mal uso hacía. El mal se agravaba constantemente, y el decidido empeño del general Díaz de imponer a la Nación un sucesor, y siendo éste el señor Ramón Corral, llevó ese mal al colmo y determinó que muchos mexicanos, aunque carentes de reconocida personalidad política, puesto que ha sido imposible labrársela durante 36 años de Dictadura, nos lanzáramos a la lucha, intentando reconquistar la soberanía del pueblo y sus derechos en el terreno netamente democrático.

Entre otros partidos que tendían al mismo fin, se organizó el Partido Nacional Antirreeleccionista proclamando los principios de SUFRAGIO EFECTIVO Y NO REELECCIÓN, como únicos capaces de salvar a la República del inminente peligro con que la amenazaba la prolongación de una dictadura cada día más onerosa, más despótica y más inmoral.

El pueblo mexicano secundó eficazmente a ese partido y, respondiendo al llamado que se le hizo, mandó a sus representantes a una Convención, en la que también estuvo representado el Partido Nacional Democrático, que asimismo interpretaba los anhelos populares. Dicha Convención designó sus candidatos para la Presidencia y Vicepresidencia, recayendo esos nombramientos en el señor Dr. Francisco Vásquez Gómez y en mí para los cargos respectivos de Vicepresidente y Presidente de la República.

Aunque nuestra situación era sumamente desventajosa porque nuestros adversarios contaban con todo el elemento oficial, en el que se apoyaban sin escrúpulos, creímos de nuestro deber, para servir la causa del pueblo, aceptar tan honrosa designación. Imitando las sabias costumbres de los países republicanos, recorrí parte de la República haciendo un llamamiento a mis compatriotas. Mis giras fueron verdaderas marchas triunfales, pues por dondequiera el pueblo, electrizado por las palabras mágicas del SUFRAGIO EFECTIVO Y NO REELECCIÓN, daba pruebas evidentes de su inquebrantable resolución de obtener el triunfo de tan salvadores principios. Al fin, llegó un momento en que el general Díaz se dio cuenta de la verdadera situación de la República y comprendió que no podía luchar ventajosamente conmigo en el campo de la Democracia, y me mandó reducir a prisión antes de las elecciones, las que se llevaron a cabo excluyendo al pueblo de los comicios por medio de la violencia, llenando las prisiones de ciudadanos independientes y cometiendo los fraudes más desvergonzados.

En México, como República democrática, el poder público no puede tener otro origen ni otra base que la voluntad nacional, y ésta no puede ser supeditada a fórmulas llevadas a cabo de un modo fraudulento.

Por este motivo el pueblo mexicano ha protestado contra la ilegalidad de las últimas elecciones; y queriendo emplear sucesivamente todos los recursos que ofrecen las leyes de la República en la debida forma, pidió la nulidad de las elecciones ante la Cámara de Diputados, a pesar de que no reconocía al dicho cuerpo un origen legítimo y de que sabía de antemano que, no siendo sus miembros representantes del pueblo, sólo acatarían la voluntad del general Díaz, a quien exclusivamente deben su investidura.

En tal estado las cosas, el pueblo, que es el único soberano, también protestó de un modo enérgico contra las elecciones en impotentes manifestaciones llevadas a cabo en diversos puntos de la República, y si éstas no se generalizaron en todo el territorio nacional fue debido a terrible presión ejercida por el Gobierno, que siempre ahoga en sangre cualquier manifestación democrática, como pasó en Puebla, Veracruz, Tlaxcala, México y otras partes.

Pero esta situación violenta e ilegal no puede subsistir más.

Yo he comprendido muy bien que si el pueblo me ha designado como su candidato para la Presidencia, no es porque haya tenido la oportunidad de descubrir en mí dotes del estadista o del gobernante, sino la virilidad del patriota resuelto a sacrificarse, si es preciso, con tal de conquistar la libertad y ayudar al pueblo a librarse de la odiosa tiranía que lo oprime.

Desde que me lancé a la lucha democrática sabía muy bien que el general Díaz no acataría la voluntad de la Nación, y el noble pueblo mexicano, al seguirme a los comicios, sabía también perfectamente el ultraje que le esperaba; pero a pesar de ello, el pueblo dio para la causa de la Libertad un numeroso contingente de mártires cuando éstos eran necesarios, y con admirable estoicismo concurrió a las casillas a recibir toda clase de vejaciones.

Pero tal conducta era indispensable para demostrar al mundo entero que el pueblo mexicano está apto para la democracia, que está sediento de libertad, y que sus actuales gobernantes no responden a sus aspiraciones.

Además, la actitud del pueblo antes y durante las elecciones, así como después de ellas, demuestra claramente que rechaza con energía al Gobierno del general Díaz y que, si se hubieran respetado esos derechos electorales, hubiese sido yo electo para la Presidencia de la República.

En tal virtud, y haciéndome eco de la voluntad nacional, declaro ilegales las pasadas elecciones, y quedando por tal motivo la República sin gobernantes legítimos, asumo provisionalmente la Presidencia de la República, mientras el pueblo designa conforme a la ley sus gobernantes. Para lograr este objeto es preciso arrojar del poder a los audaces usurpadores que por el título de legalidad ostentan un fraude escandaloso e inmoral.

Con toda honradez declaro que consideraría una debilidad de mi parte y una traición al pueblo que en mí ha depositado su confianza no ponerme al frente de mis conciudadanos, quienes ansiosamente me llaman, de todas partes del país, para obligar al general

Díaz, por medio de las armas, a que respete la voluntad nacional.

El Gobierno actual, aunque tiene por origen la violencia y el fraude, desde el momento que ha sido tolerado por el pueblo, puede tener para las naciones extranjeras ciertos títulos de legalidad hasta el 30 del mes entrante en que expiran sus poderes; pero como es necesario que el nuevo Gobierno dimanado del último fraude no pueda recibirse ya del poder, o por lo menos se encuentre con la mayor parte de la Nación protestando con las armas en la mano, contra esa ursurpación, he designado el DOMINGO 20 del entrante noviembre para que de las seis de la tarde en adelante, en todas las poblaciones de la República se levanten en armas bajo el siguiente

PLAN

1o. Se declaran nulas las elecciones para Presidente y Vicepresidente de la República, magistrados a la Suprema Corte de la Nación y diputados y senadores, celebradas en junio y julio del corriente año.

2o. Se desconoce al actual Gobierno del general Díaz, así como a todas las autoridades cuyo poder debe dimanar del voto popular, porque además de no haber sido electas por el pueblo, han perdido los pocos títulos que podían tener de legalidad, cometiendo y apoyando, con los elementos que el pueblo puso a su disposición para la defensa de sus intereses, el fraude electoral más escandaloso que registrara la historia de México.

3o. Para evitar hasta donde sea posible los trastornos inherentes a todo movimiento revolucionario, se declaran vigentes, a reserva de reformar oportunamente por los medios constitucionales aquellas que requieran reformas, todas las leyes promulgadas por la actual admnistración y sus reglamentos respectivos, a excepción de aquellas que manifiestamente se hallen en pugna con los principios proclamados en este Plan. Igualmente se exceptúan las leyes, fallos de tribunales y decretos que hayan sancionado las cuentas y manejos de fondos de todos los funcionarios de la administración porfirista en todos los ramos; pues tan pronto como la revolución triunfe, se iniciará la formación de comisiones de investigación para dictaminar acerca de las responsabilidades en que hayan podido incurrir los funcionarios de la Federación, de los Estados y de los Municipios.

En todo caso serán respetados los compromisos contraídos por la administración porfirista con gobiernos y corporaciones extranjeras antes del 20 del entrante.

Abusando de la ley de terrenos baldíos, numerosos pequeños propietarios, en su mayoría indígenas, han sido despojados de sus terrenos, por acuerdo de la Secretaría de Fomento, o por fallos de los tribunales de la República. Siendo de toda justicia restituir a sus antiguos poseedores los terrenos de que se les despojó de un modo tan arbitrario, se declaran sujetas a revisión tales disposiciones y fallos y se les exigirá a los que los adquirieron de un modo tan inmoral, o a sus herederos, que los restituyan a sus primitivos propietarios, a quienes pagarán también una indemnización por los perjuicios sufrido. Sólo en caso de que esos terrenos hayan pasado a tercera persona antes de la promulgación de este Plan, los antiguos propietarios recibirán indemnización de aquellos cuyo beneficio se verificó al despojo.

4o. Además de la Constitución y leyes vigentes, se declara Ley Suprema de la República el principio de NO REELECCIÓN del Presidente y Vicepresidente de la República, de los gobernadores de los Estados y de los presidentes municipales, mientras se hagan las reformas constitucionales respectivas.

5o. Asumo el carácter de Presidente provisional de los Estados Unidos Mexicanos con las facultades necesarias para hacer la guerra al Gobierno usurpador de general Díaz.

Tan pronto como la capital de la República y más de la mitad de los Estados de la Federación estén en poder de las fuerzas del Pueblo, el Presidente provisional convocará a elecciones generales extraordinarias para un mes después y entregará el poder al Presidente que resulte electo, tan luego como sea conocido el resultado de la elección.

6o. El Presidente provisional, antes de entregar el poder, dará cuenta al Congreso de la Unión del uso que haya hecho de las facultades que le confiere el presente Plan.

7o. El día 20 de noviembre, desde las seis de la tarde en adelante, todos lo ciudadanos de la República tomarán las armas para arrojar del poder a las autoridades que actualmente gobiernan. Los pueblos que estén retirados de las vías de comunicación lo harán desde la víspera.

8o. Cuando las autoridades presenten resistencia armada, se les obligará por la fuerza de las armas a respetar la voluntad popular, pero en este caso las leyes de la guerra serán rigurosamente observadas, llamándose especialmente la atención sobre las prohibiciones relativas a no usar balas explosivas ni fusilar a los prisioneros. También se llama la atención respecto al deber de todo mexicano de respetar a los extranjeros en sus personas e intereses.

9o. Las autoridades que opongan resistencia a la realización de este Plan serán reducidas a prisión para que se les juzgue por los tribunales de la República cuando la Revolución haya terminado. Tan pronto como cada ciudadano o pueblo recobre su libertad, se reconocerá como autoridad legítima provisional al principal jefe de las armas, con facultad de delegar sus funciones en algún otro ciudadano caracterizado, quien será confirmado en su cargo o removido por el Gobierno Provisional.

Una de las principales medidas del Gobierno Provisional será poner en libertad a todos los presos políticos.

10o. El nombramiento del gobernador provisional de cada Estado que haya sido ocupado por las fuerzas de la Revolución será hecho por el Presidente provisional. Este gobernador tendrá la estricta obligación de convocar a elecciones para gobernador constitucional del Estado, tan pronto como sea posible, a juicio del Presidente Provisional. Se exceptúan de esta regla los Estados que de dos años a esta parte han sostenido campañas democráticas para cambiar de Gobierno, pues en éstos se considerará como gobernador provisional al que fue candidato del pueblo siempre que se adhiera activamente a este Plan.

En caso de que el Presidente Provisional no haya hecho el nombramiento de gobernador, que este nombramiento no haya llegado a su destino o bien que el agraciado no aceptara por cualquiera circunstancia, entonces el gobernador será designado por votación de todos los jefes de armas que operen en el territorio del Estado respectivo, a reserva de que su nombramiento sea ratificado por el Presidente Provisional tan pronto como sea posible.

11o. Las nuevas autoridades dispondrán de todos los fondos que se encuentren en todas las oficinas públicas para los gastos ordinarios de la administración; para los gastos de la guerra, contratarán empréstitos voluntarios o forzosos. Estos últimos sólo con ciudadanos o instituciones nacionales. De estos empréstitos se llevará una cuenta escrupulosa y se otorgarán recibos en debida forma a los interesados a fin de que al triunfar la Revolución se les restituya lo prestado.

Transitorio. A. Los jefes de las fuerzas voluntarias tamarán el grado que corresponda al número de fuerzas a su mando. En caso de operar fuerzas voluntarias y militares unidas, tendrá el mando de ellas el de mayor graduación, pero en caso de que ambos jefes tengan el mismo grado, el mando será del jefe militar.

Los jefes civiles disfrutarán de dicho grado mientras dure la guerra, y una vez terminada, esos nombramientos, a solicitud de los interesados, se revisarán por la Secretaría de Guerra, que los ratificará en su grado o los rechazará según sus méritos.

B. Todos los jefes, tanto civiles como militares, harán guardar a sus tropas la más estricta disciplina, pues ellos serán responsables ante el Gobierno Provisional de los desmanes que cometan las fuerzas a su mando, salvo que justifiquen no haberles sido posible contener a sus soldados y haber impuesto a los culpables el castigo merecido.

Las penas más severas serán aplicadas a los soldados que saqueen alguna población o que maten a prisioneros indefensos.

C. Si las fuerzas y autoridades que sostienen al general Díaz fusilan a los prisioneros de guerra, no por eso y como represalias se hará lo mismo con los de ellos que caigan en poder nuestro; pero en cambio serán fusilados, dentro de las veinticuatro horas y después de un juicio sumario, las autoridades civiles y militares al servicio del general Díaz que una vez estallada la Revolución hayan ordenado, dispuesto en cualquier forma, transmitido la orden o fusilado a alguno de nuestros soldados.

De esa pena no se eximirán ni los más altos funcionarios; la única excepción será el general Díaz y sus ministros, a quienes en caso de ordenar dichos fusilamientos o permitirlos, se les aplicará la misma pena, pero después de haberlos juzgado por los tribunales de la República, cuando ya haya terminado la Revolución.

En caso de que el general Díaz disponga que sean respetadas las leyes de guerra, y que se trate con humanidad a los prisioneros que caigan en sus manos, tendrá la vida salva; pero de todos modos deberá responder ante los tribunales de cómo ha manejado los caudales de la Nación y de cómo ha cumplido con la ley.

D. Como es requisito indispensable en las leyes de la guerra que las tropas beligerantes lleven algún uniforme o distintivo y como sería difícil uniformar a las numerosas fuerzas del pueblo que van a tomar parte en la contienda, se adoptará como distintivo de todas las fuerzas libertadoras, a sean voluntarias o militares, un listón tricolor; en el tocado o en el brazo.

Conciudadanos: Si os convoco para que toméis las armas y derroquéis al Gobierno del general Díaz, no es solamente por el atentado que cometió durante las últimas elecciones, sino para salvar a la Patria del porvenir sombrío que le espera continuando bajo su dictadura y bajo el Gobierno de la nefanda oligarquía científica, que sin escrúpulo y a gran prisa están absorbiendo y dilapidando los recursos nacionales, y si permitimos que continúe en el poder, en un plazo muy breve habrán completado su obra: habrán llevado al pueblo a la ignominia y lo habrán envilecido; le habrán chupado todas sus riquezas y dejando en la bancarrota a nuestra Patria, que débil, empobrecida y maniatada se encontrará inerme para defender sus fronteras, su honor y sus instituciones.

Por lo que a mí respecta, tengo la conciencia tranquila y nadie podrá acusarme de promover la Revolución por miras personales, pues está en la conciencia nacional que hice todo lo posible para llegar a un arreglo pacífico y estuve dispuesto hasta a renunciar mi candidatura siempre que el general Díaz hubiese permitido a la Nación designar aunque fuese al Vicepresidente de la República; pero dominado por incomprensible orgullo y por inaudita soberbia, desoyó la voz de la Patria y prefirió precipitarla en una Revolución antes de ceder un ápice, antes de devolver al pueblo un átomo de sus derechos, antes de cumplir, aunque fuese en las postrimerías de su vida, parte de las promesas que hizo en La Noria y Tuxtepec.

El mismo justificó la presente Revolución cuando dijo: "Que ningún ciudadano se imponga o perpetúe en el ejercicio del poder y esta será la última revolución".

Si en el ánimo del general Díaz hubiesen pesado más los intereses de la Patria que los sórdidos intereses de él y de sus consejeros, hubiera evitado esta Revolución, haciendo algunas concesiones al pueblo; pero ya que no lo hizo... ¡tanto mejor!, el camino será más rápido y más radical, pues el pueblo mexicano, en vez de lamentarse como un cobarde, aceptará como un valiente el reto, y ya que el general Díaz pretende apoyarse en la fuerza bruta para imponerle un yugo ignominioso, el pueblo recurrirá a esa misma fuerza para sacudirse ese yugo, para arrojar a ese hombre funesto del poder y para reconquistar su libertad.

FRANCISCO I. MADERO.

San Luis Potosí, octubre 5 de 1910.

(De la tragedia de 1913)

JOSE MARIA PINO SUAREZ

*...Hizó suya la copa de la victoria y
suyo el puesto de muerte junto a Madero.*

M. Márquez Sterling

José María Pino Suárez ha permanecido, como se le ve en algún cuadro, al lado y ligeramente atrás del Presidente Madero, sin que su personalidad quede debidamente delineada, no obstante que la tenía propia y que por caminos aparentemente circunstanciales llegó al sacrificio con el carácter de vicepresidente de la República. Hombre de diversa formación a la del caudillo que siguió, lo hermanaba, sin embargo, una profunda confianza en la democracia y el propósito sincero de que deberían ser servidos de los más grandes intereses sociales. Por ello se explica claramente que en sus tiempos se le haya considerado radical.

En el pueblo de Tenosique, Tabasco, nació el 8 de septiembre de 1869. A orillas del río Usumacinta del que fue "suave cantor", según el decir de Francisco J. Santamaría. Aunque su vida se ligó más a Yucatán, nunca olvidó su tierra natal y el río que la baña, como se advierte en su poesía:

EL USUMACINTA

Besando pasa la risueña falda
de mi pueblo tranquilo y
 venturoso,
y deslizarse luego, voluptuoso,
por inmensas llanuras de
 esmeralda.
Sus márgenes adornan en
 guirnalda
flores mil que fecunda allí el
 coloso,
copando en sus cristales,
 majestuoso
los colores azul, violeta y gualda,
. . . .

dulces rumores a mi undoso río.
¡Quiera el cielo propicio, cuando
muera
bañen sus aguas el sepulcro mío!...

En 1896 publica sus primeras poesías. Poco después aparecen *Melancolías* y *Procelarias*. Como decíamos, su vida estuvo muy ligada a Yucatán, donde realizó estudios de abogado. Donde, también, desde las columnas de *El Peninsular,* periódico del que fue redactor, mostró sus ideas avanzadas. Por tanto, nada ajeno podía permanecer a la política cuando ésta se intensifica, a raíz de que publica don Francisco I. Madero, *La Sucesión Presidencial en 1910.*

Cuando el candidato antirreeleccionista realiza su gira por el Sudeste, se encuentra en el puerto de Progreso, Yucatán, con un abogado defensor de indios y de causas de pobres, que toma con pasión la lucha antirreeleccionista. Según D. Ramón Puente, "Madero simpatizó entrañablemente con aquel abogado poeta, más por lo poeta que por lo abogado, y cuando es necesario lo llama para el cumplimiento del pacto en que habían convenido". Es decir, para lanzarse a la lucha armada si el resultado de los comicios, como era de esperarse, no se respetaba.

Es Pino Suárez de aquellos revolucionarios que no entraron a buscar provecho, sino que pusieron su patrimonio, bastante considerable, al servicio de sus ideas sociales y políticas. Había gastado más de $ 80,000, en una época en que el jornal de un peón era inferior a un peso. En el momento necesario, marcha a la lucha. Salió de Tenosique, su pueblo, acompañado únicamente de su concuño Arcadio Zentella, para internarse por El Petén en territorio guatemalteco, adonde llega una noche tempestuosa. Lo recibe en su montería don Manuel Sisniega Otero, y los $ 5,000 que había conseguido por conducto de Zentella, pues todo su haber no llega a $ 300.00, aumenta en 70,000 dólares, que Sisniega Otero le da en un cheque contra un Banco de Nueva York "para gastos de la Revolución". En Estados Unidos a pesar de disponer de ese dinero, nunca lo usó, aunque sus propias necesidades, lo exigían; sino que vuelto a encontrarse con Sisniega Otero, devuelve el cheque en las mismas condiciones en que le fue entregado.

La confianza de Madero se muestra cuando hace de Pino Suárez uno de los delegados revolucionarios para las pláticas y convenios de Ciudad Juárez, y después miembro del gobierno revolucionario que se integra en esa ciudad. Más tarde, triunfante la Revolución, Pino Suárez se pone al frente del gobierno del Estado de Yucatán.

Las circunstancias políticas nacionales, con el interregno del nefasto y desleal Presidente De la Barra van cambiando. El Partido

Nacional Antirreeleccionista es sustituido por el Constitucional Progresista, que es uno, el principal desde luego, de los que postularán la candidatura presidencial de don Francisco I. Madero. El hermano de éste, también de ideas avanzadas, Gustavo, siente poca estimación, por el doctor Vásquez Gómez, quien en los momentos difíciles mostró algunos titubeos. Por ello se inclina resueltamente por sustituir a Vásquez Gómez, como candidato a la vicepresidencia, por Pino Suárez. La convención, efectuada en septiembre de 1911 en el teatro Hidalgo de la ciudad de México, llega a tener tonos de violencia y es presionada por los elementos adversos a Vásquez Gómez, que logran sacar avante la figura de Pino Suárez.

Ciertamente que éste no era popular ni tenía gran arraigo en los grupos norteños. Sus adversarios gritaban, y algunos grupos numerosos le hacían coro. "Pino no...! Pino no...!". Sin embargo, quizás sea válido el juicio de Santamaría. "Por revolucionario mereció ser vicepresidente de la República, aunque no fuera popular por eso mismo"; aparente contradicción si pensamos que en esos días las multitudes eran movidas por intereses diversos a los populares.

Pero ahora las condiciones han de ser de lo más desfavorables. En la campaña de infamias que varios periódicos lanzan en esos meses, una de las víctimas más injuriadas es el Vicepresidente. No es por demás recordar que *Multicolor* era una empresa de españoles y *El Mañana* un vocero de don Ignacio de la Torre, yerno del ex Presidente Porfirio Díaz. En la redacción de este último figuraba el licenciado Genaro Estrada, quien más tarde tuvo oportunidad de rectificar y servir en cargos relevantes a los gobiernos revolucionarios.

Nombrado ministro de Instrucción Pública, los ataques se elevan en tono: "Si es violento el ataque al Apóstol en las cámaras y en la prensa en los círculos aristocráticos, más violenta la oposición a Pino Suárez", apunta Márquez Sterling *(Los últimos días del Presidente Madero)*. "Ponerlo a diario en solfa y atribuirle defectos que no tenía constituyó la moda elegante de la época. Y como el destino hiciese de la Vicepresidencia, en todas las formas de gobierno, blanco de iras insaciables, Pino Suárez empató sus dolores a los del ya difunto Corral. Entre Madero y el maderismo, y los adversarios, de todos los bandos, que lo habían de crucificar, apuraban su vaso de hiel aguardando a que las desazones y los golpes inclinasen de su lado a su partido la política vacilante del Apóstol".

Que veía el estado político con claridad, aceptando la responsabilidad y su destino, se advierte claramente en la conversación sostenida con el propio Márquez Sterling, después de un banquete del Presidente al Cuerpo Diplomático, y días antes de la Decena Trágica: "Nos hallamos —decía— en situación muy crítica y sólo un cambio de métodos podrá evitar la catástrofe; pero el cambio está planteado y el gobierno se apartará del precipicio. Una mano enérgica, una dirección política determinada, concreta, invariable, es cuanto requiere la salud alteradísima del país. Ir hacia los antiguos cómplices de don Porfirio es poner la garganta bajo el hacha del verdugo. Y bajo el hacha del verdugo estamos hoy. No que recomiende persecuciones. Yo mantengo el programa de San Luis, que es un homenaje a las leyes y la libertad y a la civilización. Pero la política de acercamiento al aristócrata, que nos odia y se aleja, nos lanza a los abismos. No somos ahora un gobierno precisamente científico, pero tampoco somos un gobierno popular. Y esa es la causa de las revueltas y el origen de nuestro abatimiento. Porque administramos entre dos fuegos. No somos adversarios de nadie, pero todo el mundo es adversario nuestro. El Presidente ve ya claro en este asunto del cual dependen la vida del gobierno y quizás nuestra propia vida. Tengamos Congreso y pueblo y no nos hacen falta los aristócratas".

Sabias palabras de un demócrata sincero y de un luchador que no lo arredraban los peores ataques. Sabía que una estructura económica y social no abatida, era contra lo que luchaban. Pero no cejó un momento.

Luego los acontecimientos se precipitan con el cuartelazo de la Ciudadela y la traición de parte del Ejército Federal. Los sucesos han sido prolijamente relatados. Y al lado de Madero, como cuando "hizo suya la copa de la victoria y el puesto de muerte", se le encontró en todos los momentos de peligro y a la hora final, el 22 de febrero de 1913.

Solamente quiero añadir que no recibió una mortaja común este combatiente leal, sino que, como Madero, vio envuelto su cuerpo, por orden de Huerta, por la tela infamante, con un número que se usaba para enterrar a los criminales castigados por la ley. Pero el pueblo en el que siempre creyó, plenamente, lo ha reivindicado.

Después, Pino Suárez es injuriado por la prensa, principalmente por *El País*, órgano del Partido Católico, por *Multicolor*, regenteado por españoles, y *El Mañana*, sostenido por don Ignacio de la Torre, yerno del presidente Díaz y escrito por el licenciado Jesús Rábago, y por algunos jóvenes como el licenciado Genaro Estrada, quien después se transforma en acérrimo revolucionario y llega a ser Ministro de Relaciones. Además de su carácter de vicepresidente, se le confía la cartera de Instrucción Pública, en sustitución del licenciado Díaz Lombardo. Desempeña éste otro puesto con la hostilidad de algunos miembros del gobierno, inclinados a los elementos conservadores y enemigos de los genuinamente revolucionarios.

Su amistad y entendimiento con Gustavo Madero fue invariable hasta el último día, igual que su fidelidad al presidente. Hubiera podido salvarse, si hubiera accedido a las solicitudes de algún amigo que llega hasta a forcejear con él, tratando de esconderlo. La noche anterior al cuartelazo. Pino Suárez y su secretario particular, el poeta José Inés Novelo, reciben la visita de Huerta, que finge un estado de ebriedad que le da un aspecto siniestro. Va a semblantearlo y a darle el abrazo de Judas. Pino Suárez, que siempre tuvo el presentimiento de su muerte, parece cadavérico, esquelético, con sus ojos más hundidos que nunca en sus cuencas de sufrimiento. Pero acude al cumplimiento del deber. Muere acongojado por dejar en la orfandad a su numerosa familia; y, por una cruel ironía, para terminar con aquel cuerpo endeble, en lugar de un solo tiro como a Madero, hay necesidad de acribillarlo a balazos.

EL CRIMEN DE LA EMBAJADA*

Todos los representantes diplomáticos de los EE.UU. en México a partir de Poinsett habían intervenido en los asuntos internos del país, unos en forma sostenible, otros de manera más o menos disimulada. Es indudable que hechos de esa naturaleza se han registrado en todos los países de escaso desarrollo económico y político. Pero seguramente no hay en los anales de la diplomacia un hecho parecido a lo que ocurrió en nuestro país en 1913.

México, había soportado embajadores yanquis impertinentes (casi todos), altaneros, ignorantes, negreros acostumbrados a usar o a ver descargar el látigo sobre las espaldas morenas. El Departamento de Estado escogía como sus representantes en México a hombres adecuados al género de la misión que debían desempeñar y para la cual no se requerían precisamente cualidades versallescas. El tipo de representantes diplomáticos fue cambiando con la orientación de las nuevas corrientes y tendencias políticas y económicas de Norteamérica después de la guerra de secesión. Estos diplomáticos fueron siempre agentes bien escogidos del clan económico preponderante en la Casa Blanca y uno de esos clanes, el más fuerte, agresivo y menos escrupuloso es el que se agrupa a los intereses petroleros.

Mr. Trist. el hombre del 47, representó los intereses de los señores feudales del Sur que consideraban la esclavitud preferible a todo el oro del mundo; Lane Wilson encarnó la ambición de los que pretendían esclavizar al mundo a través del control de la materia prima esencial: el petróleo.

Con la actuación de Henry Lane Wilson en México en 1913 —actuación sin paralelo en la historia moderna de las misiones diplómaticas—, se inicia esa diplomacia petrolera que nuestro país padeció hasta 1938 en que el pueblo mexicano expulsó de su suelo a los trusts imperialistas de Rockefeller y Deterding. La Standard Oil impulsó el movimiento maderista para arrojar del poder a Porfirio Díaz, quien entre otras actitudes heterodoxas, mostraba una franca preferencia hacia el inglés Weetman Pearson al que entregó conce-

---

*El título no parece propio de un reportaje histórico, sino más bien de una novela policíaca. Y es que la historia de México en esos momentos se transforma en un folletín truculento en el que el papel del villano está a cargo del embajador de los EE.UU., Henry Lane Wilson, y el local de la Embajada se convierte en el verdadero teatro del crimen.

siones petroleras; no por simpatía platónica, ciertamente, sino porque participaba en los negocios de Pearson.

Al asumir el poder, don Francisco I. Madero liquidó sus compromisos con la Standard Oil* derivados de la ayuda para el movimiento revolucionario, y empezó a legislar libremente en materia de petróleo. Hasta entonces las empresas petroleras no habían pagado impuestos al Estado; Madero impuso el de 20 centavos por tonelada, equivalente a 3 centavos por barril. Los magnates se consideraron traicionados. Henry Lane Wilson entró en acción. Pero esta vez la diplomacia no se limitó a intervenir indirectamente en los asuntos mexicanos. Lane Wilson se convirtió en director de la maniobra contra el presidente constitucional de México. Lane Wilson fue el jefe de la conspiración que culminó con la tragedia de febrero de 1913; fue el causante y autor intelectual del asesinato de los señores Madero y Pino Suárez; y todo ello fue planeado y acordado en los propios salones de la Embajada norteamericana de México.

Y ésta no es una afirmación inspirada en ese "salvaje resentimiento" mexicano de que hablaba Lane Wilson, ni fruto de una yancofobia crónica. Es el resultado de una investigación realizada en México por un norteamericano; y no por un norteamericano cualquiera, sino nada menos que por Mr. William Bayard Hale, representante, personal del presidente de los Estados Unidos de Norteamérica, Mr. Woodrow Wilson. Además, el informe de Hale no es uno de esos documentos exhumados de los archivos por escritores antiimperialistas con fines de propaganda política. Fue localizado por otro norteamericano, John P. Harrison, y dado a conocer por primera vez en una revista especializada (84) que se publica en México.

Don Francisco I. Madero hombre rico pero bien intencionado, carecía de la más rudimentaria educación política. Entre los errores que cometió seguramente el más grave consistió en disolver el ejército de la Revolución y entregar la custodia de las nuevas instituciones a las corrompidas fuerzas armadas del porfiriato. Los enemigos de la Revolución no fueron desplazados sino que se les dejó trabajar libremente en nombre de una democracia abstracta, y conspirar abiertamente contra el régimen. Al cabo de un año el gobierno de don Pancho Madero estaba minado hasta sus cimientos. Se colectaron fondos para organizar la contrarrevolución. De Londres llegó un cheque por mil libras esterlinas a nombre de Félix Díaz. Con los dineros recaudados se compró a muchos funcionarios, generales y oficiales del viejo ejército, y la noche del 8 de febrero de 1913 los cadetes de la Escuela Militar de Tlalpan se trasladaron a México.

* Uno de los primeros actos del gobierno de Madero fue firmar un cheque por 685 mil dólares a favor de la Waters Pierce Oil Co., destinado a liquidar un préstamo obtenido para el movimiento revolucionario.

Por la mañana del día siguiente se presentaron frente a la Penitenciaría a libertad al general Félix Díaz procesado por el delito de rebelión. Tras de una plática cordial con el jefe del penal Díaz fue libertado; luego, todos se dirigieron a Santiago Tlatelolco para poner en libertad al general Bernardo Reyes quien vestía ya su uniforme militar. La maquinaria de la traición estaba perfectamente engrasada.

Todo había sido preparado de antemano; era una rebelión prefabricada. Reyes y Díaz sabían que su marcha hacia palacio sería un paseo cívico, pero al llegar al Zócalo fueron recibidos con una descarga de fusilería. Reyes quedó muerto en el acto. Algo inesperado había ocurrido a última ora; la guardia de palacio había sido cambiada sorpresivamente. Los sublevados, con Félix Díaz como jefe, se concentraron en la Ciudadela.

El presidente Madero, informado de lo que ocurría, se dirigió de Chapultepec, la residencia presidencial, al Palacio Nacional. En el camino se le incorporó el general Victoriano Huerta quien se puso a sus órdenes. Huerta fue nombrado jefe de las fuerzas militares en la ciudad. No fue sino hasta el martes siguiente que se inició el bombardeo de La Ciudadela el motín comenzó el sábado en la noche—, pero ningún intento se hizo para desalojar de allí a los rebeldes, El embajador Henry Lane Wilson, acompañado de los de España y Alemania, visitó al presidente Madero para "protestar por la continuación de las hostilidades".

"El embajador —comenta William Bayard Hale— sostenía ahora la disparatada idea de que el presidente, al no rendirse instantáneamente a los amotinados, era el culpable del derramamiento de sangre.

Después de la entrevista con Madero... el señor Wison acompañado por el señor Stronge (ministro de Inglaterra en México) se dirigió a La Ciudadela, solicitó una entrevista con Félix Díaz y... pidió que el fuego se limitara a una zona determinada...

"Así pues, el embajador había llegado a tal extremo que reprendía al gobierno legítimo como si fuera un rebelde y trataba a los amotinados como si fueran el gobierno de hecho y de derecho... El embajador le dijo al señor Lascurain, primer ministro de Madero y su secretario de Relaciones Exteriores, que Madero debía renunciar. Las palabras de Wilson fueron estas: «La opinión pública, así mexicana como extranjera, hace responsable de estas condiciones al gobierno federal»".

El día 14 se presentó en la Embajada un enviado del general Huerta solicitando hablar con el embajador. Este lo recibió en seguida. "Traigo un recado del general —dijo el mensajero—. Creo que sería posible hacer que él y Díaz llegaran a un entendimiento si el embajador cree que esta es una buena idea. Quiero verlo y presentarle el plan que traigo". Al día siguiente el embajador Wilson citó en su residencia a los representantes de España, Inglaterra y Alemania. A nadie más del cuerpo diplomático. Allí se encomendó al embajador de España la misión de presentarse a palacio para dar a conocer al presidente Madero la "opinión unánime" del cuerpo diplomático, de que debería renunciar a su puesto.

El señor Madero contestó que a los diplomáticos acreditados ante una nación no se les reconocía el derecho de inmiscuirse en los asuntos internos y le recordó al impertinente que estaba hablando con un presidente constitucional. Por la tarde de ese mismo día Wilson, acompañado del embajador de Alemania, se presentó nuevamente en palacio para entrevistar a Huerta. Por error fueron conducidos ante el presidente Madero; se llamó al militar y entre todos convinieron en un armisticio, Wilson se abrogó la representación del rebelde. "Al regresar a la Embajada —dice Hale— el embajador envió al agregado militar a La Ciudadela para obtener, como obtuvo en efecto, el consentimiento de Díaz para el armisticio que se efectuaría el domingo...

"Huerta había estado en comunicación con el señor Wilson por intermedio de un mensajero confidencial... Durante el armisticio... se ultimaron los detalles de la traición que se estaba tramando y antes de terminar ese día Huerta mandó un recado al embajador Wilson diciéndole que todo marchaba en forma satisfactoria... Esa noche el embajador dijo, por lo menos a un periodista, que Madero sería arrestado al día siguiente, a mediodía. A la hora indicada, se hallaban varios reporteros en Palacio Nacional y por lo menos uno de ellos llevaba ya sus escritos por anticipado... A las dos de la tarde el señor Wilson tenía la satisfacción de telegrafiar al Departamento de Estado: «Acaba de venir mi mensajero confidencial ante Huerta a dar cuenta del arresto de Madero».

"El mensajero confidencial a que se refiere el embajador Wilson en sus informes al Departamento de Estado, era Enrique Zepeda, supuesto sobrino pero en realidad hijo natural del general Huerta.

"Cuando Zepeda se presentó en la Embajada el día 18 a las dos de la tarde —cuenta Bayard Hale— llevaba una mano sangrando. Entró a la planta baja donde se encuentran las oficinas de los secretarios y de los agregados y donde había en esos momentos gran número de personajes. Entre ellos estaba el doctor Ryan, cirujano de la Cruz Roja, quien inmediatamente se puso a curarle la mano a Zepeda... Zepeda dijo: «Me hirieron mientras ayudaba a detener a Madero, pero no me detuve para que alguien me atendiera, porque le había prometido al embajador que él sería el primero en recibir la noticia en cuanto hiciéramos esto...»

"...Cierto día (que) Zepeda estaba contando cómo ocurrió el arresto, el señor C. A. Hamilton, norteamericano, lo interrumpió y le dijo: «Si ustedes tenían determinado acabar con Madero ¿por qué diablos no lo hicieron entonces, durante la refriega? Hubiera parecido más natural?» Y Zepeda le contestó: «Bueno, es que yo le había prometido al embajador que no lo mataríamos en el momento de detenerlo...»

"Al recibir el informe de Zepeda... el embajador Wilson envió un mensaje a Díaz que seguía en La Ciudadela, informándole que el presidente había sido arrestado y que Huerta deseaba tener una charla con el caudillo rebelde. Se acordó que esta conferencia se celebrara en la Embajada. A las 9 en punto llegó Huerta a la Embajada y el señor Wilson envió por el general Díaz al doctor Ryan y a otros en un automóvil que llevaba enarbolada la bandera norteamericana...

"...El cabecilla del motín, el traicionero comandante en jefe y el embajador norteamericano con su traductor Louis d'Antin, pasaron las tres horas siguientes en el salón fumador de la Embajada, celebrando su conferencia y elaborando un plan para constituir el nuevo gobierno que sustituyera al del presidente traicionado y prisionero. Díaz insistía en su derecho al cargo más prominente, fundándose en que él era el que había trabado la pelea. Pero los argumentos de Huerta eran más poderosos, pues, evidentemente, de no haber sido porque se convirtió en traidor, la revuelta no habría tenido ningún éxito. Tres veces estuvieron a punto de romper la plática en muy malos términos, dice el embajador, pero gracias a sus esfuerzos se prosiguió la charla al final de la cual se elaboró un plan que era, en realidad, una transacción: Huerta entraría como presidente provisional, pero debería convocar a elecciones y daría su apoyo a Díaz para que a éste le correspondiera la presidencia permanente. También se llegó a un acuerdo en relación con la constitución del gabinete y en este particular el embajador desempeñó un papel prominente...".

Al día siguiente el presidente Madero, bajo amenaza de muerte para él y sus familiares, fue obligado a firmar su renuncia. Se le había ofrecido que se le permitiría ir a Veracruz con sus parientes y embarcarse allí para La Habana. Empero su familia esperó en vano en la estación de Buenavista: el señor Madero había sido traicionado una vez más. A este respecto dice Hale:

"...Se explicó que el comandante militar del puerto de Veracruz había recibido de la señora Madero unos telegramas que lo indujeron a contestar de manera satisfactoria a las instrucciones de Huerta. Se dice que el comandante contestó: «¿Por autoridad de quién? Yo sólo reconozco la autoridad del presidente constitucional de México, Francisco I. Madero». Sin embargo, entre los maderistas priva la creencia de que lo que impidió la salida del tren fue la decisión que manifestaron los embajadores de Cuba y Chile de acompañar a los viajeros, y que el plan era volarlo a medio camino.

"La esposa y la madre de Madero y los parientes de Pino Suárez, consolados al saber que sus deudos seguían vivos, pero temiendo lo peor, se dirigieron entonces al embajador norteamericano pidiéndole que concediera a los perseguidos un asilo en la Embajada. El embajador había abierto sus puertas a los traidores, convirtiéndola en un sitio de reunión para los que tramaban el golpe, pero esta vez no pudo encontrar la manera de dar acogida a sus víctimas. En vez de eso, el señor Wilson recomendó que se trasladara a los detenidos a un lugar más confortable: de Palacio a la Penitenciaría..."

El general Huerta asumió la presidencia el día 20. El día 21 el embajador Wilson telegrafió al secretario de Estado M. Knox diciéndole que se disponía a reconocer el gobierno que de ese modo acababa de establecerse y que ya había girado instrucciones a todos los cónsules norteamericanos del país, "pidiendo el sometimiento y adhesión general al nuevo gobierno, que el día de hoy será reconocido por todos los gobiernos extranjeros". El Departamento de Estado le dio instrucciones para que no prestara ese reconocimiento precipitado.

El día 22 la Embajada norteamericana celebró el aniversario del natalicio de Jorge Washington. Por la mañana hubo algunos actos oficiales ante la estatua del padre de la independencia norteamericana y frente al monumento a Juárez. Por la tarde, Wilson ofreció una recepción en la Embajada, a la que acudieron Huerta, Díaz, Mondragón y otros personajes del nuevo régimen. Cuenta William Bayard Hale:

"Huerta y Wilson desaparecieron de entre la gente allí reunida y me fundo en el autorizado testimonio del embajador chileno para declarar que Huerta y Wilson se hallaban en el salón fumador trabando una conversación que duró una hora y media; todo ese tiempo estuvo esperando el embajador chileno, quien quería tener oportunidad de hablar con el señor Wilson. El embajador omite toda mención el día 22 de febrero como una de las bien contadas fechas en que, según informa el señor Bryan... ha tenido comunicación oral o escrita con Huerta. El embajador chileno pudo haberse equivocado. Pero si está en lo cierto tenemos conferenciando a Huerta y Wilson hasta las 7 de la tarde.

"A las 9 de la noche, el alcalde de la penitenciaria recibió la visita del coronel Luis Ballesteros con órdenes de que el alcaide entregara en sus manos la dirección de la cárcel...

"Muy poco después de haber sonado las 12 de la noche, Francisco I. Madero y José Ma. Pino Suárez fueron asesinados. El embajador Wilson, en la mañana siguiente, envió a Washington un informe en el cual decía que, a lo que alcanzaba a averiguar, se les mató a consecuencia de un intento de liberación, en los momentos en que se les trasladaba del Palacio Nacional a la penitenciaría... Yo había recomendado su traslado a un sitio más confortable..."

Y Bayard Hale señala el hecho de que Lane Wilson insiste en esa ironía macabra: "Que sean trasladados a un sitio más confortable...".

"El señor Wilson —continúa el informe de Hale— nunca ha pedido que se haga una averiguación sobre lo ocurrido. En sus conversaciones conmigo no demuestra tener formado juicio alguno en cuanto a la fechoría realizada la noche del 22 de febrero, después de que todos los hombres responsables de ella habían sido huéspedes suyos en la casa, ni tampoco parece tener la menor sospecha de que alguna responsabilidad pueda recaer sobre él, aunque, *examinando desapasionadamente todo lo ocurrido, cabe decir que fue él quien entregó a esos hombres a la muerte...* (subrayado del autor).

"El señor Wilson en sus conversaciones conmigo ha vituperado violentamente a Madero y su familia... En algún momento le pregunté si en opinión suya estaba manteniendo una actitud correcta, en cuanto diplomático, al presidir una conferencia de dos generales rebeldes y prestar ayuda para ultimar los detalles de la nueva presidencia cuando el presidente constitucional ante el cual estaba acreditado se hallaba preso; el embajador me contestó que era necesario, para bien de México, que se eliminara a Madero...".

Acerca de la responsabilidad por la muerte del señor Madero, Lane Wilson partía de la idea de que se trataba de dos ciudadanos particulares (Madero y Pino Suárez) en el momento en que murieron y que, por tanto, "hubiera sido una impertinencia el que un país extranjero pidiera que se hiciesen averiguaciones acerca de un negocio estrictamente interno"

¡Naturalmente! ¡El honorable embajador norteamericano estaba incapacitado, por su carácter diplomático, para intervenir en los asuntos internos de México!

"Luego —refiere Hale— con bastante violencia continuó diciendo que Madero había matado a centenares de personas ilegalmente y que no era asunto suyo de qué manera había muerto ese hombre. De hecho —añadió— la persona realmente responsable de la muerte de Madero es su esposa. A ella es a quien hay que echarle la culpa. Su telegrama a Veracruz hizo imposible que Madero saliera de la capital".

No hay seguridad antecedente en los archivos de la criminalidad de un caso semejante de cinismo en que el criminal trate de arrojar la responsabilidad sobre el deudo más cercano de la víctima. El representante del presidente Wilson comenta a este respecto: "Seguramente, la historia hará recaer la responsabilidad del asesinato de

Madero sobre los hombros de alguien que no sea su fiel esposa".[1]

El informe de William Bayard Hale termina con estas consideraciones a manera de conclusiones:

"...El plan para el establecimiento inmediato de una dictadura militar no pudo haberse elaborado nunca excepto en la Embajada Norteamericana, bajo el patrocinio del embajador norteamericano y con su promesa, en nombre del gobierno, de un rápido reconocimiento. Madero nunca habría sido asesinado si el embajador norteamericano hubiera dado a entender en forma clara que la conspiración debía detenerse antes de llegar al crimen.

"No puede menos de causar pena a todos el hecho de que esta historia, probablemente la más dramática en que se haya visto envuelto un funcionario diplomático de lo Estados Unidos, sea una historia de simpatía con la traición, con la perfidia y el asesinato, en un asalto contra el gobierno constitucional... Y es particularmente desafortunado que esto haya sucedido en uno de los principales países de la América Latina donde, si alguna moral es preciso llevar a cabo, es negar apoyo a la violencia y respaldar la legalidad...".

Insistimos: No es un mexicano presa de "salvaje resentimiento" el que acusa a Henry Lane Wilson, sino un norteamericano sereno y verídico, que ha dejado en ese documento terrible —que se halla a la disposición de los historiadores en *The National Archives of the Unites States,* General Records of the Departament of State, No. 812,00/177.98.1/ —constancia histórica de alguno de los métodos aplicados por el imperialismo norteamericano a sus buenos vecinos del sur (Mario Gill, *Nuestros buenos vecinos,* segunda edición corregida y ampliada. México, D. F. 1958).

---

[1] Renato Molina Enríquez en un artículo publicado en *El Nacional* —Marzo 3 de 1956— explica el odio de Henry Lane Wilson hacia Madero, como consecuencia de haber suprimido un fuerte subsidio que el gobierno de Porfirio Díaz pasaba a ciertos embajadores, entre ellos el propio Henry Lane Wilson.

JOSE MARIA MAYTORENA

La circunstancia de haber chocado abiertamente con los generales Calles y Obregón; y de que éstos fueron presidentes de la República, han dejado en la penumbra a esta interesante figura, que dio mucho más a la Revolución que otros personajes ahora consagrados plenamente. Nació en el puerto de Guaymas, Sonora el 18 de junio de 1867. Hijo de don José María Maytorena, hombre de gran riqueza, y de doña Santos Tapia. Estudió Primaria en su pueblo, e hizo estudios superiores en Santa Clara, California. El hecho de que su padre fuera candidato oposicionista, determinó que figurase en contra de los caciques Torres, Ramón Corral y Rafael Izábal, que durante décadas tuvieron el control de aquel Estado.

Cuando se produjo la sucesión de 1910, desde 1909 formó parte del Partido Antirreleeccionista, por lo que se opuso a la última reelección de don Porfirio, luchando al lado de la fórmula Madero-Vásquez Gómez. A fines de 1910 emigró a Estados Unidos y formó la Junta Revolucionaria de Nogales, Arizona. Puso sus caudales al servicio de la Revolución; nombrado gobernador provisional del Estado, no entró a su territorio, sino que marchó a Ciudad Juárez, con el señor Madero. No aceptó el gobierno interino al triunfar el movimiento rebelde, pero se presentó candidato para el período 1911-1915, resultando electo gobernador. Toma posesión el 1o. de diciembre y desarrolla una labor progresista, más notable en el ramo educativo. Es uno de los precursores de la campaña nacional de alfabetización. Al producirse la rebelión de Pascual Orozco en contra del gobierno de Madero, invaden algunas partidas orozquistas el Estado; pero las derrota.

Un capítulo que merece particular mención es la circunstancia en que se produjo el cuartelazo de febrero de 1913. El día 15 lanza un manifiesto solidarizándose con el presidente Madero, y entre otras cosas mostraba plena confianza "de que este pueblo que acudió solícito a la conquista de nuestras libertades vilipendiadas por la tiranía, estará presto asimismo para defender los derechos reconquistados a fin de que no vuelvan a ahogarse en los brazos de la dictadura que nuevamente pretende arrebatarlos. Al ser asesinados Madero y Pino Suárez no se portó con la altivez necesaria, aunque se le invistió de facultades extraordinarias. Envió a su secretario para que conferenciase con Carranza y llegó a un acuerdo con los exaltados para separarse seis meses del poder. Por razones de salud se separó

seis meses del poder, y el 26 de febrero entregó el mando al diputado Pesqueira, a quien se nombró en su lugar, gobernador interino. Este hecho fue de enormes consecuencias, pues los nuevos revolucionarios, que contra la dictadura de Porfirio Díaz no alzaron su voz, sino que se mostraron valientes después de la caída del dictador, comenzaron a atacar a Maytorena.

Maytorena marchó a Tucson y en mayo regresó a Sonora. Antes se entrevistó con Carranza y llegó a un acuerdo con él. El 4 de agosto se hizo cargo nuevamente del poder. Dictó diversas medidas de emergencia para allegarse fondos que sostuvieran al Ejército Constitucionalista. Carranza llegó después a Sonora y comenzó a conducirse arbitrariamente, chocando con Maytorena. Por un lado se atacaba rudamente a Maytorena, por todos los carrancistas y todos los ambiciosos que deseaban desplazarlo; él a su vez tenía al servicio algunos periodistas que le apoyaban. Aún así, disciplinado Maytorena para evitar mayores males a la Revolución, planteó serenamente el conflicto ante Carranza, aceptando que éste lo resolviera. Pero Carranza, que tenía interés en mantener una situación indecisa, se marchó a Chihuahua sin tomar ningún acuerdo.

Miguel Alessio Robles, que no era simpatizante de Maytorena, señala la forma en que los obregonistas atacaban a éste, y anota la conducta tortuosa de Carranza: "Al pronto se halló Carranza envuelto en aquel mar impetuoso de intrigas, que, en verdad, él no fomentaba, pero no les puso un dique porque él mismo ignoraba hasta dónde iría a llevarlo aquel oleaje encrespado. Recordó, con toda seguridad, el maldito apotegma de Maquiavelo: «Divide y reinarás». Sereno, en medio de la tormenta. No se inmutó nunca, ni aun cuando le presentó Obregón el famoso proyecto para elevar a precepto constitucional la prohibición absoluta y rotunda de que todos los militares que figuren en una cuartelada, en una rebelión militar y en una asonada, jamás podrán ocupar puestos públicos".

"Al Primer Jefe de la Revolución Constitucionalista se le presentaron dos oportunidades magníficas para acabar con la división que se inició en Sonora, y después fue a repercutir a otras regiones del país.

El día 14 de octubre de 1913, el señor Carranza presidió una gran velada que dio el pueblo de Cananea, en la Plaza de Armas de esa población, como homenaje fervoroso al gobernador de Coahuila que tuvo el valor y la entereza de desconocer el 18 de febrero de 1913, el gobierno de Victoriano Huerta. El estrado de honor quedó formado en el quiosco de esa misma plaza. Asistieron catorce o quince mil personas, que rodearon el zócalo y llenaron por completo el parque. La fiesta la presidió, como era natural, el Primer Jefe de la Revolución. A su derecha, el gobernador Maytorena, los ministros Escudero y Zubarán y los oficiales mayores del gobierno Constitucionalista. A su izquierda estaban varios jefes militares, entre ellos el teniente coronel Calles, Rivera Domínguez, Garmendia y algunos otros funcionarios y otras personalidades de la primera jefatura de la Revolución. Fue una fiesta espléndida. El civismo de ese pueblo se puso de relieve en los diversos incidentes que se registraron mientras el programa se desarrollaba en medio de los aplausos y de la emoción de aquella compacta concurrencia, consciente de sus deberes y de sus derechos. Pero ese pueblo no solamente dio pruebas palpables de civismo, sino también de su ilustración y de su cultura.

Uno de los oradores de esa fiesta inolvidable atacó duramente al gobernador Maytorena. Frente a la multitud le hizo la acusación de que había abandonado a su pueblo en los momentos de peligro, para venir después a sentarse al festín cuando las fuerzas constitucionalistas, al mando de Obregón, habían triunfado lo mismo en Nogales que en Cananea, lo mismo en Cananea que en Santa Rosa y en Santa María. El Primer Jefe de la Revolución y el gobernador de Sonora estaban molestos ante aquella requisitoria. Al terminar de hablar el orador Soriano, el teniente coronel Calles se levantó de su asiento, y lo abrazó efusivamente en medio del asombro de aquel pueblo que tanto se había distinguido por su amor a la libertad y a la justicia. Ese abrazo entrañaba una condenación pública a la actitud del gobernador Maytorena. Ni el vencedor de Santa Rosa y de Santa María lo habría hecho con más insolencia y orgullo. Parecía el triunfador de cien combates, y no había ganado ninguno...''.

"El Primer Jefe de la Revolución debería de haber llamado al orden a los autores de esa división que se iniciaba en Sonora. Es cierto que el señor Carranza no la fomentaba, pero nada hacía para contenerla. Tenía autoridad y prestigio para ello. Con la más leve indicación a los corifeos de los dos bandos, hubiera sido suficiente para detener esa división que se estaba formando en torno del Primer Jefe de la Revolución. Debería de haberles marcado el alto y enseñarles el peligro que entrañaba semejante decisión".

Aparte de que el festín aún no se servía, y que la tranquilidad de los sonorenses no se debía a Obregón, sino a Villa que iba quebrando definitivamente a las huestedes federales de Huerta, ya desde ese momento se vieron las intrigas de los ambiciosos, que después se dirigieron contra Villa y provocaron la escisión de los hombres de la Revolución.

Los choques continuaron y llegó un momento en que Maytorena, en defensa de la soberanía de Sonora, tuvo que desconocer al Primer Jefe. Uno de los más furibundos antimaytorenistas, Francisco R. Almada, afirma: "No hay comparación posible entre los crímenes de Huerta y los errores políticos atribuidos *(sic)* a Carranza, como no la hay tampoco entre la conducta medrosa y Maytorena en febrero de 1913 y la acción valiente y resuelta que asumió en septiembre de 1914 (el señor Almada trata de olvidar la enorme diferencia de ambas situaciones). En la convención militar de Aguascalientes, estuvo representado por el delegado Alberto B. Piña, reconoció al general Eulalio Gutiérrez como presidente provisional de la República y al ocurrir la escisión entre éste y el general Villa, siguió subordinado a la facción convencionista que encabezaba el segundo. En vísperas de terminar su mandato constitucional, lo prorrogó, aprovechando las facultades extraordinarias de que estaba investido, mientras la Convención no designase la persona a quien entregara el gobierno: lo que hizo el 1o. de octubre, entregando el Ejecutivo al señor Carlos E. Randall y la jefatura de operaciones militares al general Urbalejo.

"Inmediatamente se dirigió a Washington, en compañía del licenciado Manuel Castillo Brito, del licenciado Alberto Morales y de Mr. Charles B. Clarke. Hizo declaraciones en El Paso de que iba a Estados Unidos para intervenir en la conferencia panamericana que trataba de establecer la paz en México. Vencido Villa se radicó en Los Angeles, California, hasta 1938 en que regresó a Sonora. A pesar de todos los ataques de que se le hizo víctima, hasta sus peores enemigos reconocen «que fue quizá el único revolucionario que participó en el movimiento de 1910 y perdió su inmensa fortuna. En cambio muchos otros revolucionarios que no llevaron a la bola más que el contingente de sus personas, hoy se encuentran con más millones que los que tenía Maytorena antes de iniciarse en el Partido Antirreeleccionista»". (Almada, *Diccionario de Historia, Geografía y Biografía Sonorense).*

Correspondió al presidente Avila Camacho, el año de 1943, Reivindicarle, y le expidió patente de general de División del Ejército Nacional, como recompensa por los servicios prestados a la Revolución. En la ciudad de México, el 17 de enero de 1948, falleció este revolucionario que puso toda su fortuna al servicio de la Revolución. Una escritora norteamericana ha dicho que "si Madero es el Padre de la Revolución, a Maytorena se le debe reconocer como padrino". (Edgcumb Linchon).

EMILIANO ZAPATA

Emiliano Zapata fue un Bandido

Asaltó, incendió, asesinó. Llenó de espanto a México. Era Arimán contra Ormuz, la barbarie contra la civilización, el robo contra la legítima propiedad. Ambicioso de poder y de riquezas, despojó a los propietarios en el Estado de Morelo, en su personal provecho. Su mayor crimen fue destruir la gran industria azucarera.

"Zapata perfeccionó el teocalli de los sacrificios humanos con el uso de la ametralladora y la pistola automática" —afirma José Vasconcelos—. Sus hordas de forajidos asolaron todas las poblaciones por donde operaron, quemando y destruyendo no sólo las haciendas sino también los patrimonios de la gente del pueblo.

Fue un faccioso contumaz contra todo gobierno y todo orden. Se rebeló lo mismo contra Porfirio Díaz que contra Madero, Huerta, Gutiérrez y Carranza.

Fue un cobarde y un cabecilla sin méritos militares. Nunca presentó una brillante acción de armas. No tuvo verdaderos principios ideológicos como no fuera un falso ideal confeccionado por unos demagogos que lo hicieron presa y lo utilizaron como pelele.

En su llamado Plan de Ayala él no tuvo la menor participación, pues era un analfabeto y un ígnaro despreciable.

Afortunadamente fue ajusticiado por un inteligente plan realizado por valientes militares premiados en ascensos y merecidas ganancias. Después de su muerte fue convertido en apóstol de los revolucionarios advenedizos que lo erigieron en "semidios azteca iluminado por la providencia autóctona". Se estableció un nuevo culto al bandolero de La Cima y Ticumán y se le ha querido colocar a la altura de un Mahoma. Pero esto es sólo propaganda de los oportunistas que están en el poder y de los burócratas que lucran a su sombra.

Emiliano Zapata fue un Apóstol

Más que un hombre, fue un símbolo, paladín de los campesinos, esperanza de los desposeídos. Los duros ataques que recibió y aún recibe, son obra de los intereses políticos y económicos que él atacó implacablemente y tratan vanamente de desprestigiarlo. Si arrebató su riqueza a los poderosos y destruyó una gran industria, fue por la injusticia en que estaban fincadas. Los ambiciosos detentadores de esa riqueza son los únicos responsables de su destrucción. El murió tan pobre que no dejó herencia a su familia.

Se le atribuyen como crímenes los desastres y violencias propios de toda guerra, como si sólo en la suya se hubieran cometido, y se le imputan hechos que no cometió o de los que no pudo ser responsable. La destrucción de los pueblos de Morelos no fue hecha por los zapatistas, que eran sus propios habitantes, sino por las fuerzas forasteras que fueron a combatirlos, y que se vengaron en sus bienes.

Zapata luchó contra todos los gobiernos porque éstos no cumplieron sus deberes y promesas sobre los derechos agrarios del pueblo.

Fue, entre todos los caudillos de la Revolución, quien más tiempo duró combatiendo y en más de un momento salvó la marcha de la Revolución. Su táctica militar de guerrillas fue genial ya que le permitió sobrevivir sin contar con elementos.

Fue apóstol de un gran ideal: el reparto justo de tierras, devolviendo a los pueblos aquellas que se les habían robado. El espíritu del Plan de Ayala fue una auténtica aportación suya. Si algunos intelectuales le rodearon fue porque admiraban su bandera, no porque se la hubieran dado. Infortunadamente fue asesinado a traición. Los homenajes que se le rinden son justo reconocimiento a su heroísmo libertario. Si su memoria ha sido aprovechada por demagogos y oportunistas, ello no empaña sus méritos ni su gloria''.

De esta manera, el más distinguido de los biógrafos de Zapata, Jesús Sotelo Inclán, que ha realizado un estudio en la única forma seria en que se pueden ejecutar estos trabajos, si no se quiere bordar en superficialidades, resume las ideas en torno al guerrillero del Sur, al más perseverante luchador por los ideales agraristas. Ya en otra ocasión apuntamos la similitud entre los epítetos denigrantes dirigidos a Zapata, y los dirigidos a don Juan Alvarez, patriarca de los pueblos y uno de los más ilustres defensores del labriego. Al señalar el *Manifiesto* en que don Juan Alvarez refutaba los cargos de director de los ''asesinos'' de un grupo de españoles de San Vicente y Chiconcuac, en el ahora Estado de Morelos, y en los que se sostenía, por el representante español, que eran resultado de la xenofobia antihispana, dijimos:

Tres décadas después del *Manifiesto* que publicamos, un escritor al que nadie puede tachar de parcial, por resultar insospechable, al explicar la dureza del trabajo de los hombres del campo, que produjo hondos rencores entre indios y mestizos contra sus explotadores blancos, afirmaba que nada tenía que ver con posibles motivos de xenofobia, sino que se trataba de un choque de peones explotados frente a latifundistas explotadores. Don José María Vigil en la parte que redactó para *México a través de los Siglos,* escribió: "los odios fundados que dividen a unos y todos por los interminables litigios de terrenos entre los pueblos hacendados... Las violaciones cometidas en otras partes, contra personas y propiedades, que nada tenían que ver con esta o aquella nacionalidad". Y basta recordar que medio siglo después de las palabras del caudillo suriano, una de las regiones donde la Revolución Mexicana cobró mayores ímpetus y una violencia más enardecida, fue en la propia zona del hoy Estado de Morelos y de Guerrero, donde se escenificaron los acontecimientos relatados y refutados por don Juan Alvarez.

No es extraña coincidencia que a las huestes libertadoras de don Miguel Hidalgo se las haya llamado "chusmas"; que los grupos zapatistas fueran calificados de hordas, y que a don Juan Alvarez se le designara como la "pantera del Sur", "el monstruo de la Tierra Caliente", o que fuese el pinto Alvarez y sus cíclopes, los autores de crímenes incalificables. Han sido los partidarios del retroceso y de la oscuridad... los que apliquen estos calificativos a los defensores de la libertad, a los que quieren un México progresista e independiente, sin explotados y explotadores... (Juan Alvarez, *Manifiesto a los pueblos cultos de Europa y América.* Colección "El Siglo XIX", número 3, México, 1958).

Pues bien, en la lucha del hombre de campo, del trabajador de la tierra víctima secular en México, se encuentra la *Raíz y la Razón de Zapata,* como justamente se deduce del estudio de Sotelo Inclán. Solamente desde el punto de vista de un calpuleque, defensor de sus indios, se puede comprender el alcance de la figura de Emiliano Zapata, "Miliano", como le llaman y le siguen llamando los labriegos de Anenecuilco, dentro de la lucha por la tenencia de la tierra en México.

Nuestro biografiado nació en el pueblo de Anenecuilco, Morelos, el 8 de agosto de 1879. En Villa de Ayala, lugar cercano a ese pueblo, fue bautizado por sus padrinos don Juan O. Rúiz, administrador de la Hacienda de El Hospital y su esposa, doña Luz. Muy niño supo de los dolores de su clase, experimentó en carne propia los atropellos de los poderosos, respaldados plenamente por la dictadura porfirista. Fue soldado de leva, es decir, sufrió uno de los atracos característicos a los hombres del pueblo, sobre todo campesinos. Es Zapata uno de tantos peones dentro de la gran masa de explotados en nuestro país. Por ello encarna tan validamente la rebelión de los pobres. Se sabe que luchó, mejor dicho, trató de luchar con las armas legales en contra de los grandes hacendados que trataban de repartirse las tierras de Anenecuilco; de sus exitos relativos; de su ansia por el saber, de sus rebeliones juveniles. Por ello, al ocurrir el estallido revolucionario, Zapata y sus hombres son de los primeros en combatir al lado del caudillo Madero.

Al triunfar la Revolución maderista y encargarse interinamente del poder el presidente De la Barra, se inicia la destrucción del Zapatismo. Nada menos que Victoriano Huerta y Aureliano Blanquet son los encargados de combatirlo; y ya entonces se inició la leyenda negra en contra del caudillo. Madero trató de conciliar los intereses y se entrevistó con Zapata en Yautepec. La mala fe de De la Barra y del gobernador morelense, Carreón, hicieron que peligrara la vida de Madero, pues Zapata, considerándose traicionado, estuvo a punto de proceder con violencia. Los choques continuaron y la hostilidad hacia los zapatistas produjo la continuación de la rebeldía. No obstante que más de 3,000 federales le combatían, el guerrillero suriano se defendió con éxito, al punto de acercarse a la capital, donde el 25 de octubre de 1911, la cuestión que entrañaba su rebeldía se puso a debate. Mas que cualquier relato, resultan elocuentes los discursos, por individuos adversos al zapatismo, quienes, a pesar de insultarle y calumniarle, se vieron en la necesidad de reconocer la justicia de su causa. Por ello, recordamos el discurso de José Ma. Lozano:

"Señores diputados:

"La proposición que acaba de recibir lectura no necesita para su éxito de ningún cimiento dialéctico, ni de sutiles disquisiciones de Derecho Constitucional, ni siquiera de llamamientos ardorosos e inmanentes principios de justicia; es algo más humano. Esta proposición no es sino el grito fisiológico del instinto de conservación social e individual *(aplausos)*, es la conjutación sacrosanta de todos los elementos contra la amenaza inminente para propiedades incendiadas, para vidas destruidas, para honras marchitas; es el llamamiento al espíritu del bien para que combata contra el espíritu del mal: os convocamos, señores a la eterna tragedia del Ormuz contra Arimán.

"La ciudad de México, corre riesgo próximo e inmediato de ser el escenario lúgubre del festín más horrendo y macabro que haya presenciado nuestra historia; no es Catilina el que está a las puertas de Roma, es algo más sombrío y siniestro; es la reaparición atávica de Manuel Lozada, «El Tigre de Alica», en Emiliano Zapata, el bandolero de la Villa de Ayala.

"¡Quiera el cielo, en tan solemnes y preciosos momentos, depararnos la resurrección bendita de Rámon Corona!

"Permitidme que haga historia breve, aunque triste y negra. Hace poco mas de dos meses, ante quejas insistentes y angustiosas de todos los habitantes del Estado de Morelos, el gobierno federal decidió exterminar a Emiliano Zapata.

"Un hombre de hierro, de aquellos a quienes amó Federico Nietzche y a quien toda la República respeta en el momento actual, don Alberto García Granados *(aplausos)*, asumió ante la historia y ante la política contemporánea la responsabilidad de abrir aquella campaña de la civilización contra la barbarie.

"Don Francisco I. Madero, creyó que en el fondo de aquella expedición se agitaba un complot reyista, y fue, con grave peligro de su vida, a cumplir en Cuautla un doble deber: deber de patriota, deber humanitario, a ver si lograba por la persuasión calmar a Zapata y evitar así a la República un derramamiento de sangre humana, y deber de caudillo, deber de candidato, a salvar un correligionario del peligro.

"El señor Madero no puede ser censurado, ni desde las altas cumbres de la moral eterna ni desde las llanuras de la moral política.

"Los partidos políticos no se integran únicamente con arcángeles; necesitan también de demonios. El Partido Liberal no venció únicamente con la sabiduría de Ocampo y con la abnegación de Santos Degollado; necesitó también el empuje del cruel e inhumano bandido que se llamó Antonio Rojas; por eso el señor Madero cumplió en aquella ocasión con un alto deber de moral política, y yo en aquellos días, como ahora, fui la nota discordante en medio de la sinfonía de denuestos que rodeaba la figura del *leader*. Mas si la tarea fue noble, también fue infructuosa; tras la aparente calma de Emiliano Zapata, el Atila se sublevó; de nada sirvió el prestigio y la elocuencia del señor Madero.

"La leyenda mística no registra sino un solo milagro de haber domesticado fieras: San Francisco de Asís, el serafín de la Umbría, que logró domesticar a un lobo; pero el señor Madero no realizó el sortilegio del santo y fracasó en su empresa de Cuautla, pero en el asunto, si el señor Madero cumplía con su deber, sus partidarios en la ciudad se apartaban de todo respeto y de toda moralidad y en procesión tumultuaria se dirigieron al ministro de Gobernación y al Alcázar de Chapultepec, a pedir con gritos estridentes y abandonando el laurel de Atenea y con la cabellera de rayos de la demagogia, a pedir, ¿qué? la santificación de Emiliano Zapata. Aquello fue indigno, aquello es un oprobio, una mancha y ojalá y la gangrena se hubiese detenido allí; pero lejos de eso, ha crecido y amenaza enfermar todo el organismo nacional. El señor subsecretario de Guerra —preconizado ministro del futuro Gabinete— dijo la semana pasada que el zapatismo sería aniquilado «tres días después de que se inaugurara el nuevo régimen». El señor general González Salas no es un ignorante ni un balandrón; lejos de eso, es un hombre serio y perito en la ciencia militar, así pues, sus palabras no pueden interpretarse como el hijo de un fanfarrón, sino como el indicio seguro de que posee el supremo exorcismo para aniquilar a Emiliano Zapata, y la República entera se pregunta: ¿Cómo si tenéis la divina palabra *para aniquilar al bandidaje*, cómo si tenéis el poder para extinguir esa enfermedad, no la pronunciáis? ¿Sacerdote de qué culto sois? ¿A qué Huitzilopochtli horrendo oficiáis que no está contento con tantas vidas segadas, con tantas propiedades destruidas, con tantas honras marchitas para siempre?

"Esto lo dice el alma nacional y algo más, endereza una requisitoria formidable y eterna contra la conducta del secretario de Guerra.

"Han sido destacados 3,000 hombres en contra de las huestes de Zapata, hace ya más de dos meses: *¡y quién lo creyera!* estas huestes poseen el anillo de Giges: siempre han sido invisibles para las fuerzas federales: se les trae de un lado para otro y se les lleva de un pueblo al de más adelante: se les entrega a fatigas horrendas e imponderables y nuestro bravo, nuestro heroico Ejército Federal, sigue padeciendo inhumanamente. ¿Qué es eso? Qué, ignoran los que tal política aconsejan que la paciencia tiene un límite y que el heroísmo reconoce términos infranqueables? qué, ¿desconocen la historia de Cuauhtémoc, entregando, a pesar de tanto heroísmo, su espada a Cortés? Qué, ¿olvidan el episodio dantesco en que Hugolino acosado por el hambre, acaba de morder el cráneo de su hijo?

"No, no es posible exigir ya más al Ejército Federal. ¿Qué pues, es lo que procura con todo esto? ¡Ah!, qué triste es decirlo; pero a ello conducen todos los acontecimientos. Tal parece que se está procurando el fermento anárquico, para después, sobre las ruinas humeantes de la desolación, volver otra vez a construir la columna de la dictadura sempiterna *(aplausos);* y yo, que no soy revolucionario, que cada día «enquista» más mi admiración hacia Porfirio Díaz *(aplausos, vivas, grande ovación)* yo resulto más demócrata que los *soi disant* que aconsejan esta política disolvente *(apausos).*

*
* *

"Emiliano Zapata no es un bandido ante la gleba irredenta que alza sus manos en señal de liberación, Zapata asume las proporciones de un Espartaco; es el reivindicador, es el libertador del esclavo, es el prometedor de riquezas para todos; ya no está aislado, ha hecho escuela, tiene innumerables prosélitos; en el Estado de Jalisco pronto (desventurado Estado, mi Estado natal) un candidato, un «Lisandro» abdominable, comprando votos con el señuelo de promesas anárquicas, ha ofrecido reparto de tierras y la prédica ya empieza a dar sus frutos; los indios se han rebelado; Zapata está a las puertas de la ciudad de México; próximamente Banderas en Sinaloa, destruirá. Es todo un peligro social, señores diputados, es sencillamente la aparición del subsuelo que quiere borrar todas las «luces de la superficie».

En el párrafo final de su discurso, Lozano no tiene más remedio que afirmar, lo que el tiempo llegó a ratificar de una manera absoluta: "ya Emiliano Zapata no es un hombre, es un símbolo".

Otro orador de la reacción, Francisco M. de Olaguíbel, en la misma sesión tiene que reconocer, a pesar de los duros ataques contra el zapatismo, la importancia que tiene. Y al ser llamados a informar al secretario de Gobernación, Alberto García Granados, y el de Guerra, general González Salas, éste declara:

"Los enérgicos esfuerzos que el Ejecutivo ha hecho para sofocar los desórdenes han tropezado con enemigos tales como la gran falange de adeptos que en todos los pueblos se unen a los zapatistas.

"Parece ser que al entrar a Milpa Alta las huestes zapatistas fueron engrosadas por los indios de toda esa región; pues aquéllas sumaban, en un principio, quinientos hombres y ahora cuentan con mucho mayores elementos, lo cual, si bien ha servido para poner una fuerte barrera, los federales no han sido vencidos.

"El zapatismo se ha extendido hasta el Estado de Oaxaca, en donde han aparecido algunas partidas hasta de quinientos hombres que cometen tropelías".

Sería interminable las citas de los enemigos de Zapata, en las que no tienen más remedio que admitir su justificación. Sólo diremos que, contra lo que se esperaba, al llegar Madero al poder la lucha continúa, por los partidarios del reparto agrario se sienten defraudados. Surge entonces el Plan de Ayala, en noviembre de 1911, en que se plasman los anhelos seculares del pueblo mexicano hacia una justa tenencia de la tierra. Si el grito de "Tierra y Libertad" había sido usado por los hermanos Flores Magón, será la corriente agrarista del héroe de Anenecuilco, la que lo enarbolará como un principio fundamental. Al producirse el cuartelazo, se quiso atraer, por Huerta, a Zapata, sin resultados. En la convención estuvieron juntos Zapata y Villa, ambos hombres del pueblo y comprensivos de sus más justas reivindicaciones. Por ello, nada sorprendente es que, al ser derrotado Villa en el Bajío y Zapata replegarse a sus montañas, se urdiera un plan, por el general Pablo González, que contó con el premio del presidente Carranza, para asesinar a Zapata. Los hechos ocurrieron el día 10 de abril de 1919.

De la impresión causada por los zapatistas al entrar a la capital en 1914, vamos a dar la versión de primera mano, viva y ágil de uno de los testigos presenciales, don Francisco Ramírez Plancarte, que se encuentra en su libro *La ciudad de México durante la Revolución Constitucionalista*. Tras de las tropelías cometidas por los carrancistas, la conducta de los hombres del zapatismo, resulta ejemplar. Hay un hecho conmovedor, en lugar de asaltar al comercio, o al pueblo, como hacían otras facciones, pedían limosna, explicando: "Señores, nosotros no robamos, mejor pedimos..."

Así la ciudad de México presenció, verdaderamente asombrada, algo que jamás debe olvidarse. Aquellos hombres, que arma al brazo, soportaron las terribles heladas en las montañas escarpadas del Ajusco; las enfermedades tropicales, el acoso de las plagas: Pinolillo, jején, turicatas y toda clase de sabandijas de la tierra caliente; que resistieron las acometidas de las fieras y el embate de las balas y la metralla, se mantenían con maíz tostado y pinole. Se les veía harapientos, sin sueldo, con sus hijos abandonados. Y al llegar a la rica ciudad, llena de placeres, de mujeres que debieron parecerles de otro mundo, ya que sólo en el mundo de los amos las habían contemplado, aunque no tan elegantes; caminaban por las calles asfaltadas, con sus pasos torpes, hechos para la tierra y la serranía, para el monte y los potreros. Se les veía "quitarse humildemente el sombrero; estirar temblorosamente la mano y con voz ahogada y aire contrito, pedir caridad:

—"Señores, nosotros no robamos, mejor pedimos..."

"Y la gente pobre de México, la de las barriadas «pulquérrimas», la que más inmensamente estaba sufriendo los rigores del hambre y las contingencias de la lucha, siempre buena y eternamente pródiga, compartía con ellos lo poco que tenía, sin egoísmos y sin odios, guiada únicamente por el amor fraterno —virtud de los pobres— víctima como ellos de la injusticia y la opresión"

Entrada del Ejército Libertador a la Capital

Al abandonar la capital, a las últimas horas de la tarde del 24 de noviembre, las fuerzas del general Blanco, que en su totalidad eran de caballería y que se habían cortado de la extrema retaguardia del Cuerpo del Ejército del Noroeste, tomando el rumbo de Toluca, creíase que los zapatistas, que como dije, estaban posesionados desde hacía varios días en las municipalidades situadas al Sur del Distrito Federal y cuyas avanzadas incesantemente habían estado hostilizando a las fuerzas enemigas, llegando muchas veces hasta los suburbios de la ciudad, entrarían inmediatamente, mas no fue así. Esa noche al igual que las anteriores, la capital encontrábase escasamente alumbrada y los pocos gendarmes que, como ya he dicho, habían seguido abnegadamente haciendo el servicio de vigilancia, ese día, lo abandonaron completamente. Al obscurecer, el grueso de las fuerzas zapatistas no habían hecho su entrada y las avanzadas que por el rumbo de la Tlaxpana al mando del general Rafel Castillo la habían efectuado, por sus escasos elementos e insignificancia, no prestaban ninguna garantía y por lo mismo no inspiraban confianza. Teniendo en cuenta todo esto, tanto los comerciantes como los propietarios de hoteles, restaurantes, cafés, boticas; en una palabra todo lo que constituye la vida de la ciudad, viéndose expuestos a sufrir los excesos del populacho, que ya habían saqueado algunos empeños y armerías aprovechando el desorden reinante, ya que hasta las comisarías se encontraban abandonadas, cerraron apresuradamente sus puertas, de manera que a las primeras horas de la noche, el aspecto que presentaban las calles era de lo más pavoroso y siniestro que pueda concebirse.

Las pocas personas que por alguna circunstancia se aventuraban a transitar por las lóbregas calles y plazas, lo hacían apresuradamente, apartándose de los transeúntes que encontraban a su paso, como si temieran inopinadamente ser víctimas de algún percance.

Tal parecía que toda señal de vida se había paralizado. Ni un solo tranvía o coche interrumpía con su ruido trepidante, el silencio sepulcral, ni la luz de los fanales, (todavía entonces era escaso el número de automóviles y aún no existían los "camiones") lograba romper la penumbra en que estaba sumergida la ciudad. Las vecindades y residencias particulares cerraron igualmente sus zaguanes escuchándose solamente, de tiempo en tiempo, el débil eco de pasos de alguno que otro transeúnte que se alejaba lleno de zozobra. Sólo las campanas de los relojes públicos al marcar el tiempo, diluían la vibración de su bronce en el trágico y helado ambiente de esa noche.

Con el ánimo en suspenso todo mundo velaba. Las emociones de esos días habían conmovido tan intensamente el espíritu público; que no era concebible, ni mucho menos admisible, que alguien permaneciera tranquilo.

Los carrancistas, no obstante la alegría con que les acogiera y los agasajos que con tanta sinceridad y entusiasmo se les tributaran, al fin de cuentas dejaron tan honda huella de descontento, que, principalmente esa noche, se tenían muy presentes sus abusos y continuos escándalos; su gala de impunidad y, sobre todo, el irritante desprecio con que veían al elemento civil así como su despótica y grosera actitud, y no sin razón se pensaba: ¿Qué irá a suceder ahora que sean dueños y señores —casi por derecho de conquista— de la ciudad, los autores de los abominables y espeluznantes asaltos de Covadonga, Atlanta, La Cima y Ticumán?

Muchos eran los relatos de feroz salvajismo que la prensa gobiernista había publicado acerca de cómo los zapatistas llevaban a cabo sus traicioneros y sangrientos asaltos, así como los perversos instintos (funesta herencia de nuestros ancestros) que tenían y los reprobables medios que empleaban para martirizar a los prisioneros. La voz popular contaba acerca de ellos, (los zapatistas), numerosos actos, (semejantes a los que verificaban los antiguos mexicas en aras de sus dioses), todos ellos muy repugnantes, llevados a cabo con tal refinamiento de crueldad, que solamente al escucharlos sentíase intensa tensión nerviosa. Atribuíaseles también muchas cobardías así como falta de espíritu combativo, calificándolos de "correlones", y, lo que es peor, de ignorantes del objeto por que luchaban; decíase que sólo eran chusmas afectas al robo, prontas a cometer todo género de depredaciones e infamias. Para contrarrestar este pesimismo, desde que empezaron a evacuar la plaza los constitucionalistas; los partidarios de la Convención, rectificando asimismo sus antiguas opiniones respecto a los zapatistas, se entregaron a la tarea de desvirtuar tan desfavorables conjeturas, procurando inspirar confianza y optimismo, asegurando que ya al llegar las fuerzas surianas a la capital, demostrarían con su conducta, respetando vidas e intereses e impartiendo garantías, lo calumniados que habían sido sus hombres, y el falso concepto en que desgraciadamente se les había tenido desde que se lanzaron a la lucha en las postrimerías del gobierno porfirista.

El día anterior, poco después de salir de la ciudad la caballería del general Blanco, cuya retaguardia fue atacada cerca de Tacubaya por tropas del general zapatista Francisco V. Pacheco y obligada a batirse en retirada, había corrido el alarmante rumor, que cada vez más insistente había ido tomando cuerpo hasta darle proporciones catastróficas, referente a que el papel-moneda declarado de curso forzoso y que era también lo único que ya por entonces circulaba, puesto que la moneda metálica casi totalmente había desaparecido, no tendría valor alguno cuando entrara el Ejército Libertador, quien indudablemente como no había emitido ninguno, se concretaría a obligar se aceptara el de la Convención, que no era otro sino el emitido por la División del Norte, esto es "dos caritas" y "sábanas". Además, suponíase que al día siguiente, es decir, dentro de algunas horas, cuando los zapatistas se posesionaran de la ciudad, y desde luego, desconocieran todos los actos del señor Carranza, estallaría el conflicto ¡y qué conflicto!, y ante todas esta amargas consideraciones, lo crítico de la situación y el principio de una nueva serie de calamidades y sufrimientos más penosos que los pasados, nadie conciliaba el sueño, encontrándonos todos poseídos de infinita congoja e incertidumbre.

*
* *

Al amanecer vióse que el cielo era de un color opalino y mucha la neblina que había en las calles. El frío azotaba intenso y cortante. Las sirenas de las fábricas no llamaban a sus trabajadores, ni el estrepitoso rodar de los carros lecheros con el estridente silbido de sus conductores se dejaba escuchar; tampoco el ruido de los trenes eléctricos y los coches, pues desde el día anterior, a temprana hora, dejaron de circular; sólo las campanas de algunos templos llamando a

los creyentes a sus cotidianos rezos, rompían la solemnidad del silencio.

Hacía ya días, desde que los zapatistas cortaron el caudal de agua potable y el Ayuntamiento abandonara el servicio de limpia, que las porteras y vecinos volcaban a media calle sus botes de basura, formando grandes montículos que cuando no se les incineraba, lo que producía molesta humadera, eran desparramados por los ociosos o por los chicos traviesos, presentando calles y plazuelas un desolador aspecto de incuria e inmundancia.

Los primeros rayos del sol, encontraron a la ciudad escasamente pratullada por pequeños destacamentos que, como ya antes dije, durante la noche entraron, así como en los semblantes de los habitantes las huellas del insomnio, reflejándose en su mirada la duda y el desaliento.

Los vecinos desconfiados empezaron a salir de sus casas e invadieron calles y plazuelas entregábanse a comentar los sucesos acaecidos, cambiando impresiones de la siguiente manera: "¿A qué horas entrará el grueso de las tropas zapatistas? ¿Qué pasara con los billetes, circularán? ¿Ahora sí ya irá a haber agua? ¿Cuándo llegarán Villa y el presidente Gutiérrez? ¿Y los «carranclanes», no contramarcharán a combatir? "Preguntas todas estas como se comprenderá, de vital importancia, pero que desgraciadamente, eran de difícil contestación, ya que ésta la daría el curso de los acontecimientos.

El comercio en general permanecía cerrado, sólo en unos cuantos "puestos" del interior de los mercados haciánse pequeñas transacciones, pero en moneda metálica, pues los billetes eran rechazados. El zócalo como de costumbre, convirtióse en punto de reunión dirigiéndose a él muchas personas en busca de noticias. En los portales de las Flores y del Ayuntamiento, así como en los patios de ambos palacios, encontrábanse ya acampadas haciendo gran algazara muchas mujeres zapatistas. Grupos de personas comentaban entre estrepitosas carcajadas, los pasquines escritos en máquina que la noche anterior fueran fijados en los muros del Palacio Nacional por los partidarios del villismo y que copiados circulaban de mano en mano. Decían así:

De las barbas de Carranza
Voy a hacer una toquilla
Pa' ponérsela al sombrero
Del general Pancho Villa.

*

No te firmes Venustiano
Fírmate Venus no más;

> *Porque si pones el ano*
> *En tu salud lo hallarás.*

*

Adivinanza:

> *Un astro muy luminoso,*
> *Un pariente muy cercano*
> *Y un adverbio de negación,*
> *Han fregado a la Nación.*

Solución: Venustiano.

*

> *Mi primera con segunda es un planeta,*
> *Mi tercera, es la hermana de mi madre,*
> *Mi cuarta una negación,*
> *Y el todo, un hijo de la...trompada.*

Solución de la anterior charada: Venus-tia-no.

*

> *De las barbas de Carranza*
> *Voy a hacer un buen...chirrión.*
> *Para pegarle en...la panza,*
> *a don Bárbaro Ladrón (Alvaro Obregón).*

Anagrama hecho con las letras del nombre y apellido del primer jefe:

Vi un Satanás en Carroza

Todos deseaban vivamente conocer al general Emiliano Zapata, caudillo del Ejército Libertador, enérgico rebelde de los campos, el más decidido campeón del agrarismo, al general Genovevo de la O, que tanto renombre había adquirido; y a los no menos famosos Francisco Mendoza, Otilio Montaño, Jesús Capistrán, Eufemio Zapata, Fortino Ayaquica y Francisco V. Pacheco. Sus partidarios, que ya eran bastantes, propagaban sus virtudes, atribuyéndoles las de no ser altaneros, ni camorristas como los "carranclanes", sino que además de ser tratables, eran sinceros paladines de las revindicaciones del peonaje rural, así como los verdaderos guerrilleros mexicanos, hasta en su indumentaria, que nada tenía de exótica, pues —decían— además de que jamás han entrado en tratos con los "gringos" en el inmoral "cambalache de pieles y productos mineros robados, por armas y parque introducidos de contrabando, tampoco han renegado de las costumbres nacionales, vistiéndose de mamarrachos carnavalescos, como los "carranclanes", imitando a los vendidos por el general Santa Anna en el 47. (Texanos).

Las armas y parque que poseen —continuaban diciendo— los han adquirido quitándoselos al enemigo; además, ellos reponen sus municiones, fabricándolas, lo mismo que las bombas explosivas; de calidad inferior y corto alcance, es verdad, pero ellos las hacen. Además, son los representantes genuinos del combatiente mexicano, que se mantiene llegado el caso, solamente con raíces, pero jamás se "achicopala". Son parlanchines y decidores y buenas "reatas", no acostumbran valerse de la borrachera, como los "carranclanes", para abusar, "payasear" y disparar balazos "no más a ojo" contando para ello con la más descarada impunidad.

Los díceres, opiniones y comentarios eran cada vez más animados, no ya en los grupos aislados, sino generalizándose de tal manera, que hasta los recelosos que no habían querido salir de sus casas a hora temprana, ya muy confiados, llegaban a última hora atraídos por la irresistible curiosidad de ver e inquirir y saberlo todo, tomaban acaloradamente participación en ellos.

¿Con qué ahora resulta, que los zapatistas son abnegados y desinteresados patriotas que bravamente luchaban por el mejoramiento y redención del campesino y que todo lo malo que de ellos se ha dicho y publicado, no ha sido sino una vil calumnia?

Muchas personas hacían a "sotto-voce" esas irónicas reflexiones, pero como la opinión general les era a los zapatistas altamente favorable, y como por otra parte era peligroso opinar de modo diferente, y teniendo prudentemente en cuenta aquello de que "al buen callar llaman Sancho", y esto otro, "no es el león tan fiero como lo pintan", pero sobre todo, por lo que pudiera ocurrir, la mayor parte, para abstenerse de seguir en tan atrevidas apreciaciones, optaba cuerdamente por aquello de "más vale creerlo que averiguarlo".

El día avanzaba. La aglomeración en la vetusta y pringosa plaza de San Lucas y antiguas calles del Rastro, era grandísima, la impaciencia crecía, repitiéndose todos la misma pregunta: "¿A qué hora llegarán?" Dado el punto por donde se encontraban los más fuertes contingentes del Ejército Libertador, suponíase que indudablemente efectuarían su entrada por la calzada de Tlalpan hacia el Palacio Nacional. El bullicio en las calles convergentes hacia ese rumbo, era crecido así como el número de los que querían —aun cuando entraran los carrancistas— aclamar y aplaudir al general Zapata, que imaginaban se presentaría a la cabeza de las bravas huestes surianas.

A pesar de que todavía no circulaban trenes ni coches y la agitación por adquirir comestibles era intensa, la aglomeración en la calzada de San Antonio Abad, calles del Rastro, Jesús y Flamencos (hoy todas ellas Pino Suárez), y el Zócalo era bastante. Los balcones, ventanas y azoteas de las casas, así como las aceras de las mencionadas calles encontrábanse llenas de curiosos.

Repentinamente, entre aquella multitud una grata noticia empezó a correr de boca en boca, reflejándose en los semblantes íntima satisfacción y contento: "¡ya hay agua!" exclamaban, gustosos por tal acontecimiento.

Por lo demás, hay que hacer notar, que la inmensa mayoría de la población, desconfiaba porque se retardaba el restablecimiento del orden; cansada de las calamidades pasadas, intranquila por lo que estaba pasando, y aún más por las penalidades que se presentían con la lucha que empezaba, pero sobre todo grandemente preocupada por la escasez de víveres, maldito el caso, que hacía de la entrada de los zapatistas calificada de antemano, a pesar del optimismo de sus partidarios, de ser peores que los carrancistas.

Pero para los que aguardaban la entrada, el entusiasmo llegaba al frenesí, excitándose aún más cuando observaron que del fondo de la calzada, avanzaba entre una tolvanera la extrema vanguardia del Ejército Libertador.

No veían a la descubierta una banda de tambores y clarines precedida de su respectiva música, como cuando entró el Cuerpo de Ejército del Noroeste, no; era una descubierta de charros montados en caballos de regular estampa, vestidos conforme a la legendaria costumbre de los guerrilleros, esto es, tocados con sombrero de pelo o palma de anchas alas, chaquetas con alamares o blusa guayabera, pantalón ajustado con botonadura de plata o "tarugos" de hueso, calzado de cuero recio, pistola al cinto pendiente de su respectiva canana, carrilleras de parque máusser que transversalmente les bajaban de los hombros. Las monturas estaban muy maltratadas, no eran bordadas, ni los fustes lucían chapetones, fustes y tejas cinceladas, ni las cantinas estaban sujetas a las mantillas con largos y flexibles tientos y cubiertas además con baquerillos de chivo menos las cabezadas, frenos, estribos, espuelas y adornos de los correones eran amozoqueños. Todos ellos llevaban sendos machetes costeños en vaina de cuero crudo o de baqueta, atravesados en la montura así como flamantes máuseres a la bandolera. Este grupo era el Estado Mayor del general Everardo González, quien confundido entre él, apenas se le distinguía. Seguían las tropas de infantería, éstas no desfilaban por columnas cerradas de diez, o quince en fondo, marcando el paso y con aire marcial, sino en una confusión abigarrada, en pelotera, levantando al andar grandes nubes de polvo, amontonándose en derredor de guías que situados escalonadamente a distancia tocaban tan fuertemente un enorme cuerno, que semejaba una especie de bramido de toro o rugido de fiera en celo, lo cual producía un ingrato efecto. En seguida venía la caballería desfilando en el mismo aspecto de chusma que la infantería; muchos eran los que cabalgaban en esqueléticos jamelgos llevando nada más a manera de silla, el fuste sobre un costal que hacía veces de mantilla, y en lugar de arzones una lazada donde metían los pies a guisa de estribos; otros cabalgaban en machos o acémilas y algunos en burros. No traían artillería. El armamento era disímbolo; los más portaban máusser, otros 30-30 y muy pocos tercerolas y *remingtons*. También eran pocos los que traían el parque en carrilleras, pues casi todos traínlo en tanicos de ixtle. Muchos cubríanse con sombreros confeccionados con trencilla de palma, de copa puntiaguda y anchas alas, aunque el de la mayoría era de soyate. El pantalón usábanlo únicamente unos cuantos, lo mismo que el vestuario que ya he descrito anteriormente, pues lo más generalizado era el calzón y la camisa de manta y huaraches.

En sus fisonomías no se reflejaba la satisfacción y el orgullo propio del vencedor, de aquel que por fin, después de cruentos sacrificios y de sufrir hambres, inclemencias del tiempo, grandes caminatas, zozobras infinitas, abandono de afectos y comodidades, así como de poner constantemente en peligro su propia vida, llega victorioso a la ciudad objeto de sus ansias y que ha creído conquistar poniendo a contribución su valor, fe, abnegación y enérgico espíritu combativo; lejos de eso, manifestaban en sus terrosos, tristes y fatigados semblantes de parias, de eternos oprimidos y explotados, humildad y resignación. Tal parecía que no eran ellos los incansables batalladores que habían puesto muchas veces en jaque a los "pelones" y a los "carranclanes", disputándoles palmo a palmo, denodada y heroicamente el territorio suriano, haciéndoles que tanto a unos como a otros les "temblaran las corvas" y les "castañearan los dientes" de pavor, sólo al escuchar el terrible eco del cuerno rebotando entre las abruptuosidades de las montañas.

Grande era el número de jóvenes, casi niños, que venían armados entre ellos como combatientes, lo que es más, también venían mujeres muy jóvenes y algunas de ellas muy hermosas (teniendo en cuenta las características de la raza), vestidas de hombres, igualmente como combatientes. Todos ellos eran de mediana estatura (como casi todos los habitantes de la Mesa Central y parte Sur del Territorio nacional), con sus caras tostadas por el sol y curtidas por las inclemencias del tiempo, con los rasgos propios de las razas aborígenes; contados eran los barbados, aunque casi todos estaban greñudos y mugrientos, con chorretes de sudor en las mejillas; dándoles su escasa y nada limpia vestimenta, el miserable aspecto de andrajosos. Muchos hablaban en idioma mexicano u otros dialectos, pero ya muy impuros y la mayoría en un pésimo castellano salpicado de modismos y picardías regionales, incomprensibles para los capitalinos.

Cuando las tropas llegaron a la altura de la plaza de San Lucas y avanzaron por las antiguas calles del Rastro para seguir por las de Flamencos, los espectadores empezaron a aclamarlos entusiásticamente arrojándoles flores y confeti así como numerosas serpentinas; de los balcones, ventanas y azoteas los saludaban agitando los pañuelos. Los grupos caminaban desordenadamente, unos aprisa, despacio otros, produciéndose lamentable confusión entre infantes y montados. Los infantes llevaban el arma a la bandolera, pendiente del portafusil que era de jarcia y por mochila un ayate enrollado del cual pendía una cobija, un guajito que hacía las veces de cantimplora y un morral en el cual traían, además del parque, su "itacate", consistiendo éste, bien en gorditas, totopos, o maíz tostado. No se oía ni un redoble de tambor ni un toque de clarín, sólo los guías continuaban produciendo con el cuerno un sonido parecido al escalofriante mugido del jaguar, que tanto pánico había causado en sus contrarios y tan ingratamente retumbaba en sus oídos.

No traían más que dos o tres banderas tricolores de tela de algodón con sus colores muy desteñidos en astas de carrizo, y un estandarte grande, tomado seguramente de algún templo pueblerino, con la imagen Guadalupana, formando un conjunto como de 4,000 hombres los que entraron por ahí, aunque en esa misma hora y por diferentes rumbos, los hicieron partidas de 200 o 300 hombres.

Casi todos traían colgando del cuello, escapularios, medidas, rosarios, cordones con medallitas, relicarios y amuletos, consistiendo estos últimos en ojos de venado para evitar "el mal de ojo" y piedra imán para provocar el amor. También traían prendidos en la copa del sombrero, efigies de santos muy especialmente los de la Virgen de Guadalupe, del Señor de Chalma y Nuestra Señora de los Remedios.

Todo el mundo se preguntaba cuál era el general Zapata, al que querían reconocer por los grandes bigotes con que siempre salía en los retratos que la prensa había publicado, lamentando no haberlo distinguido. El general Evelardo González, que como ya dije, pasaba desapercibido entre los miembros de su Estado Mayor, agradecía los agasajos que le tributaban, descubriéndose ligeramente, saludando al público que los aclamaba y aplaudía.

Cuando las tropas llegaron al zócalo y la mayoría de ellas entraron al Palacio Nacional, muchos de sus partidarios que se hallaban en las torres de Catedral, repicaron las campanas en señal de regocijo.

El comercio, excepto el de los mercados, continuaba cerrado, pero en las primeras horas de la tarde y cuando ya de una manera cierta se supo que habían sido nombradas en una junta de jefes surianos las nuevas autoridades de la ciudad quedando el general Vicente Navarro, de gobernador del Distrito; inspector general de Policía, el coronel Gabriel Saldaña; jefe de las Comisiones de Seguridad, Gustavo Pérez Figueroa, y jefe de la Gendarmería de a pie, el coronel Abel Serratos, así como el general Antonio Barona, comandante militar de la Plaza, quien dio a conocer de una manera categórica la disposición de que por acuerdo emanado de la Convención, quedaba prohibida estrictamente la circulación del papel-moneda emitido en México por la ex Primera Jefatura del Ejército Constitucionalista, quedando únicamente para su aceptación los llamados "coraditos", "dos caritas" y "sábanas", e igualmente los que en lo sucesivo emitiera el gobierno de la Convención, hasta entonces abrió, exigiendo de los compradores en pago de sus mercancías, monedas metálicas o bien de las emisiones últimamente citadas.

El distinguido intelectual Jesús Silva Herzog, expresó hace más de tres décadas, la significación del gran combatiente por la reforma agraria, al indicar que "Zapata, dígase lo que se diga, representa en la historia de México, la protesta del indio burlado en todas las revoluciones; la noble, la santa protesta de toda raza infeliz y desdichada. Zapata es y será el símbolo del agrarismo en México, el símbolo de un alto ideal. Cuando pasen algunos años, muy pocos quizás, los hijos de los que ahora le maldicen irán a depositar coronas de gratitud a la tumba del héroe".

Por esos mismos años, el estudioso norteamericano Frank Tannenbaun, que ha calado profundamente en los problemas más importantes de nuestro país, afirmó: "Este caudillo indígena ha llegado a ser un ejemplo de orgullo y de protesta en México y representa hoy la influencia singular más poderosa en la formación del programa agrario de la Revolución. Nadie ha sido más vilipendiado ni más odiado; ninguno quizá tan amado y seguido como Zapata y ningún otro dirigente mexicano ha dejado una impronta tan profunda en la Revolución. Desde mil novecientos diez Zapata luchó contra Díaz, contra Madero, contra Huerta y contra Carranza. Al fin, lo mató un enviado de Carranza en abril de 1919. Todavía hoy, los indios surianos se reúnen en Cuautla, donde Zapata yace enterrado, y convierten en santuario su tumba. Todavía hoy, dicen al viajero que el espíritu de Zapata vaga de noche por las montañas para cuidar a los indios. Dicen también que volverá si los tratan mal". *(The Mexican Agrarian Revolution,* New York, 1929).

Después de los anteriores juicios, emitidos desde los ángulos más diversos del pensamiento, sólo cabe recordar las palabras de "Miliano", como lo siguen llamando los indios, cuando convencido de que la lucha inicial de 1910 tenía que ser continuada, dirigió al prócer del *Sufragio Efectivo:* "que sepa el señor Madero, y con él todo el mundo, que no depondremos las armas mientras no nos pongan en posesión de los ejidos de nuestros pueblos; y estas santas aspiraciones justificarán ante la historia nuestra actitud".

PLAN DE AYALA

Plan libertador de los hijos del Estado de Morelos, afiliados al Ejército Insurgente que defiende el cumplimiento del Plan de San Luis, con las reformas que ha creído conveniente aumentar en beneficio de la Patria Mexicana.

Los que suscribimos, constituidos en Junta Revolucionaria para sostener y llevar a cabo las promesas que hizo al país la Revolución de 20 de noviembre de 1910, próximo pasado, declaramos solemnemente ante la faz del mundo civilizado que nos juzga y ante la Nación a que pertenecemos y amamos, los propósitos que hemos formulado para acabar con la tiranía que nos oprime y redimir a la Patria de las dictaduras que se nos imponen las cuales quedan determinadas en el siguiente Plan:

1o. Teniendo en consideración que el pueblo mexicano, acaudillado por don Francisco I. Madero, fue a derramar su sangre para reconquistar libertades y reivindicar derechos conculcados, y no para que un hombre se adueñara del poder, violando los sagrados principios que juró defender bajo el lema de "Sufragio Efectivo y No Reelección", ultrajando así la fe, la causa, la justicia y las libertades del pueblo; teniendo en consideración que ese hombre a que nos referimos es don Francisco I. Madero, el mismo que inició la precitada Revolución, el que impuso por norma gubernativa su voluntad e influencia al Gobierno Provisional del ex Presidente de la República licenciado Francisco L. de la Barra, causando con este hecho reiterados derramamientos de sangre y multiplicadas desgracias a la Patria de una manera solapada y ridícula, no teniendo otras miras, que satisfacer sus ambiciones personales, sus desmedidos instintos de tirano y su profundo desacato al cumplimiento de las leyes preexistentes emanadas del inmortal Código de 57, escrito con la sangre revolucionaria de Ayutla.

Teniendo en cuenta que el llamado Jefe de la Revolución Libertador de México don Francisco I. Madero, por falta de entereza y debilidad suma, no llevó a feliz término la Revolución que gloriosamente inició con el apoyo de Dios y del pueblo, puesto que dejó en pie la mayoría de los poderes gubernativos y elementos corrompidos de opresión del Gobierno Dictatorial de Porfirio Díaz, que no son ni pueden ser en manera alguna la representación de la Soberanía Nacional, y que, por ser acérrimos adversarios nuestros y de los principios que hoy defendemos, están provocando el malestar del país y abriendo nuevas heridas al seno de la Patria para darle a beber su propia sangre; teniendo también en cuenta que el supradicho señor don Francisco I. Madero, actual Presidente de la República, trata de eludirse del cumplimiento de las promesas que hizo la Nación en el Plan de San Luis Potosí, siendo las precitadas promesas postergadas a los convenios de Ciudad Juárez; ya nulificando, persiguiendo, encarcelando o matando a los elementos revolucionarios que le ayudaron a que ocupara el alto puesto de Presidente de la República, por medio de las falsas promesas y numerosas intrigas a la Nación.

Teniendo en consideración que el tantas veces repetido Francisco I. Madero, ha tratado de acallar con la fuerza bruta de las bayonetas y de ahogar en sangre a los pueblos que le piden, solicitan o exigen el cumplimiento de las promesas de la Revolución, llamándoles bandidos y rebeldes, condenándolos a una guerra de exterminio, sin conceder ni otorgar ninguna de las garantías que prescribe la razón, la justicia y la ley; teniendo igualmente en consideración que el Presidente de la República Francisco I. Madero, ha hecho del Sufragio Efectivo una sangrienta burla al pueblo, ya imponiendo contra la voluntad del mismo pueblo, en la Vicepresidencia de la República, al licenciado José María Pino Suárez, o ya a los gobernadores de los Estados, designados por él, como el llamado general Ambrosio Figueroa, verdugo y tirano del pueblo de Morelos; ya entrado en contubernio escandaloso con el partido científico, hacendados-feudales y caciques opresores, enemigos de la Revolución proclamada por él, a fin de forjar nuevas cadenas y seguir el molde de una nueva dictadura más oprobiosa y más terrible que la de Porfirio Díaz; pues ha sido claro y patente que ha ultrajado la soberanía de los Estados, conculcando las leyes sin ningún respeto a vida ni intereses, como ha sucedido en el Estado de Morelos y otros, conduciéndonos a la más horrorosa anarquía que registra la historia contemporánea.

Por estas consideraciones declaramos al susodicho Francisco I. Madero, inepto para realizar las promesas de la Revolución de que fue autor, por haber traicionado los principios con los cuales burló la voluntad del pueblo y pudo escalar el poder; incapaz para gobernar y no tener ningún respeto a la ley y a la justicia de los pueblos, y traidor a la Patria, por estar a sangre y fuego humillando a los mexicanos que desean libertades, a fin de complacer a los científicos, hacendados y caciques que nos esclavizan; y desde hoy comenzamos a continuar la Revolución principiada por él, hasta conseguir el derrocamiento de los poderes dictatoriales que existen.

2o. Se desconoce como Jefe de la Revolución al señor Francisco I. Madero y como Presidente de la República, por las razones que antes se expresan, procurándose el derrocamiento de este funcionario.

3o. Se reconoce como jefe de la Revolución Libertadora al C. general Pascual Orozco, segundo del caudillo, don Francisco I. Madero, y en caso de que no acepte este delicado puesto, se reconocerá como Jefe de la Revolución al C. General don Emiliano Zapata.

4o. La Junta Revolucionaria del Estado de Morelos manifiesta a la Nación, bajo formal protesta, que hace suyo el Plan de San Luis Potosí, con las adiciones que a continuación se expresan en beneficio de los pueblos oprimidos, y se hará defensora de los principios que defienden hasta vencer o morir.

5o. La Junta Revolucionaria del Estado de Morelos no admitirá transacciones ni componendas hasta no conseguir el derrocamiento de los elementos dictatoriales de Porfirio Díaz y de Francisco I. Madero, pues la Nación está cansada de hombres falsos y traidores que hacen promesas como libertadores y al llegar al poder, se olvidan de ellas y se constituyen en tiranos.

6o. Como parte adicional del Plan que invocamos, hacemos constar: que los terrenos, montes y aguas que hayan ursupado los hacendados, científicos o caciques a la sombra de la justicia venal, entrarán en posesión de esos bienes inmuebles desde luego, los pueblos o ciudadanos que tengan sus títulos, correspondientes a esas propiedades, de las cuales han sido despojados por mala fe de nuestros opresores, manteniendo a todo trance, con las armas en las manos, la mencionada posesión, y los usurpadores que se consideren con derecho a ellos lo deducirán ante los tribunales especiales que se establezcan al triunfo de la Revolución.

7o. En virtud de que la inmensa mayoría de los pueblos y ciudadanos mexicanos no son más dueños que de el terreno que pisan sin poder mejorar en nada su condición social ni poder dedicarse a la industria o a la agricultura, por estar monopolizadas en unas cuantas manos, las tierras, montes y aguas; por esta causa, se expropiarán, previa indemnización, de la tercera parte de esos monopolios, a los poderosos propietarios de ellos, a fin que los pueblos y ciudadanos de México, obtengan ejidos, colonias, fundos legales para pueblos o campos de sembradura o de labor y se mejore en todo y para todo la falta de prosperidad y bienestar de los mexicanos.

8o. Los hacendados, científicos o caciques que se opongan directamente o indirectamente al presente Plan, se nacionalizarán sus bienes y las dos terceras partes que a ellos correspondan, se destinarán para indemnizaciones de guerra, pensiones de viudas y huérfanos de las víctimas que sucumban en las luchas del presente Plan.

9o. Para ejecutar los procedimientos respecto a los bienes antes mencionados, se aplicarán las leyes de desamortización y nacionalización, según, convenga, pues de norma y ejemplo, pueden servir las puestas en vigor por el inmortal Juárez a los bienes eclesiásticos, que escarmentaron a los déspotas y conservadores que en todo tiempo han querido imponernos el yugo ignominioso de la opresión y el retroceso.

10o. Los jefes militares insurgentes de la República que se levantaron con las armas en las manos a la voz de don Francisco I. Madero, para defender el Plan de San Luis Potosí y que se opongan con fuerza al presente Plan, se juzgarán traidores a la causa que defendieron y a la patria, puesto que en la actualidad muchos de ellos por complacer a los tiranos, por un puñado de monedas o por cohechos o soborno, están derramando la sangre de sus hermanos que reclaman el cumplimiento de las promesas que hizo a la nación don Francisco I. Madero.

11o. Los gastos de guerra serán tomados conforme al artículo XI del Plan de San Luis Potosí, y todos los procedimientos empleados en la Revolución que emprendemos, serán conforme a las instrucciones mismas que determina el mencionado Plan.

12o. Una vez triunfante la Revolución que llevamos a la vía de la realidad, una junta de los principales jefes revolucionarios de los diferentes Estados, nombrará o designará un Presidente interino de la República, que convocará a elecciones para la organización de los poderes federales.

13o. Los principales jefes revolucionarios de cada Estado, en junta, designarán al gobernador del Estado a que correspondan, y este elevado funcionario, convocará a elecciones para la debida organización de los poderes públicos, con el objeto de evitar consignas forzosas que labren la desdicha de los pueblos, como la conocida consigna de Ambrosio Figueroa en el Estado de Morelos y otros, que nos condenan al precipicio de conflictos sangrientos sostenidos por el dictador Madero y el círculo de científicos hacendados que lo han sugestionado.

14o. Si el Presidente Madero y demás elementos dictatoriales del actual y antiguo régimen, desean evitar las inmensas desgracias que afligen a la patria, y poseen verdadero sentimiento de amor hacia ella, que hagan inmediata renuncia de los puestos que ocupan y con eso, en algo restañarán las graves heridas que han abierto al seno de la patria, pues de no hacerlo así, sobre sus cabezas caerán la sangre y anatema de nuestros hermanos.

15o. Mexicanos: considerad que la astucia y mala fe de un hombre está derramando sangre de una manera escandalosa por ser incapaz para gobernar; considerad que su sistema de Gobierno está agarrotando a la patria y hollando con la fuerza bruta de las bayonetas nuestras instituciones; y así como nuestras armas las levantamos para elevarlo al poder, las volvemos contra él por faltar a sus compromisos con el pueblo mexicano y haber traicionado la Revolución iniciada por él; no somos personalistas; ¡somos partidarios de los principios y no de los hombres!

Pueblo mexicano, apoyad con las armas en las manos este Plan y haréis la prosperidad y bienestar de la patria.

Libertad, Justicia y Ley. Ayala, Estado de Morelos, noviembre 25 de 1911.

General en jefe, *Emiliano Zapata,* rúbrica. generales: *Eufemio Zapata, Francisco Mendoza, Jesús Navarro, Otilio E. Montaño, José Trinidad Ruiz, Próculo Capistrán,* rúbricas. Coroneles: *Pioquinto Galis, Felipe Vaquero, Cesáreo Burgos, Quintín González, Pedro Salazar, Simón Rojas, Emigdio Marmolejo, José Campos, Felipe Tijera, Rafael Sánchez, José Pérez, Santiago Aguilar, Margarito Martínez, Feliciano Domínguez, Manuel Vergara, Cruz Salazar, Lauro Sánchez, Amador Salazar, Lorenzo Vázquez, Catarino Perdomo, Jesús Sánchez, Domingo Romero, Zacarías Torres, Bonifacio García, Daniel Andrade, Ponciano Domínguez, Jesús Capistrán,* rúbricas. Capitanes: *Daniel Mantilla, José M. Carrillo, Francisco Alarcón, Severiano Gutiérrez,* rúbrica, y siguen más firmas.

REFORMAS AL PLAN DE AYALA

Primero. Se reforma el artículo primero de este Plan en los términos que en seguida se expresan:
Artículo 1o. Son aplicables, en lo conducente, los conceptos contenidos en este artículo *al usurpador del poder público, general Victoriano Huerta,* cuya presencia en la Presidencia de la República acentúa cada día más y más su carácter contrastable con todo lo que significa ley, la justicia, el derecho y la moral, hasta el grado de reputársele mucho peor que Madero; y en consecuencia la Revolución continuará hasta obtener el derrocamiento del pseudo mandatario, por exigirlo la conveniencia pública nacional, de entero acuerdo con los principios consagrados en este Plan; principios que la misma Revolución está dispuesta a sostener con la misma entereza y magnanimidad con que lo ha hecho hasta la fecha, basada en la confianza que le inspira la voluntad suprema nacional.
Segundo. Se reforma el artículo tercero de este Plan, en los términos siguientes:
Artículo 3o. Se declara indigno al general Pascual Orozco, del honor que se le había conferido por los elementos de la revolución del Sur y del Centro, en el artículo de referencia; puesto que por sus inteligencias y componendas en el ilícito, nefasto, pseudogobierno de Huerta, ha decaído de la estimación de sus conciudadanos, hasta el grado de quedar en condiciones de un cero social, esto es, sin significación alguna aceptable; como traidor que es a los principios juramentados.
Queda, en consecuencia, reconocido como jefe de la Revolución de los principios condensados en este Plan el caudillo del Ejército Libertador Centro-Suriano general Emiliano Zapata.
Campamento Revolucionario en Morelos, mayo 30 de 1913.
El general en jefe, *Emiliano Zapata,* rúbrica. Generales: ingeniero *Angel Barrios, Otilio E. Montaño, Eufemio Zapata, Genovevo de la O., Felipe Neri, Cándido Navarro, Francisco V. Pacheco, Francisco Mendoza, Julio A. Gómez, Amador Salazar, Jesús Capistrán, Mucio Bravo, Lorenzo Vázquez,, Bonifacio García,* rúbricas. Coroneles: *Aurelio Bonilla, Ricardo Torres Cano, José Alfaro, José Hernández, Emigdio H. Castrejón, Jesús S. Leyva, Alberto Estrada, Modesto Rangel,* rúbricas. Teniente Coronel: *Trinidad A. Paniagua,* rúbrica. Secretario, *M. Palafox,* rúbricas.
Es copia auténtica de su original y la certifica *Emiliano Zapata,* rúbrica.

OTILIO MONTAÑO

El documento fundamental de la Reforma Agraria Mexicana en su etapa de lucha armada de los campesinos contra el antiguo régimen y los hacendados, es el Plan de Ayala, proclamado en el cuartel general zapatista, en el Estado de Morelos, el 25 de noviembre de 1911. Dice el artículo 7 del Plan: "Se expropiarán, previa indemnización de la tercera parte de esos monopolios, a los poderosos propietarios de ellos, a fin de que los pueblos y ciudadanos de México obtengan ejidos, colonias, fundos legales para pueblos o campos de sembradura o de labor y se mejoren en todo y para todo la falta de bienestar de los mexicanos". Era un maestro de escuela de pueblo, Otilio Montaño, cuya preparación se reducía a un superficial enciclopedismo ajeno a todo pensamiento teórico estructurado, y quien sentía como propio el malestar angustiado de los campesinos morelenses, encontraron éstos al redactor de su plan, en el que el concepto de la Reforma Agraria sólo es claro en un punto: la necesidad de dar tierra a los campesinos. Contradictoria y trágica habría de ser la carrera de Montaño dentro del panorama de la Revolución. Descorazonado por la nula acción agrarista del gobierno de Madero, engañado en cuanto a la verdadera fuerza de la efímera usurpación de Victoriano Huerta y carente de una noción clara de cuáles eran los horizontes revolucionarios, se rindió a la reacción de 1913. Más tarde, cuando todo el país era un campo de batalla contra el todavía poderoso antiguo régimen, representado por el ejército federal huertista, Montaño volvió a lanzarse a la lucha, reavivada la fe en la causa del pueblo, y figuró destacadamente en la administración surgida de la Convención de Aguascalientes. Ante ella dijo: "Aquí, señores, creo que el espíritu mexicano está firme y resuelto a llevar a todo trance al cabo la resolución del problema agrario, que en Roma no pudieron llevar a cabo los Gracos, a pesar de su heroísmo..." Sus antiguos compañeros, los campesinos zapatistas, jamás perdonaron a Montaño su sumisión a Huerta, en la cual encontraron motivos suficientes para declararlo traidor y fusilarlo en Tlaltizapán el 18 de marzo de 1917, día en que accidentalmente cayó en sus manos. (PAIM).

PANCHO VILLA

"Cuando todas aquellas providencias mías quedaron cumplidas, me dirigí rumbo a San Andrés. Rendimos la primera jornada en Santa Isabel, donde nos recibió el pueblo con demostraciones de muy buen cariño y vivas al señor Madero y al Ejército Libertador. Otro día siguiente continuamos nuestra marcha para San Andrés, distante de aquel otro pueblo unas nueve leguas. Llegamos a la una de la tarde. El vecindario nos recibió en las afueras de la población con expresiones de simpatía y muchas aclamaciones, y fue acompañándonos hasta dejarnos en los cuarteles que ya tenía dispuestos, en los cuales nos dio forraje para la caballada. Porque, según antes indico, los vecinos de San Andrés eran gente tan revolucionaria que todo cuando tenían estaban propensos a dar en favor de nosotros los hombres de la Revolución.

"Ocho días permanecimos allí sin que nada anormal nos ocurriera. Pasado ese tiempo recibí un propio del señor Francisco I. Madero, presidente provisional de la República Mexicana, el cual me mandaba decir que estaba en Bustillos, y que me trasladara yo sin mis fuerzas a esa hacienda, pero tomando antes mis mejores precauciones para evitar una sorpresa de los federales. Así lo hice. Efectué el viaje en seguida, y dos horas después estaba yo en la hacienda de Bustillos atento a ejecutar las órdenes que me diera el señor presidente

"Conforme llegue, él me recibió y me hizo objeto de un trato de amistad cariñosa tan justiciera que yo no la podría olvidar. Sus palabras contenían mucha consideración para mí. Cuando no me acariciaba con lo que expresaba en ellas, lo daba a entender en la suavidad del modo con que me estaba mirando. Sintiendo eso yo, pensaba en mí: «Este hombre es un rico que pelea por el bien de los pobres». Yo lo veo chico de cuerpo, pero creo que es muy grande su alma. Si fueran como él todos los ricos y poderosos de México, nadie tendría que pelear y los sufrimientos de los pobres no existirían, pues entonces todos estaríamos cumpliendo nuestro deber. Porque ¿cuál ha de ser la ocupación de los ricos sino trabajar por sacar de su miseria a los pobres? Así pensaba yo". (Martín Luis Guzmán, *Memorias de Pancho Villa*).

De manera tan sencilla ocurre uno de los encuentros más trascendentales para la historia de la Revolución Mexicana. Pancho Villa, el mexicano más conocido fuera de México en los días de la lucha armada, es un hombre común, de la gleba, que un día representará al brazo armado del pueblo, el más eficaz instrumento de la causa del pueblo, el caudillo a quien la plebe venera y a quien sus generales respetan. Preparado ya por las prédicas de don Abraham González, ilustre revolucionario chihuahuense, que supo comprender todo lo que iba a significar Villa para combatir la tiranía, percibió claramente el pensamiento de Madero, y sirvió como pocos, con lealtad inquebrantable, al hombre que primero se condujo como un inspirado, enfrentándose a una dictadura de más de treinta años, temible hasta para un Bernardo Reyes, feroz con el pueblo pero cobarde en el momento en que el Destino le dio una cita para la inmortalidad; y que después encabezó, tras las elecciones fraudulentas, el movimiento sedicioso del que estamos celebrando el primer cincuentenario.

El origen de la rebeldía de Villa se encuentra en los atropellos que sufría el pueblo de México, sobre todo el que habitaba en las regiones campestres. A merced de los terratenientes, de los caciques y explotado aun por aquellos que deberían haberle defendido, los elementos del clero, sufrían los peones toda clase de vejaciones y la explotación más inicua, derivada de un régimen económico anacrónico y caduco. Villa, nacido Doroteo Arango, fue él mismo víctima de esos atropellos, sufridos primero en su familia y después, cuando trató de convertirse en justiciero vengador, por las persecuciones de los "rurales", que era la policía encargada de guardar el orden y mantener los privilegios de los hacendados y de los políticos porfiristas. Bandolero tuvo que ser, cuatrero, asaltante, y aun tener que matar para evitar ser muerto. Pero, "bandolero divino" le llamó el poeta peruano Santos Chocano, y mejor que nadie lo expresa el cantar popular, el corrido anónimo que relata las hazañas de su máximo héroe de esa forma literaria:

"Nunca robaba a los pobres,
antes les daba dinero".

El anterior dato nos debe servir para comprender tan compleja personalidad. Para nosotros, es completa en apariencia, porque todas las fallas que se le señalan, todas las envidias de que ha sido víctima, por haber vencido a la tiranía huertista, su violencia, tienen fácil explicación si entendemos que Villa es la expresión popular más auténtica, el hombre más representativo de una clase oprimida y explotada secularmente. Cuatrocientos años de expoliación; lustros y decenios de persecución, un día se alzan airados en la pasión de un hombre. Ninguna revolución ha sido hecha con oraciones ni con palabras o hechos que revelen contenido pacífico. Todas ellas han tenido su etapa de violencia. Lo importante es saber si esa violencia tiene explicación y aun justificación. Si exceptuamos a los enemigos lógicos de Villa, los que aprovecharon sus triunfos, los que capitalizaron las victorias y que es muy explicable que traten de opacar su personalidad, nos encontramos que los adversarios de hoy, son los siempre enemigos del pueblo mexicano: sus explotadores, sean del campo o de la ciudad. Y los representativos o voceros de esos explotadores. Villa tiene que luchar mucho todavía para que su prestigio alcance la altura que merece. Pero la historia se va hilvanando, haciendo a un lado las mentiras y dejando paso a la verdad. Día a día se reinvindica su memoria; y si hace algunos años, vergonzosamente se le puso el nombre de División del Norte a una de nuestras principales avenidas, para omitir el nombre del Centauro del Norte; si un día el gran escultor Ingnacio Asúnsolo, tuvo que velar el rostro del gran guerrillero norteño, para que fuese uno de tantos dorados, y no la vigorosa imagen de Villa, no pasará mucho tiempo para que en las principales ciudades su nombre se ponga a algunas avenidas, y para que su estatura se levante orgullosa ente la admiración del pueblo. Mientras tanto, su mejor monumento, como dijo Martín Luis Guzmán, será la obra literaria de este gran escritor*.

No es la oportunidad de señalar las peripecias de su vida antes de lanzarse a la Revolución. En la leyenda y en la historia han sido ya relatadas en diversas épocas. Sólo queremos apuntar que, seguidor de Abraham González, es de los primeros maderistas y desde el principio de las hazañas bélicas su nombre aparece asociado a los principales acontecimientos. Entre ellos, la toma de Ciudad Juárez, que decidió la caída del Dictador Porfirio Díaz, y en la que los méritos corresponden, tanto a Pascual Orozco, como al propio Villa.

Al triunfo maderista, Villa se inicia en actividades privadas. Invitado por Orozco para rebelarse contra Madero, a quien acusaba de no cumplir con los postulados enarbolados por la Revolución, rechaza esa invitación y permanece leal al presidente demócrata. Ayuda a Victoriano Huerta a combatir a los orozquistas, y el futuro asesino y tirano está a punto de fusilarle, mandándole preso a la ciudad de México. Dentro de la penitenciaría el gran guerrillero se dedica a aprender desesperadamente todo lo que puede de la vida de México, en particular su historia, de la que lee numerosos volúmenes. Y un día, escapa, marcha a Guadalajara, Colima, Manzanillo, Mazatlán, Nogales y cruza la frontera. Se encuentra con Maytorena antes de entrar en Estados Unidos. El gobernador sonorense le ayuda económicamente y le alienta en la lucha que en aquellos momentos pare-

---

* Al imprimirse la 2a. edición de este libro puede afirmarse con satisfacción que nuestras afirmaciones y precisiones se han cumplido: en el cruce de las avenidas Universidad, División del Norte y Cuauhtémoc, se levanta airosa la estatua ecuestre de Pancho Villa.

ce confusa. Al lado de las noticias de su fuga, Villa encuentra las de la situación anómala de la política nacional. No es por demás recordar aquí el nombre de Carlos Jáuregui, el empleado de la penitenciaría que ayuda a Villa en su fuga y que en lo sucesivo estará vinculado con el guerrillero.

Apenas en Estados Unidos, Villa hace nuevamente fe de profesión maderista, lealtad que no le perdonan sus denigradores. Le escribe a don Abraham González, avisándole de su llegada al Paso: "Don Abraham, estoy sano y salvo en El Paso, Texas. Aquí me tiene a sus órdenes. Soy el mismo Pancho Villa que ha conocido usted en otras épocas, sin pensar mal de los míos y muy sufrido en la desgracia. Déle usted cuenta de mis hechos al señor Presidente de la República y dígale cómo yo que si soy hombre nocivo para mi país, estoy propuesto a vivir en los Estados Unidos de América, para que el gobierno que representa él no sufra por mi causa; y que si me necesita él alguna vez, estoy dispuesto a servirlo como siempre. Comuníquele también cómo le van a dar un cuartelazo, pues a mí me ofrecieron ponerme libre si secundaba dicho movimiento; pero no habiendo querido yo pertenecer a la traición, decidí conseguir mi libertad a costa de mi vida; que viva seguro que los hombres del gabinete no lo han de favorecer, y que yo soy fiel, y que el tiempo tanto cubre como descubre. Y a usted, don Abraham, le digo en lo particular que me permita ir a hacerme cargo de las fuerzas voluntarias del Estado, para favorecerlo, pues estamos perdidos".

Don Abraham, hombre de buena fe hasta lo increíble, tanto o más que Madero, pues en ambos era inconcebible la traición humana, no atiende el requerimiento. Le dice que espere en el extranjero mientras solucionan algunas cuestiones pendientes. Entre tanto, en El Paso van llegando las noticias de los acontecimientos de la capital mexicana: LA GUARNICION REBELDE PONE EN LIBERTAD A FELIZ DIAZ Y AL GENERAL BERNARDO REYES... EL GENERAL BERNARDO REYES ES MUERTO EN EL ATAQUE A PALACIO... HUERTA TOMA EL MANDO DE LAS TROPAS LEALES... LAS MISIONES EXTRANJERAS PROTEGEN A SUS SUBDITOS... Y un día de aquellos que la historia mexicana ha recogido con el nombre de Decena Trágica, Madero es asesinado.

Villa, que ya se estaba preparando para cualquier eventualidad, recurre nuevamente al auxilio de Maytorena y cruza la frontera con ocho hombres: "Crucé el río por los Partidos, paraje que así se nombra, atravesando la línea fronteriza como a las nueve de la noche yo y mis ocho hombres, todos armados y montados. Los nombres de aquella primera gente mía los voy a expresar: Manuel Ochoa, hoy teniente coronel; Miguel Saavedra, hoy mayor; Darío Silva, hoy capitán segundo; Carlos Jáuregui, hoy subteniente; Tomás N., hoy finado, fusilado por la Federación; Juan Dozal, hoy coronel; Pedro Septién, muerto en la toma de Torreón; otro de nombre que no me recuerdo, y yo, Pancho Villa, hoy Jefe de la División del Norte.

"Salimos y caminamos toda la noche, y fuimos a almorzar al Ojo de Samalayuca. Seguimos caminando. A las siete de aquella noche nos paramos cerca de las Amarguras, punto que así se llama. A los tres días estábamos en la hacienda del Carmen. A los cinco días estábamos en la hacienda del Jaciento, cerca de Rubio. A los siete días estábamos en San Andrés". *(Memorias)*.

En esta forma, en una obscura noche sin luna y sin estrellas, bajo el cobijo encubridor de una neblina intensa, por la arena de una isla pequeña, que en esa parte del río Bravo ocasiona dos vados, un grupo de jinetes atraviesa la noche, penetra en territorio mexicano e inicia una carrera que habrá de asombrar al mundo, y hará que los rápsodas populares encuentren su héroe ideal: los corridos más famosos, los cantares donde la queja popular o la protesta airada se levanten ante la explotación, serán los temas que Pancho Villa, el más perseverante y batallador por la causa del pobre en nuestro país, anime, darán pie a la leyenda, a la fábula, al fantasear de propios y extraños. François Vilá, será el personaje más conocido en Francia; y cerca de cuatro décadas después de realizadas sus hazañas, sigue siendo tema de interés de curiosidad y de interrogantes. Y en Italia son también numerosas las preguntas acerca de Panko Vila, héroe fantástico en aquel país donde tantos defensores de los pueblos han recibido también el nombre de bandoleros. A partir de 1910 y quiéranlo o no los historiadores que adulan al vencedor, los investigadores de gabinete, para quienes el sentir popular y los problemas sociales no existen, los mexicanos más universales son Pancho Villa y Lázaro Cárdenas.

Mientras la política internacional se definía y Carranza titubeaba, Villa inicia la formación de los ejércitos que habrán de llevar el triunfo a la Revolución, y que irán situando las señales victoriosas de la División del Norte. Al terminar 1913 Ciudad Juárez y Chihuahua han caído en manos de los villistas, los revolucionarios de Chihuahua, Coahuila y Durango nombran jefe de la División del Norte a Pancho Villa; nombres que la historia hará famosos: Toribio Ortega, Juan N. Medina, Rodolfo Fierro, Maclovio Herrera, Manuel Chao, Tomás Urbina y otros muchos, figuran de algún modo en las filas de la pronto numerosa división de la que le nombran jefe. La cizaña que Carranza iba sembrando por la envidia y los celos por la organización y las victorias de las fuerzas chihuahuenses y de Durango, estorbaba pero no impedía la marcha de la revolución. Tomás Urbina, compadre del gran guerrillero y una de las figuras más importantes en la lucha contra los federales, no se mostró muy satisfecho con el nombramiento de Villa, pero como éste mismo decía:

"había en mí ánimo revolucionario que no tenía mi compadre Urbina o sea, que en la lucha en que andábamos metidos los dos, yo llevaba más cerca de mi conciencia y de mi conducta la causa de la justicia del pueblo".

La batalla de Tierra Blanca es una de las clásicas en la historia universal. Dentro de las grandes victorias realizadas por Villa en ese lugar se muestra todo su genio guerrero. Villa realiza lo que los grandes capitanes, desde Aníbal, hasta las grandes figuras de los ejércitos prusianos u otros capitanes, como que han realizado las maniobras donde se revela la capacidad guerrera de un hombre. Lo que algunos realizaron aprovechando sus grandes conocimientos académicos, lo aprendido en los libros o en las escuelas, Villa lo realiza de un modo intuitivo, pero con los mismos resultados eficaces. Este combate ocurre el día 21 de noviembre de 1913, es decir, mucho antes de que Felipe Angeles, el gran estratega de la artillería, estuviera al lado del Centauro. En esa batalla, que no es la más importante de Villa, que duró dos días, el huertismo perdió más de mil hombres y dejó tres trenes y diez piezas de artillería. Benjamín Argumedo, Rodolfo Fierro, Marcelo Caraveo, Maclovio Herrera, hombres todos salidos de lo más hondo de la entraña popular, demuestran cómo los ejércitos del pueblo, combatientes por una causa justa y dirigidos por un hombre de genio, son capaces de vencer a las tropas mejor organizadas, como sin duda lo eran los ejércitos que la antigua dictadura heredó a Victoriano Huerta.

Hay algo de leyenda que corona el final de la batalla: Rodolfo Fierro que era ferrocarrillero, se tiende sobre su caballo para dar alcance a un tren, que en el último momento se marchaba a escape; lleno de tropas enemigas iba, pero Fierro, entre una lluvia de balas que prodigiosamente no le alcanzan, salta de su caballo al tren; se va de carro en carro, como garrotero experimentado, llega hasta la tubería de los frenos y en medio de aquella violencia pone el aire al tren y lo para en seco. Y dice Villa: "¡Hermosa hazaña, señor!"

Ahora tendrá Villa que organizar los territorios que va dominando y lo hace en forma ejecutiva. Creo que nada mejor que el capítulo de John Reed dedicado en *México Insurgente* a este aspecto de su personalidad, para conocerlo:

UN PEON EN POLITICA

"Villa se proclamó gobernador militar del Estado de Chihuahua, comenzando el extraordinario experimento —extraordinario porque no sabía nada acerca de estos menesteres—, de organizar un gobierno para 300,000 gentes, con su cabeza propia.

"Se ha dicho a menudo que Villa tuvo éxito porque tenía consejeros educados. En realidad, estaba casi solo. Los consejeros que tenía pasaban la mayor parte de su tiempo dando respuesta a sus preguntas impacientes y haciendo lo que él les decía que hicieran. Yo acostumbraba ir algunas veces al Palacio de Gobernación en la mañana temprano y esperarlo en su despacho. Silvestre Terrazas, Secretario de Gobierno; Sebastián Vargas, Terorero del Estado y Manuel Chao, entonces Interventor, llegaban como·a las ocho, muy bulliciosos y atareados, con enormes legajos de informes, sugestiones y decretos que habían elaborado. Villa mismo se presentaba como a las ocho y media, se arrellenaba en una silla y les hacía leerle en alta voz lo que había. A cada minuto intercalaba una observación, corrección o sugestión. De vez en cuando movía un dedo atrás y adelante y decía:

"—No sirve.

"Cuando todos habían terminado, comenzaba rápidamente y sin detenerse a delinear la política del Estado de Chihuahua: legislativa, hacendaria, judicial y aun educativa. Cuando llegaba a un punto en que no podía salir del paso, decía:

"—¿Cómo hacen eso?

"Y, entonces, después de que le era explicado cuidadosamente, el porqué, le parecía que la mayor parte de los actos y costumbres del gobierno eran extraordinariamente innecesarios y enredados. Un caso: proponían financiar la Revolución emitiendo bonos del Estado que redituaran el 30 o 40 por ciento de interés. Villa manifestó:
—Entiendo que el Estado deba pagar algo al pueblo por el empleo de su dinero, pero ¿cómo puede ser justo que le sea devuelto éste triplicado o cuadruplicado?

"No podía admitir que se adjudicaran grandes extensiones de tierra a los ricos y no a los pobres. Toda la compleja estructura de la civilización era nueva para él. Había que ser filósofo para explicar cualquier cosa a Villa: sus consejeros sólo eran hombres prácticos.

"Se presentaba el problema de las finanzas, el que se planteaba así para Villa. Se percató que no había moneda en circulación. Los agricultores y ganaderos que producían las carnes y vegetales ya no querían venir a los mercados citadinos porque nadie tenía dinero para hacer sus compras. La verdad era que aquellos que poseían plata o billetes de bancos mexicanos los tenían enterrados. Chihuahua no era un centro industrial; las pocas fábricas que tenía estaban cerradas; no había nada que pudiera cambiarse por alimentos. De suerte que comenzó en seguida una paralización comercial, y el hambre amenazaba a los habitantes de las ciudades. Recuerdo vagamente haber sabido de varios planes grandiosos para aliviar la situación, presentados por los consejeros de Villa, quien dijo: —Bueno, si todo lo que se necesita es dinero, emitámoslo.

"Así fue como se echaron a andar las prensas en los sótanos del Palacio del gobernador e imprimieron dos millones de pesos en papel sólido, en los cuales aparecían las firmas de los funcionarios del gobierno, con el nombre de Villa impreso en medio de los billetes con grandes caracteres. La moneda falsa que inundó después a El Paso se distinguía de la legítima por el hecho de que los nombres de los funcionarios aparecían firmados y no estampados.

"La primera emisión de moneda no tenía otra garantía sino el nombre de Villa. Fue lanzada principalmente para reanimar al pequeño comercio interior del Estado, a fin de que la gente pobre pudiera adquirir víveres. Sin embargo, fue comprada inmediatamente por los bancos de El Paso a 18 y 19 centavos de dólar, porque Villa la garantizaba.

"El no sabía nada, desde luego, de los manejos aceptados para poner su moneda en circulación. Empezó a pagar al ejército con ella. El día de Navidad convocó al pueblo pobre de Chihuahua y le dio 15 pesos a cada uno inmediatamente. En seguida lanzó un pequeño decreto, ordenando la aceptación a la par de su moneda en todo el Estado. El sábado siguiente afluían todos a los mercados de Chihuahua y de otras ciudades, agricultores y compradores. Villa lanzó otra proclama fijando el precio de la carne de res a siete centavos la libra, la leche a cinco centavos el litro, y el pan a cuatro centavos el grande. No hubo hambre en Chihuahua. Pero los grandes comerciantes, que habían abierto sus tiendas con timidez, por primera vez desde la entrada de Villa en Chihuahua, marcaron sus artículos con dos listas de precios: una para la moneda de plata y billetes de banco mexicanos y la otra para la "moneda de Villa". Este paró en seco la maniobra con otro decreto, ordenando pena de sesenta días de cárcel para cualquiera que rechazara su moneda.

"Pero ni así todavía salían la plata y el papel moneda de su escondite bajo tierra, y Villa los necesitaba para adquirir armas y efectos para su ejército. De modo que hizo la sencilla declaración pública de que, después del diez de febrero, sería considerada ilegal la circulación de plata y papel moneda que se ocultaba, pudiendo cambiarse antes de esa fecha toda la que se deseara, por su propia moneda, a la par, en la Tesorería del Estado. Pero las grandes sumas en poder de los ricos siguieron ocultas. Los financieros dijeron que sólo se trataba de una balandronada, y se mantuvieron firmes. Pero ¡hete aquí que el diez de febrero apareció un decreto, fijado en todas las paredes de la ciudad de Chihuahua, anunciando que a partir de esa fecha toda la plata acuñada y billetes de bancos mexicanos serían moneda falsa y no podrían ser cambiados por la moneda de Villa en la Tesorería! Además, cualquiera que tratara de hacerlo circular quedaría sujeto a sesenta días de prisión en la penitenciaría. Se levantó un griterío clamoroso, no sólo de capitalistas, sino también de los astutos avaros de poblados distantes.

"Como dos semanas después de la emisión de este decreto, yo

estaba almorzando con Villa en la casa que le había confiscado a Manuel Gameros, y que usaba como su residencia oficial. Llegó una delegación de peones con huaraches, de un pueblo de la Sierra Tarahumara para protestar contra el decreto.

"—Pero mi general —decía el que llevaba la voz—, nosotros no sabíamos nada del decreto y usábamos los billetes y la plata en nuestro pueblo. Ignorábamos lo de su moneda, no supimos...

"—¿Ustedes tienen mucho dinero? —interrumpió Villa de pronto.

"—Sí, mi general.

"—¿Tres, o cuatro o cinco mil, tal vez?

"—Más que eso, mi general.

"—¡Señores! —los miró Villa furtiva y ferozmente—, veinticuatro horas después de la emisión de mi moneda llegaron muestras de ella a su pueblo. Pero ustedes creyeron que mi gobierno no duraría. Hicieron hoyos debajo de sus casas y enterraron allí su plata y billetes de banco. Ustedes supieron de mi primera proclama un día después de que ésta se fijó en las calles de Chihuahua; pero no le hicieron caso. Ustedes también supieron del decreto declarado falsa la plata y billetes ocultos, tan pronto como éste fue lanzado. Creyeron que siempre habría tiempo para cambiar, si era necesario. Pero entonces les entró miedo y ustedes tres, que tienen más dinero que nadie en aquel lugar, montaron en sus mulas y llegaron hasta aquí. Señores, su dinero es moneda falsa. ¡Ustedes son hombres pobres!

"—Válgame Dios —y se echó a llorar el más viejo de los tres, que sudaba copiosamente.

"—¡Pero si estamos arruinados, mi general! Lo juro ante usted. Nosotros no sabíamos; hubiéramos aceptado. ¡No hay alimentos en el pueblo!

"El general en jefe meditó por un momento.

"—Les daré otra oportunidad —dijo—, no lo haré por ustedes, sino por la gente pobre del pueblo que no puede comprar nada. El miércoles próximo, al mediodía, traen todo su dinero, hasta el último centavo, a la Tesorería; entonces veré lo que puede hacerse.

"La noticia corrió de boca en boca, llegando hasta los sudorosos financieros que, sombrero en mano, esperaban en el salón; y el miércoles, mucho antes del mediodía, no se podía pasar por la puerta de la Tesorería, obstruida por la curiosa muchedumbre allí congregada".

*
* *

La gran pasión de Villa eran las escuelas. Creía que la tierra para el pueblo y las escuelas resolverían todos los problemas de la civilización. Las escuelas fueron la obsesión de él. Con frecuencia se le oía decir:

"—Cuanda pasé esta mañana por tal y tal calle, vi a un grupo de niños. Pongamos allí una escuela.
"Chihuahua tiene una población de 40,000 gentes. En diversas ocasiones, Villa estableció más de cincuenta escuelas allí. El gran sueño de su vida era enviar a su hijo a una escuela de los Estados Unidos. Tuvo que abandonar la idea por no tener dinero suficiente para pagar el medio año de enseñanza, al abrirse los cursos en febrero.

"Más tardó en tomar posesión del gobierno de Chihuahua que en poner a trabajar a sus tropas en la planta eléctrica, en la de tranvias, de teléfonos, la del agua y en el molino de harina de trigo de los Terrazas. Puso soldados como delegados administradores de las grandes haciendas que había confiscado. Manejaba el matadero con soldados, vendiendo la carne de las reses de los Terrazas al pueblo, para el gobierno. A mil de ellos los comisionó como policía civil en las calles de la ciudad, prohibiendo bajo pena de muerte los robos o la venta de licor al ejército. Soldado que se embriagaba era fusilado. Aun trató de manejar la cervecería con soldados, pero fracasó porque no pudo encontrar experto en malta.

"—Lo único que debe hacerse con soldados en tiempos de paz —decía Villa—, es ponerlos a trabajar. Un soldado ocioso siempre está pensando en la guerra.

"En cuanto a los enemigos de la Revolución era tan sencillo como justo, así como efectivo. Dos horas después que entró al Palacio del Gobernador, vinieron en grupo los cónsules extranjeros. Antes de contestarles, Villa preguntó rápidamente:

"—¿Quién es el cónsul español?
"Scobell, el vicecónsul inglés, dijo:
"—Yo represento a los españoles.
"—¡Muy bien! —saltó Villa—. Dígales que hagan sus maletas. Cualquier español que sea detenido dentro de los límites del Estado después de cinco días, será llevado a la pared más cercana por un pelotón de ejecución.

"Los cónsules hicieron un gesto de horror. Scobell empezó a protestar violento, pero Villa lo hizo callar.

"—Esta no es una determinación inesperada de mi parte —dijo—. He estado pensando en ella desde 1910. Los españoles deben irse.

"El cónsul norteamericano, Letcher, dijo:
"—General, no discuto sus motivos, pero creo que está usted cometiendo un grave error político al expulsar a los españoles. El gobierno de Washington vacilará mucho tiempo antes de ser amigo de un bando que hace uso de tan bárbaras medidas.

"—Señor cónsul —contestó Villa—, nosotros los mexicanos hemos tenido trescientos años de experiencia con los españoles. No han cambiado en carácter desde los conquistadores. Destruyeron el imperio indio y esclavizaron al pueblo. No les pedimos que mezclaran su sangre con la nuestra. Los hemos arrojado dos veces de México y permitido volver con los mismos derechos que los mexicanos; y han usado esos derechos para robarnos nuestra tierra, para hacer esclavo al pueblo y para tomar las armas contra la libertad. Apoyaron a Porfirio Díaz. Fueron perniciosamente activos en política. Fueron los españoles los que fraguaron el complot para llevar a Huerta al Palacio Nacional. Cuando Madero fue asesinado, los españoles celebraron banquetes jubilosos en todos los Estados de la República. Nos impusieron la mayor superstición que ha conocido el mundo: la Iglesia Católica. Por eso únicamente merecían la muerte. Considero que somos muy generosos.

"Scobell insistió con vehemencia, que cinco días eran un plazo demasiado corto, que él no podría comunicarse posiblemente con todos los españoles en el Estado durante ese término; entonces Villa lo extendió a diez días.

"A los mexicanos ricos que habían oprimido al pueblo y que se habían opuesto a la Revolución los expulsó del Estado y les confiscó rápidamente sus vastas propiedades. De una plumada pasaron a ser propiedad del gobierno constitucionalista cerca de siete millones de hectáreas e innumerables empresas comerciales de la familia Terrazas, así como las inmensas posesiones de los Creel y los magníficos palacios que habitaban en la ciudad. Sin embargo, al recordar cómo los Terrazas, desde el destierro, habían financiado la rebelión de Orozco, dio a don Luis Terrazas, Jr., su propia casa como cárcel en Chihuahua. Algunos enemigos políticos, particularmente odiados, fueron ejecutados prontamente en la penitenciaría. La Revolución posee un libro negro en el que están consignados los nombres, los delitos y las propiedades de aquellos que han oprimido y robado al pueblo. No se atreven a molestar a los alemanes, quienes han sido especialmente activos en política, a los ingleses y a los norteamericanos. Sus páginas en el libro negro serán abiertas cuando se establezca el gobierno constitucionalista en la ciudad de México; allá también le ajustará las cuentas el pueblo mexicano a la Iglesia Católica.

Villa supo que las reservas del Banco Minero estaban escondidas en alguna parte de Chihuahua, las que montaban a unos 500,000 pesos en oro. Don Luis Terrazas era uno de los directores del banco, quien, al negarse a revelar el sitio donde se ocultaba el dinero, fue sacado una noche de su casa por Villa y un pelotón de soldados, lo montaron en una mula y lo condujeron al desierto, colgándole de un árbol. Lo descolgaron apenas a tiempo de salvarle la vida, y para que guiara a Villa a una antigua fragua en la fundición de los Terrazas, bajo la cual fue descubierta la reserva de oro del Banco Minero. Terrazas, volvió a su prisión muy enfermo, Villa envió un aviso a su padre en El Paso, proponiéndole libertad a su hijo a cambio de pago, como rescate de los 500,000."

No eran, como se ve, procedimientos muy humanitarios los usados por Villa. Pero, preguntamos: ¿han sido humanitarios los procedimientos de despojos usados, digamos por los Terrazas y todos los latifundistas análogos? Sólo que cuando un individuo oprime al pueblo, sea por su fuerza política o económica, parecen tener mayor consideración que los hombres que toman medidas drásticas en contra de un grupo de individuos, para servir al pueblo.

La personalidad de Villa, vigorosa en toda su plenitud, ha sido presentada, con defectos y cualidades, por el gran escritor Martín Luis Guzmán, el mejor prosista mexicano del siglo XX, en su libro, *El Aguila y la Serpiente*. De él tomamos algunos párrafos en los que se advierte el magnetismo y se ofrecen algunas características que ese gran observador, retratista extraordinario de los grandes personajes de la Revolución, en el mismo libro. En ellos, advierte, en el apartado que denomina "La pistola de Pancho Villa".

"Por la puerta de la habitación donde habríamos de ser recibidos, Villa se asomó de pronto a la antesala para preguntar alguna cosa a su secretario (Luis Aguirre Benavides), el cual departía con nosotros a fin de aligerarnos la espera. Empezaba septiembre y se sentía calor. Villa salió en camisa. Tenía puesto el sombrero, cosa frecuente en él cuando estaba en su oficina o en su casa. Mientras hablaba con Aguirre Benavides, su forma robusta, envuelta en caqui, se destacó con fuerza sobre la pintura blanca de la puerta. Le salían por debajo del sombrero, orlándole la frente, unos cuantos rizos medio azafranados que hacían juego con el mechón de su bigote, torpe y aliño. Pero al volverse a medias, nada resaltó tanto en toda su figura como el enorme pistolón que le bajaba desde la cadera hasta lo hondo de una funda holgadísima. Brillaban las cachas con el lustre de las cosas muy usadas, no con el resplandor afeminado de lo que sólo es para lucir. La culata le dibujaba en el costado una curva ancha, prolongada, semejante por sus dimensiones a la cola de los cometas fantásticos que suelen verse en los libros infantiles. A un lado y otro le corría por la cintura la fila maciza de los cartuchos, grandes hasta recordar los torpedos o dar idea de una verdadera columna de fuentes de cobre sin capitel, cortados a la mitad por la tira oscura que sujetaba a la canana. Debajo, las balas de acero, enormes y primorosamente pulidas, devolvían en destellos fríos la luz de las ventanas. Ante tal visión era inevitable que el sentido muscular se pusiera en juego por su cuenta y se entregara a calcular —por sí solo— la densidad, la forma, la inercia mortífera de aquellas balas de cutis fino al tacto como una caricia.

"Este hombre no existiría si no existiere la pistola —pensé—.

La pistola no es sólo su útil de acción: es un instrumento fundamental, el centro de su personalidad íntima, su alma hecha forma. Entre la concavidad carnosa de que es capaz su índice y la concavidad rígida del gatillo hay una relación que establece el contacto de ser a ser. Al disparar, no será la pistola quien haga fuego, sino él mismo: de sus propias entrañas ha de venir la bala cuando abandona el cañón siniestro. El y su pistola son una sola cosa. Quien cuenta con lo uno contará con lo otro, y viceversa. De su pistola han nacido, y nacerán, sus amigos y sus enemigos".

Sobre la personalidad de Villa se han formado muchas leyendas. Aquí sólo quiero apuntar que con don Abrahan González, con Madero, con Zapata, hombres todos que por algún motivo llegaron a penetrar hondamente en el sentir popular, al igual que el gran guerrillero, existió una enorme comprensión. Con otro hombre, totalmente opuesto en su formación, en su origen, en su educación, etc., formó una alianza para muchos incomprensible. También Martín Luis Guzmán ha advertido esto, y yo apunto que ambos personajes —Villa y Angeles— fueron y siguen siendo calumniados. Pero, sigamos el relato de *El Aguila y la Serpiente:*

"La gran preocupación de Villa era en aquellos días el nombramiento de presidente provisional. A primera vista parecía dispuesto a sostener a cualquiera, siempre que no fuese Carranza. Luego, observándolo con más atención, se le veía interesarse en algún hombre verdaderamente suyo. Su candidato era entonces el general Angeles, sobre quien, como podía suponerse, versó después nuestra plática. ¡Conjunción rara, aquella del guerrillero analfabeto en apariencia y el supremo de nuestros técnicos militares! Villa, irresponsable, halló en Angeles, que vivía atormentado por la hiperestesia de su conciencia revolucionaria, un complemento al cual entendió. En esto —como en otras muchas cosas— fue superior a los líderes semileídos de Sonora —salvo Maytorena— y de Coahuila, los cuales odiaron y calumniaron a Angeles desde el primer momento por el simple hecho de no llegarle ni a la suela del zapato en técnica y cultura. De Sonora habría de venir la escuela de ganar batallas haciendo a fuerza de oro traidores entre el enemigo, y Angeles se hubiera dejado desollar antes que ir a supuestas victorias mediante cohechos. Angeles había sido cadete distinguido de Chapultepec y había asimilado allí una traición pundonorosa que vale más que muchas revoluciones juntas. Su psicología, en consecuencia, era contraria a la del carrancismo corruptor y a la de aquella parte del sonorismo que entonces hinchaba a don Venustiano en espera del momento oportuno para traicionarlo y darle muerte".

No es nuestro propósito relatar las batallas que demuestran que el hombre de la guerra, el que hizo posible la derrota del huertismo y que con sus arrolladoras victorias quebrantó y aplastó la columna vertebral del Ejército Federal, mismas victorias que hicieron decir a Vasconcelos: "Ahora sí ganamos, ya tenemos hombre". Ni tampoco señalar los actos políticos en cada caso. Sólo recordaremos que, una vez organizado Chihuahua, sigue su marcha hacia el sur, sobre las ciudades de la Comarca Lagunera, siempre con nuevos hombres que se le van adhiriendo conforme aumenta su prestigio: Eugenio Aguirre Benavides, el ingeniero Federico Cervantes, uno de sus mejores colaboradores, Raúl Madero, etc. Por Sacramento, Gómez Palacio, Ciudad Lerdo, va avanzando a sangre y fuego, hasta tomar, tras enormes esfuezos y un costo altísimo de vidas por ambas partes, la ciudad clave de Torreón, con lo que abre así el camino a la victoria de las fuerzas constitucionalistas. Basta comparar el avance y los triunfos obtenidos, con los de cualquier otro grupo revolucionario, para comprender que fue el avance villista el que permitió que otras fuerzas del constitucionalismo avanzaran hacia el sur.

Con la victoria de San Pedro de las Colonias, del 10 al 12 de abril de 1914, el Ejército Federal se halla herido de muerte. No puedo dejar de transcribir el telegrama enviado a don Venustiano Carranza, porque es revelador y antecedente de lo que ocurrirá.

"Ciudadano primer jefe del Ejército constitucionalista, Chihuahua. Señor: Si no fuera por la mucha fama que la toma de Torreón ha levantado por el mundo, esta batalla de San Pedro de las Colonias parecería más importante, pues en verdad que sus resultados superan a los de la otra, tocante a lo político y a lo guerrero. Estaban reunidos aquí, en San Pedro, todos los generales a quienes Victoriano Huerta había dado su confianza, y sabemos, por los telegramas que él les dirigía, y que nosotros hemos recogido en el cuartel general que nos abandonaron, cómo de la protección de ellos esperaba Huerta el sostenimiento de su causa. Y es el caso que ahora todos esos generales van con el ánimo caído, y sus tropas en condiciones que sólo una peripecia milagrosa conseguiría levantar. Creo yo que si las tropas del general Pablo González se abalanzaran por Hipólito sobre las divisiones que de aquí van a la desbandada, y si también vinieran a encontrarlas las fuerzas del general Cepeda, se lograría el total aniquilamiento de ellas, y quizás eso acabara de una vez con toda la campaña. Le ruego, señor, encarezca al general Pablo González la necesidad de salir al cumplimiento de su deber.—*Felipe Angeles*".

Comienzan las intrigas para aprovecharse de sus triunfos y hacerlo a un lado políticamente. En vez de que Pablo luche por el norte, se ordena por Carranza que Villa vaya a la toma de Saltillo. En Paredón destroza al ejército de Joaquín Mass, compuesto de cinco mil hombres tras cuya victoria entra a Saltillo. Ahí entrega la plaza al general González. Al volver a Torreón se advierte de modo claro que se quiere que no marche sobre Zacatecas. El primer jefe ordena a Pánfilo Nátera, subordinado de Villa, pero sin consultar a éste, que ataque Zacatecas, lo que provoca una derrota desastrosa. Después, sus mejores hombres, Tomás Urbina y Felipe Angeles, marchan sobre Zacatecas y pronto Villa, tras cruentas batallas, destruye a los federales en esa ciudad y se llega a la victoria definitiva de los revolucionarios.

A partir de ese momento la discordia aumentará, atizada siempre por la hábil intriga de Carranza. Conferencias y reuniones se suceden sin éxito. Finalmente, se llega a la Convención de Aguascalientes, cuyas decisiones son desobedecidas por Carranza, provocándose así el choque final entre los grupos revolucionarios. Vendrán las batallas de Celaya y Trinidad, en el que las fuerzas mandadas por Obregón dan el triunfo al carrancismo.

Villa se refugia en sus montañas de Chihuahua, y un día, ante la abierta parcialidad de Wilson en favor de Carranza, asalta Columbus, población norteamericana. Viene la expedición punitiva, con el acuerdo de Carranza, que nada hace por impedir el avance hacia el sur, hasta que en Parral las fuerzas surgidas e improvisadas en el pueblo marcan el momento de regreso. Después, regresa la llamada "punitiva", con la vergüenza del fracaso.

En 1920 Villa, tras el asesinato de Carranza, ejecutado por los obregonistas sediciosos, depone las armas ante el gobierno de Adolfo de la Huerta. Y en 1923, tomado por traición, es asesinado en Parral, pues se temía que en cualquier otra situación interviniera, inclinándose la balanza por donde el guerrillero se inclinara.

UN CORRIDO DE LA MUERTE DE PANCHO VILLA

Señores, tengan presente,
y pongan mucho cuidado
que en el día veinte de julio
Villa ha sido asesinado.

Año de mil novecientos,
en el veintitrés actual,
mataron a Pancho Villa
en Hidalgo del Parral.

Villa era un pollito fino
y no había otro en la nación,
como le tuvieron miedo
lo mataron a traición.

Siempre peleaba justicia,
no ambicionaba la silla,
y regocijaba el alma
el nombre de Pancho Villa.

Porque aunque a todos les pese
dio pruebas de su valor,
en los Estados del Norte
Pancho Villa era el terror.

Villa fue leal partidario,
siempre benigno y sincero,
vengó la horrible traición
que le hicieron a Madero.

Cuando ese infame de Huerta
a Madero traicionó,
Francisco Villa en el Norte
en armas se levantó.

En compañía de Carranza
combatió aquella traición,

presentó heroicos combates
en la ciudad de Torreón.

Contra las tropas huertistas
Villa mucho combatió,
y después de tanta lucha
la Constitución triunfó.

Don Venustiano Carranza
cuando triunfante se vio,
mirándose en el poder
a Villa desconoció.

Desde entonces Pancho Villa
prosiguió la rebelión,
que causó grandes tristezas
a toda nuestra nación.

En mil novecientos veinte
que la guerra terminó,
don Adolfo de la Huerta
con Villa conferenció.

Y le pidió garantías
este valiente caudillo,
y el gobierno le cedió
la hacienda de Canutillo.

En los trabajos de campo
él puso su inteligencia,
y a los tres años cumplidos
le quitaron la existencia.

El día veinte en la mañana
para su hacienda salió,
de la ciudad de Parral
donde la vida perdió.

Villa pasó en su automóvil
que él mismo iba manejando,
sin saber que los traidores
ya lo estaban esperando.

En un barrio de la entrada
llamado de Guanajuato,

pasando una casa sola
fue el horrible asesinato.

Al pasar por esa casa
varias descargas se oyeron,
Villa, con Trillo y su escolta
todos juntos perecieron.

Dos infames asesinos
al instante se bajaron,
sobre Villa y sus soldados
sus pistolas descargaron.

Con rumbo a Santa Bárbara
los asesinos se fueron,
y las tropas del gobierno
con furor los persiguieron.

Grande novedad causó
en Hidalgo del Parral,
la muerte tan repentina
del valiente general.

Vuela, vuela, polomita,
párate en aquella orilla,
avísales a los gringos
que murió Francisco Villa.

Ahora sí, gringos mentados,
recobren ya su valor
ya se acabó Pancho Villa
que era de ustedes el terror.

En el pueblo de Columbus
sus recuerdos les dejó,
nomás diecisiete gringos
fueron los que allí se echó.

Despedida no les doy
la angustia no es muy sencilla,
¡la falta que hace a mi patria
el señor Francisco Villa!

Aunque les pese, repito,
sin facha ni alevosías,
pollos como Pancho Villa
no nacen todos los días.

EZEQUIEL MARTÍNEZ

BENJAMIN ARGUMEDO

Entre los combatientes más eficaces en la lucha revolucionaria se encuentra Benjamín Argumedo, quien es de los primeros que se enrolan en la lucha contra la dictadura de Porfirio Díaz. Nació en Durango y en 1910 se une al maderismo. Luchando al lado de Pascual Orozco desconoce al presidente Madero. Hasta aquí su actuación podría tener alguna explicación que lo justificara; pero en 1913 sigue la misma tendencia de Pascual Orozco, se incorpora al gobierno del general Victoriano Huerta y de Félix Díaz, iniciado en 1913. Se le reconoció su jerarquía en el ejército como general brigadier de caballería. Tanto este grado como el siguiente de general de brigada le fue ratificado por el Senado de la República.

Argumedo se distinguió en el arma que era su especialidad y sus cargas de caballería se hicieron famosas. Hizo la defensa de Torreón en contra de los ataques de Villa; servía bajo las órdenes del general Ignacio A. Bravo. Después estuvo en la defensa de Ciudad Lerdo, del Cañón de la Huaracha y de Parral. Estando bajo las órdenes del general huertista Refugio Velasco, llevó adelante el ataque que recapturó Torreón, en los días en que la valentía sobraba de parte de los dos bandos combatientes. El propio Villa reconoció, ya en sus manos Torreón, de modo definitivo, la valentía de los federales.

Cuando Huerta, se vio obligado a abandonar el poder, Argumedo volvió a la rebeldía, aunque se puso pronto de acuerdo con las fuerzas de la soberana Convención Revolucionaria de Aguascalientes. Para esta época tenía el grado de general de División y operó con los zapatistas, en consonancia con las tropas de Andrew Almazán. Al ser derrotadas las tropas del Sur que operaban en Cuernavaca y Toluca, Argumedo marchó hacia el Norte. Una grave enfermedad lo hizo ocultarse en un rancho situado entre Durango y Zacatecas. La fiebre le hacía delirar. Le sorprendió el general carrancista Francisco Murguía cerca de la capital duranguense, donde se le aprisionó el 4 de febrero de 1916. Muy debilitado por su enfermedad se le sometió a un consejo de guerra extraordinario, que con base en la Ley del 25 de enero de 1862 le condenó a muerte. Si esta ley resultaba muy aplicable en los momentos de la lucha contra la intervención extranjera, al declarársela nuevamente en vigor por el primer Jefe Venustiano Carranza, constituye un acto de barbarie, pues sabemos perfectamente que sirvió para fusilar a numerosos revolucionarios. Argumedo no se podía tener en pie cuando se le iba a fusilar por lo que se le sujetó a una silla. Nada mejor le retrata a este guerrillero cuya temeridad y su lucha en Torreón le valieron el epíteto de "el león de La Laguna" que recordar las *Mañanitas* que los aedas populares y anónimos le compusieron, bajo la inspiración de Jorge Peña:

FUSILAMIENTO DE BENJAMIN ARGUMEDO

Para ponerse a cantar
pido permiso primero;
señores, son las mañanas
de Benjamín Argumedo.

Ultimo día de febrero,
novecientos deciséis,
han sacado a Benjamín,
entre las nueve y las diez.

Pues era un martes por cierto,
presente tengo ese día,
cuando lo sacó la escolta
de la penitenciaría.

Lo llevaron por la calle,
bastante gente acudió,
se llenó la Plaza de Armas
a ver lo que sucedió.

Dos lo llevaban del brazo
lo llevaban pie a tierra,
lo llevaban al Palacio,
era el Consejo de guerra.

Lo subieron al Palacio
donde fue su tribunal,
fue donde oyó su sentencia
que era pena capital.

Su familia que allí estaba,
estaba tan desolada,
que al oir esa sentencia
hubo de caer desmayada.

Lo bajaron del Palacio
por la calle en gran alarde,

lo llevaba su destino,
serían las seis de la tarde.

Por la calle donde iba
aquel veinte de noviembre,
cómo iría su corazón
seguro nadie lo entiende.

Cuando llegó a su destino
dijo: —Vengo en agonía,
pues hoy tengo que ser muerto,
Dios así lo disponía.

"¡Válgame Dios! ¿Qué haré yo?"
Dijo al general Murguía,
y le pidió una merced
a ver si se le concedía.

Pues don Francisco Murguía
le contestó con esmero:
—¿Qué merced es la que quiere,
mi general Argumedo?

—Oiga usted, mi general,
yo también fui hombre valiente.
Quiero me haga ejecución
a la vista de la gente.

—Oiga usted, mi general,
yo no le hago ese favor,
pues todo lo que yo hago
es por orden superior.

"En algunas ocasiones,
también a usted habrá pasado,
pues jefe de Operaciones,
ya sabe que soy nombrado".

—Ya que Dios me ha concedido
el no morir en la guerra,
quiero que mi alma en camino
anime Cristo en la tierra.

"Adiós todos mis amigos,
me despido con dolor,

ya no vivan tan engreídos
de este mundo engañador.

"Adios, mi tierra afamada,
recinto donde viví,
adiós, mi querida esposa,
yo me despido de ti.

"Adios mis padres queridos,
de toda mi estimación;
no me voverán a ver,
volé a la otra mansión.

"Adiós, familia querida,
que era toda mi alegría;
adiós, mi querida esposa.
Adiós, penitenciaría.

"Adios, también el reloj,
sus horas me atormentaban,
pues clarito me decían
las horas que me faltaban".

Amigo, no te señales
por riqueza ni estatura,
pues todos somos iguales:
Materia de sepultura.

Vuela, vuela, palomita,
párate en aquel romero;
estas son las mañanitas
de Benjamín Argumedo.

JORGE PEÑA

FELIPE ANGELES

Pocos personajes de la historia de México han merecido mayores ataques que el general Felipe Angeles, uno de los grandes técnicos, mejor dicho, uno de los verdaderos técnicos que en el arte militar hemos tenido. La circunstancia de haber servido brillantemente a Villa, al extremo de que los enemigos del gran guerrillero atribuyen sus triunfos a la estrategia de Angeles, y de haber sido adversario de Carranza y Obregón, que en la lucha de las facciones resultaron vencedores, si bien el segundo se rebeló contra el primer jefe, don Venustiano Carranza, y cuya rebelión produjo como consecuencia final, el asesinato de éste y el encumbramiento del grupo sonorense surgido del "Plan de Agua Prieta"; esa circunstancia ha determinado que durante muchísimos años se le haya deturpado, aun después de que, bajo la presidencia del general Manuel Avila Camacho, se le reivindicó plenamente. Al menos en lo oficial.

Nacido en el pueblo de Molango, Estado de Hidalgo, fue hijo de don Felipe Angeles y de doña Juana Ramírez. Vio pues, la luz primera en ese pueblo el año de 1869, y a los catorce años, es decir, en 1883, ingresó al Colegio Militar, del que fue uno de sus más ilustres hijos. Hay una semblanza realizada por el licenciado Salvador Azuela, en el discurso que pronunció en una ceremonia celebrada en el Palacio de las Bellas Artes, la noche del 25 de noviembre de 1941; que es la que a continuación transcribimos:

Felipe Angeles ante la Historia

"Los actos de homenaje a la memoria de Felipe Angeles, que se acaban de realizar en diferentes Estados de la República, por la iniciativa generosa de un grupo de distinguidos ciudadanos hidalguenses, se culminan con la ceremonia de esta noche, que representa a manera de una gran reparación nacional, no por tardía menos laudable y elevada.

"Felipe Angeles, levantándose sobre la escoria con que se ha querido villanamente mancharlo, se incorpora hoy lleno de hidalguía y de desprendimiento ejemplar. La silueta pensativa del artillero es ya un símbolo de pureza cívica y de gallarda actitud militar.

"Sin embargo, señoras y señores, en los retratos de Angeles percibimos como un reproche dulce en la mirada que brilla con profunda melancolía. Tal parece que quisiera reconvenirnos sin acritud ni amargura, porque apenas empieza a hacérsele justicia después de 20 años de su ominoso asesinato. ¡Triste país este México que necesita tan largo transcurso del tiempo, para que sus valores auténticos sean debidamente reconocidos y aquilatados.

"No estamos ahora rindiendo acatamiento a uno de estos turbios prestigios que ganaron sus entorchados en empresas negativas de robo o de asesinato. Nos encontramos rescatando de la ingratitud a un tipo egregio, a una personalidad benemérita, si las hay, en la historia apasionante y dramática de la Revolución Mexicana. Cubrimos una deuda que la patria tenía pendiente con uno de sus hijos preclaros.

"No fue su personalidad de caracteres oropelescos o teatrales. Modesto, inteligente, culto, de corazón noble y recio espíritu cívico, ante la legítima superioridad de Felipe Angeles, se han estrellado todas las bajas pasiones que han intentado apagar la hazaña luminosa de su vida, sin detenerse por la presencia sagrada de la muerte.

'Angeles hubo de buscar un refugio a la incomprensión en su temple de carácter y en su inteligencia, superando las miserias y las pequeñeces que se movieron en torno suyo. Recogido en sí mismo, seguro de la fuerza moral que lo asiste, se hace así una defensa inconmovible a la calumnia y a la envidia.

"En la hora en que la adversidad toca a la puerta de su destino, conserva tal su integridad de espíritu, que el soldado se eleva con sencillez al rango de filósofo. En Angeles no sabemos qué admirar más, si la forma austera y viril en que vivió, sacrificándolo todo por un ideal de redención del pueblo, o la manera alta, segura, cincelando el gesto y la actitud en el noble estilo socrático del que penetra en la entraña del misterio, con la entereza del deber cumplido.

"Se forma Angeles en la buena época en que Francia era la metrópoli cívica y moral de una especie de república ideal de los espíritus libres del mundo moderno. Por educación y por temperamento, fue un hombre de claro sentido civil. Comprende el alcance cabal del pretorianismo y sus repercusiones en países como México. Profesional de la milicia, le presta a su oficio un grave contenido de caballerosidad y condena las prácticas bárbaras de nuestro criollo militarismo de machete, de un modo categórico.

"Hay hechos en la biografía del hidalguense ilustre, que revelan perfil ético y la independencia de criterio que dirigen su conducta. Ellos expresan más que todas las retóricas y los panegíricos.

"En la época en que el general Díaz ocupaba la Presidencia de la República, todavía,en el esplendor de la dictadura, siendo Angeles un simple teniente, se le comisionó para pronunciar un discurso en una distribución de premios del Colegio Militar, plantel al que tanto relieve diera la gallardía de su figura. En vez de las palabras palaciegas a que estaba habituado el dictador, escuchó una ruda crítica del soldado de perfil rufianesco, arbitrario y brutal, y el elogio del hombre dedicado al ejercicio de las armas, apto para someterse al principio de la legalidad y consciente de sus altas obligaciones para establecer el imperio de la vida institucional.

"Años después, el instinto lúcido del presidente Madero, apóstol nobilísimo, lo elige para pacificar el Estado de Morelos. En contraste con los jefes que lo procedieron, Angeles comprendió desde luego, que no se trataba de un problema militar escueto, de una simple cuestión de fuerza. La índole lamentable y dolorosa del caso de esta comarca del país, asumió a sus ojos las proporciones reales de un tema humano de honda justicia social.

"Tal era el militar, tal era el ciudadano, señoras y señores, que al poco tiempo de la caída del generoso régimen maderista, en la ciudad de Hermosillo, invitaba a destacados revolucionarios con gran personalidad guerrera, para que todos suscribieran un manifiesto, obligándose por su honor, a no aspirar a la Presidencia de la República al llegar al triunfo. Claro que Angeles no podía tener éxito en su designio.

"Su ineptitud para la vida cortesana, su repulsa por todo lo que representa el espíritu de servilismo, lo hizo fracasar cuando acababa de sumarse al movimiento revolucionario iniciado en contra de la usurpación huertista. Francisco Villa, lo acoge entonces. Aquel rebelde venido de la entraña misma del pueblo, terrible como los huracanes y recio como sus montañas nativas, lo distingue con acatamiento. Al lado de Villa, el hombre en estado de naturaleza, Angeles significa la comprensión, la inteligencia cultivada, el concepto de la vida civil, la norma moral que intenta ordenar los anhelos vagos, difusos y románticos de mejoramiento nacional, en una obra vertebrada y orgánica.

"Su conducta con don Francisco I. Madero, en trance de apostolado, no fue cosa fácil ni exenta de peligros. Significó para Angeles la prueba suprema. Y tal actitud constituye su más grave error para los espíritus cerrados a la generosidad y a la simpatía. Ellos no le perdonaron su jerarquía humana, su probidad y dotes de renunciación a este hombre fusilado inexorablemente, por encima de la legalidad.

"Hay caracteres como Angeles, que son una especie de reactivo moral para conocer las almas de sus contemporáneos. Los juicios que sobre ellos se pronuncian revelan su grandeza o su miseria. ¿Queréis conocer la calidad de los hombres de la Revolución? Preguntadles qué opinan de Angeles. La respuesta es una piedra de toque. Descubre todo un concepto sobre la ley, el civismo, la rectitud y el respeto que merece la vida humana.

"En la jornada del gran soldado de la Revolución persiste en una línea de respeto cabal a las instituciones, que no se confunde con el servilismo. Sabía Angeles que sólo por obra del espíritu público, México podrá salvar la etapa obscura del caudillaje. Educado en Europa, pero con profundas raíces en la tragedia de nuestra patria, este hombre talentoso, tal vez realizara esta aspiración nobilísima, abriendo entonces las puertas a la auténtica vida institucional, si las fuerzas sombrías que lo sacrificaron no se hubiesen desatado.

"Los que todavía siendo niños, allá en las luminosas ciudades del interior de la República, vimos pasar el desfile de los soldados de la Revolución en marcha, como una fueza cósmica, no podremos olvidar al artillero, inteligente, sensible y puro. Por eso en este homenaje dedicado a un hombre que no mató, que no robó, que no persiguió, sentimos ante el ejemplo de Angeles el valor de nuestros sueños políticos más caros. Y para completar la grandeza del tipo, él conoce en los últimos días los sinsabores de la pobreza y de la incompresión. Por eso mismo crece más su figura. Talló su propia estatua por antítesis a la miseria de sus enemigos. Y cuando llega al sacrificio y suena con toque lúgubre y largo el clarín de la muerte, avanza hacia el patíbulo con firme paso viril

"Angeles no concibe la Revolución como el culto vulgar del éxito. Tampoco como demagogia, ni menos como siembra de odios. Tenía la madera excepcional del temperamento constructor. Para construir, empleó el más noble de los martirios: la abnegación. En la historia de los pueblos de habla española de América, no encontramos con quien parangonarlo por sus virtudes, más cabalmente, que con José San Martín, el libertador argentino que renuncia al mando cuando llega el momento de la victoria. Ninguna elección más alta que la de la generosidad, que la del espíritu de sacrificio.

"Siempre atento al canto llano de dolor del pueblo, su memoria brilla como una lámpara votiva consagrada al ideal. No le importan los acontecimientos cuando los acontecimientos son viles. El temple de su alma heroica le permite superarlos.

"A través del largo y triunfal recorrido hecho para trasladar sus cenizas a la tierra que lo vio nacer, tenemos un símbolo de la peregrinación nacional del desagravio del héroe, vemos cómo humea la sangre de las redenciones".

*
* *

Un distinguido militar, a quien mucho debió la División del Norte, para lograr abatir la dictadura huertista, el Ing. Federico T. Cervantes, redactó una buena biografía del ilustre Felipe Angeles; y en el libro *Francisco Villa y la Revolución Mexicana,* del propio Cervantes, se le reconoce sus legítimos galardones. Excelentes son también las semblanzas cinceladas por Martín Luis Guzmán en su libro *El Aguila y la Serpiente,* crónica y epopeya de nuestra gran revolución.

EL PERSONALISMO SE IMPONE

Una observación clara del discutido José Vasconcelos, es la que recogemos; en ella señala uno de los motivos de la división revolucionaria.

La Revolución deshecha en Coahuila, empatada en Sinaloa, desmoralizada por la ineptitud de su jefe, triunfó militarmente, gracias al empuje de la División creada por Francisco Villa. Y se impuso Carranza la tarea ingrata de colocarse a retaguardia de quien le daba el triunfo, para abusar de la posición que las circunstancias le daban y deshonrar su jefatura con ruines intrigas y errores sangrientos, como la orden dada a Natera, uno de los subordinados de Villa, para atacar Zacatecas, sin la anuencia de su jefe inmediato, que produjo no sólo el enojo justificado del guerrillero, sino la derrota costosa de los constitucionalistas, en aquel primer descabellado intento. Cuando unas semanas después, Villa consumó la ocupación de Zacatecas, infligiendo a los federales una derrota decisiva, ya Carranza andaba como un prófugo, por el Sur de Coahuila, temeroso del que había logrado convertir en implacable enemigo.

Las victorias de Torreón y de Zacatecas obligaron a Victoriano Huerta a embarcarse. Desde ese instante el panorama cambió y ya nadie puso atención a la suerte de los restos del huertismo, sino al conflicto nuevo que se presentaba angustioso. El de las facciones revolucionarias irreconciliables y poderosas de elementos bélicos, engolosinadas en la matanza. Y la guerra empezó cuando debía haber acabado. Empezó cuando Villa, obligado a defenderse de Carranza, exigió en Junta de Jefes, desde Torreón, que Carranza organizase su gobierno, constituyese gabinete, fijase un límite a su poder arbitrario.

Era indudable que Carranza había faltado a su deber, funcionando como dueño absoluto de una situación nacional, disponiendo de fondos públicos y de emisiones cuantiosas, sin un intento de rendición de cuentas, encabezando sin programa un movimiento, que todo el mundo creyó libertador y que lentamente se convertía en una hecatombe. Tan desprestigiado estaba ya Carranza, la víspera de su triunfo, que de no haber sido Pancho Villa quien le acaudilla la oposición, seguramente no le queda una sola persona honrada a su lado. Lo terrible era que una desaparición violenta de Carranza significaba, por lo pronto, el predominio de Villa, que ignorante y feroz, andaba ya loco de mando y como una fiera que en vez de garras tuviese ametralladoras, cañones. La consideración de este peligro me retuvo a mí al lado de Carranza durante toda la crisis que empezaba, y hasta que hubo en la Convención autoridad legítima a quien acatar.

Más me decidió a pegarme a los carrancistas, el hecho de que Villa me recomendaba, entre media docena de revolucionarios, como uno de los que debían ocupar una cartera en el gobierno que le urgía a Carranza formar. La sugestión a mi favor partió de los maderistas que estaban al lado de Villa, pues a éste no lo conocía aún ni de vista; pero quise hacer patente mi adhesión a Carranza, independiente a toda ambición de puestos, y mi falta de complicidad en las exigencias de los villistas que parecían, a distancia, prematuras. Sin embargo, distaba mucho de estar satisfecho de Carranza pero me reservaba para cuando llegase el período de la organización.

Pronto decidió Carranza que no bastaba con una adhesión tácita, ni siquiera con una adhesión decente. Sin hacer nada para justificarse de los cargos que se le lanzaban, sin deseo alguno de conciliación, empezó a preparar fuerzas, soñando derrotar a Villa, pues su obsesión fue siempre la de sentirse general victorioso. Al mismo tiempo comenzó a exigir que todos y cada uno de los revolucionarios, "se definieran". "Hay que definirse", decían los serviles, y lo hacían lanzando injurias contra la traición de Villa y proclamando a Carranza el primer estadista de la historia.

En Nueva York me alcanzó la exigencia de la "definición". Me habían comisionado para conseguir un préstamo de trescientos mil dólares con garantía del bilimbique carrancista. Se cotiza éste a 22 centavos oro el peso y ofrecíamos en prenda, triple número de billetes. Con motivo de esta proyectada operación, recorrí varias oficinas de Wall Street acompañado de cierto amigo de Hopkins, millonario y hombre simpático. Y no conseguimos un centavo porque estalló en Torreón el conflicto de los villistas contra Carranza. Y me llamaron un día por telégrafo. Creo que fue en el hotel de Pesqueira nuestra junta. Estaban allí el susodicho Pesqueira y Zurbarán, Juan Urquidi y Cabrera. Tomó la palabra Zurbarán para explicar que toda la conducta de Villa era el producto de una intriga de los Madero.

—Yo creo que la cosa tiene más fondo —repliqué— y lamento que Carranza se haya puesto en condiciones de que un Villa lo llame con justicia al orden. Pero estoy con Carranza.

Alguien me pasó entonces un mensaje ya firmado por los demás en el cual se prometía a Carranza adhesión incondicional. Discutí en seguida la conveniencia de esta palabra, mas como no cediesen, me negué a firmar.

—Pero no lograrán —les dije levantándome del asiento—, no lograrán echarme a las filas villistas.

Antes de despedirme llamé a Cabrera.

—¿Cómo es posible que usted —le dije—, firme esa clase de documentos?... ¿Para eso hemos derramado sangre, para volver al incondicionalismo porfirista?

—Mire, Pepe —exclamó Cabrera—: Yo en el bando villista no tengo cabida porque allí dominan los maderistas; con Carranza tengo porvenir, mire —y me enseñó una letra por cantidad decente—, para mis gastos, lo acaba de mandar Carranza.. Qué quiere usted, yo he sufrido mucho; nuestro país no agradece nada y desde ahora yo trabajo, por Carranza. .

Regresé a Nueva York resuelto a volver a México por mi cuenta sin contactos con carrancistas ni villistas. Y, al efecto empecé a visitar a ciertas amistades con las que contaba para rehacer mi estudio de abogado.

EULALIO GUTIERREZ

Militar, político, minero. Nació en Santo Domingo, Coahuila, en 1880. Murió en Saltillo, Coah., el 12 de agosto de 1939.

En sus mocedades fue minero afiliado al Partido Liberal Mexicano y, en 1909, al Partido Antirreeleccionista, habiendo ingresado a la Revolución en 1910. Era miembro del Ejército Constitucionalista cuando acaeció la escisión Carranza-Villa, optando por servir a la Soberana Convención Revolucionaria, la cual lo nombró, en Aguascalientes, presidente de la República. Formó su gabinete en la siguiente forma: Gobernación, general Lucio Blanco; Instrucción Pública y Bellas Artes, licenciado José Vasconcelos; Fomento, ingeniero Valentín Gama; Hacienda, Felícitos Villarreal; Guerra y Marina, general José Isabel Robles; Agricultura, general Manuel Palafox; Obras Públicas, subsecretario, ingeniero José Rodríguez; gobernador del Distrito Federal, general Manuel Chao; subsecretario de Guerra, general Eugenio Aguirre Benavides; comandante militar de México, general Mateo Almanza. Fue designado, asimismo, presidente del Supremo Tribunal Militar, el general Pánfilo Natera.

La actuación presidencial abarcó del 3 de noviembre de 1914 al 16 de enero de 1915, siendo su autoridad muy restringida, tanto porque el terreno que dominaba era reducido, cuando por ser, efectivamente, un prisionero de Villa y de Zapata. No teniendo libertad de acción optó por abandonar el puesto, lanzando un manifiesto incendiario contra los dos grupos, y emprendiendo la marcha hacia la frontera para internarse en los EE.UU. En aquel documento desconocía tanto a Carranza como a Zapata y Villa, y fue firmado en Ciénaga del Toro. Fue senador por su Estado natal; gobernador de la misma Entidad y jefe de las armas. En 1929 se sumó a los elementos rebeldes encabezados por el general J. Gonzalo Escobar, dando por terminada su vida pública el año de 1930

MIGUEL VELASCO VALDÉS

RODOLFO FIERRO

Le toca a Rodolfo Fierro conquistar una triste fama: la de feroz, pero es un tipo de acuerdo con su época; feroces los hubo en distintos grados superlativos sin su capacidad y sus otras cualidades; Fierro tenía, por lo menos, la del arrojo y la de la lealtad, el atributo más estimable entre los hombres.

En la batalla de Tierra Blanca, ya se escapaba uno de los trenes federales; Fierro lo persigue a matacaballo y cuando le da alcance salta de la cabalgadura y se prende de la última plataforma, se desliza bajo el carro, atrapa el garrote de aire, lo aplica y detiene el convoy. Todo esto librándose de una lluvia de proyectiles que portentosamente no lo hieren. Esa audacia increíble lo agiganta ante los ojos de Villa. Desde entonces es casi su segundo; su brigada marcha a la vera del Cuartel General para las comisiones más arriesgadas.

El triunfo de Tierra Blanca, le da a Villa la posesión absoluta de Ciudad Juárez, y lo pone en la cúspide de su prestigio como guerrero. En sus oficinas se tramitan los asuntos más importantes y las visitas de toda clase de gente, es ahí más tarde donde se verifican las entrevistas con el general Hugo Scott, Jefe del Estado Mayor del Ejército Americano y a las que asiste Fierro en calidad de testigo, con la circunstancia, de que por ser antiguo ferrocarrilero, martajaba el inglés. Una de tantas mañanas pide audiencia un individuo extranjero de aspecto de gambusino o cowboy. Su objeto es hacer una reclamación; pero emplea un tono tan altanero que pone en guardia desde luego a los ayudantes de Villa. Inopinadamente intenta hacer uso de su pistola y Fierro, con la velocidad del rayo, le coge del brazo y lo desarma. Es el inglés Guillermo Benton, minero con más de cuarenta años en México, y famoso por sus fechorías y por sus borracheras de whiskey.

Lo que ha intentado hacer, en aquellos momentos, tiene una sola pena: la muerte; y Fierro es el encargado de aplicarla. El lo conduce a la estación de Samalayuca cercana a Ciudad Juárez, donde previamente se ha cavado una fosa. El inglés al verla la encuentra demasiado estrecha y le dice a su conductor: Fierrito, haz el hoyo más grande, porque de aquí a la noche me sacan los coyotes; pero Fierro, no puede perder tiempo en melindres y dispara rápidamente sobre la cabeza del gambusino que cae a tierra con los ojos saltados por el estrago de las balas.

Una de sus morbosidades es matar prisioneros, tiene innata la disposición de verdugo, la misma voluptuosidad de esos sacrificadores de hombres, como los famosos en la historia de la vieja alemania, que acababan por encallecerse en el oficio y sentir la necesidad de ejercitarlo para que no se enmohecieran sus herramientas. A Fierro se le hacía agua la mano (según propia expresión), cuando la posaba en la cacha de su pistola.

Tenía una personalidad imponente: gigantesca la talla, el pelo lacio cayendo en mechones sobre una frente estrecha, la mirada cruel, la nariz ancha y la boca insolente, de repente tenia risa de niño y gestos de alta galantería con las damas; recordaba con resabios de devoción a una joven esposa que había muerto hacía pocos años y él había sido su marido modelo.

Pero la Revolución lo transforma en un sanguinario y en un sensual. Sus exigencias con el sexo débil son brutales, de sátrapa oriental que pide siempre carne joven. Otra de sus transformaciones, es el hábito de embriagarse. Anteriormente había sido sobrio, pero en el furor de los combates necesita del estímulo del alcohol y bebe con avidez a pico de botella. Está profundamente alcoholizado cuando se deleita en fusilar prisioneros y se ríe con risa diabólica al sentir que su pistola se calienta a tal grado que tiene que cambiarla.

A Villa le disgustan profundamente esos excesos, no quiere ver a Fierro cuando está ebrio, ni él es capaz de presentársele en ese estado. En el combate de León una tarde, imprudentemente, intenta tomar el Cerro de la Cruz en la hacienda de Los Otates, y sacrifica a muchos de los Dorados. Villa manda aprehenderlo con intenciones de fusilarlo; pero a más de beodo está herido, el rostro bañado en sangre y uno de los muslos perforados. Se le despacha a Chihuahua para que se atienda, aunque con el carácter de prisionero; pero una vez que se restablece las cosas han cambiado y ya no quedan en la División del Norte sino muy pocos fieles. Esta cualidad es la que lo salva; podrá tener todos los vicios, pero no conoce de infidencias, de las que se apestan después casi todos los hombres de la Revolución.

Villa se lo lleva consigo cuando necesita aplacar la rebeldía de su compadre Urbina, que lo amenaza con cortarle la retirada. Después del pequeño tiroteo que es preciso librar para aprehenderlo, y en el que Urbina sale herido, Villa ya lo había perdonado; pero Fierro reclama el trámite. El trato fue hacer justicia y la justicia él es el encargado de ejecutarla; entonces, el más temido de los capitanes villistas muere a manos de Fierro, a poca distancia de la hacienda de Las Nieves, donde tenía su fortaleza.

Pero en la marcha hacia Sonora, le toca terminar también a Fierro su carrera espectacular, llena de proezas y de barbaries.

De la Revolución ha disfrutado de todos los placeres, y los ha tenido en exceso; mujeres, vino, oro, brillantes, que a prodigado como un Buckingham. Llega frente a la Laguna de Guzmán en la región de Casas Grandes y aquellas aguas tranquilas lo atraen misteriosamente, y hace la apuesta de cruzarlas en su caballo. Es una imprudencia de borracho, pero no hay modo de impedir la temeridad; el caballo camina con torpeza agobiado por el peso del jinete, de sus arreos, de su voluminosas espuelas y de su dinero guardado en una víbora de cuero fajada a la cintura; pero conforme avanza se va hundiendo. Fierro comienza a hacer esfuerzos por continuar, pero de improviso se zafa de la bestia y no pudiendo nadar se hunde rápidamente en el pantano. Una tarde descolorida de noviembre, con pequeños .nanchones rojizos de un crepúsculo moribundo, es el testigo impávido de aquella escena espeluznante.

Dr. Ramón Puente

LA EXPEDICION PUNITIVA

Parral

No se puede dar una imagen cabal de nuestra Revolución si no se precisan algunas intervenciones extrañas, como la norteamericana contra Villa, visto por un adversario del genial guerrillero:

"En total han sido ya seis las columnas que hemos visto marchar hacia el Sur con diferentes itinerarios, sin que hasta ahora hayan encontrado novedad, excepción hecha de la que manda el coronel Dood, que tuvo un encuentro en Guerrero con los villistas. Hemos de seguir ahora los pasos de esta nueva columna, que, al mando del mayor Tompkins, fue despachada de Colonia Dublán, compuesta de cuatro escuadrones de caballería, uno de ametralladoras, servicio médico, etc.

Seguiremos a esta séptima columna, con más detenimiento que a las anteriores, no porque en sí tenga mayor importancia que aquéllas, sino porque fue la que ocasionó el incidente de Parral, que trajo como resultado la retirada hacia el Norte, de todos los efectivos de la expedición.

Tompkins llevaba instrucciones, por lo pronto, de seguir el río de Santa María.

Nos confiesa que inicia su campaña sin llevar mapa de la región.

Aún no pierde de vista el cuartel general, cuando al acercarse a Casas Grandes, ve la guarnición federal mexicana que se forma, y que un oficial se dirige hacia él, advirtiéndole que se abstenga de entrar al poblado, pues de lo contrario, el destacamento tiene órdenes de oponerse por medio de las armas. Prudentemente el mayor Tompkins desfila frente a Casas Grandes, acatando la advertencia para evitar un choque con quienes llama sus aliados.

Advierte Tompkins que desde un principio las tropas y el pueblo mexicano, no vieron a las fuerzas americanas sino como invasoras, sentimiento que fue tomando cuerpo hasta que culminó en ataque abierto hacia ellas". Y más tarde, dice:

"Lo que necesitábamos en la Casa Blanca por aquellos días, era un Cleveland, un Roosevelt o un Coolidge, en cuyo caso no habría habido asalto a Columbus, ni Expedición Punitiva, pues los mexicanos habrían respetado a los Estados Unidos en lugar de burlarse de nuestro país".

No fueron los mexicanos los que se burlaron de los Estados

Unidos, sino éstos de aquéllos. La punitiva invadiendo México *con el fútil pretexto de que Carranza había solicitado el paso recíproco de tropas a uno y otro lado de la frontera,* no fue sino una burla a nuestro gobierno.

Lo que los Estados Unidos quisieran —aquí lo confiesa paladinamente Tompkins— fue que a México se le aplicara el "big-Stick" de Roosevelt; es decir la intervención. Y llama burla de los mexicanos al hecho de que éstos no toleraran el ultraje a su soberanía.

Habiendo partido esta columna a las 7.30 a.m. del día 22 de marzo, llega una hora después a Galeana y continúa su viaje hasta un poco más adelante de dicho lugar, en donde hace campamento a las 11.25 a.m. Nótese que este día la jornada es de cuatro horas.

Durante la marcha ve la columna aterrizar un aeroplano que Tomkins cree ha sufrido un accidente. El piloto, sin embargo, viene a encontrarlo, sano y salvo, por su propio pie y como Tompkins nota que el aviador porta un mapa, se lo pide, (ya se ha dado cuenta de lo necesario que es un mapa en campaña) a lo que el recién llegado accede bondadosamente. Esta jornada rinde a las 4.20 p.m. cerca de El Valle, a lo largo del río.

Vuelva a notar el lector que la columna suspende la marcha a las 4.20 p.m. ¡A las 4.20 p.m.!

Durante esta jornada, la columna no ha avanzado sino 19 kilómetros, quejándose el comandante, del viento que sopla y que no permite a la tropa hacer café, pues es tal su fuerza que vuelca los recipientes sobre el fuego y llena de tierra y arena los sartenes. Levanta el campo a las 9.30 a.m. el 24 de marzo y establece nuevo campamento a 4 kilómetros de distancia en El Valle. La jornada de este día ha sido de 13 kilómetros solamente. El día 25, décimoprimero de marcha, camina hasta las 5.15 p.m. acampando cerca de Las Cruces, a la orilla del río.

En este lugar, Tomkins llama al alcalde del pueblo y le dice, textualmente:

"Durante la noche, estableceré centinelas con órdenes de hacer fuego primero y pedir el «quién vive» después. Adviertía usted a los vecinos que se abstengan de molestarme. También le advertí que si alguien dispara sobre el campamento durante la noche, mandaría quemar la casa de Su Excelencia. Contestóme que no podía saber anticipadamente si dispararían o no las gentes de su pueblo y que por lo tanto no se hacía responsable, a lo que repliqué: «pues en ese caso, está usted reventado», y di por terminada la conferencia. Usé de esta táctica siempre que mi campamento estuvo establecido cerca del poblado y a ello se debe que nunca haya sido molestado. Otras columnas no fueron tan afortunadas como la mía".

Las otras columnas fueron mucho más afortunadas que la de Tompkins, debido a que sus comandantes trataron de granjearse, amigos y no enemigos. El resultado de la columna de Tompkins, tenía forzosamente que culminar en un incidente como el de Parral. En todos los órdenes de la vida, lo que se siembra se recoge.

El día 26, la columna rompe la marcha tarde, como ya es costumbre, (a las 8.30 a.m.) llegando a Namiquipa a la 1.30 p.m. después de recorrer 26 kilómetros, y establece su campamento sobre el río. No ha acabado de desensillar su caballo el comandante, cuando manda llamar al alcalde, haciéndole igual amenaza que al de Las Cruces.

A pesar de que los pueblos pequeños no cuentan con periódicos, las noticias cunden con rapidez. Así fue como Tompkins comenzó a señalarse como el jefe más arbitrario, creándose a la vez la fama de ser el más inútil de los de la expedición.

El día 27 la columna permaneció sin novedad en el mismo punto, en espera de órdenes, pero en cambio el día 28, sí hubo novedad: la columna cambió su campamento estableciendo uno nuevo a 200 yardas más allá del anterior. El 29 tampoco llegan órdenes, por lo que la tropa se dedica a herrar su caballada. Algunos oficiales aprovechan la calma y van por la mañana al pueblo, en donde se proveen de "café nativo", carne seca, tortillas y huevos.

Llaman café nativo al café sin tostar, pues los oficiales nunca lo han visto en tal estado, ya no digamos en la mata. Les extraña la operación de tostarlo y molerlo para servirlo. Además se les hace de mala calidad, siendo precisamente el mejor que han tomado en su vida. Tienen la creencia de que el café es un polvo de color negruzco que se vende en latas, ignorando que aun aquel que ellos toman en su tierra, envasado, es precisamente igual al café nativo que tanto les extraña en Namiquipa, con la diferencia de que el de aquí es café puro y el de allá está adulterado.

Esta ingenua ignorancia me recuerda el cuentecito aquél de la sardina y el pelícano.

Un niño preguntaba:

—¿Mamá, de que se alimentan los pelícanos?

—De sardinas, hijito.

—¿Y cómo hacen para abrir las latas?

La columna siguió descansando el día 30, en espera de órdenes. El día 31, inicia la marcha a las 11:00, llegando a La Providencia el 1° de abril.

Nos dice Tompkins que en este lugar celebra junta de oficiales, mapa en mano (gracias al aviador), habiendo decidido marchar a Bachíniba, y de este punto a San Gerónimo, al rayar el sol, pero que en vista de que el teniente Patton manifiesta que el jefe de la expedición no deseaba tal marcha, tuvo que efectuarse un reconocimiento por rumbo opuesto, ya que Patton tenía el carácter de ayudante de campo del general Pershing. Sobre este particular, Tompkins dice:

"Si hubiera marchado a Bachíniba, como lo tenía planeado, habría capturado al general Beltrán que, con 200 hombres, se había refugiado de la nevada, la noche anterior en aquel lugar".

El día 1o. de abril la columna entra a Bachíniba por dos rumbos diferentes, tratando de sorprender a Beltrán a quien supone Tompkins esperando su llegada. Beltrán había estado realmente en el pueblo al mando de una pequeña partida villista, pero al saber que estaba cerca una fuerza americana, a la que tenía localizada perfectamente, se retiró al Sur dejando espías para que vigilasen sus movimientos, así como los de otros americanos que por la región se movían, casi siempre de día. Esta noche, el general Pershing llega al campamento de Tompkins, situado en las afueras de la población y hace llamar a este jefe. Se sientan ambos sobre una manta cerca de la fogata del vivac y discuten sobre la situación.

Luego, nos cuenta Tompkins, que le pregunta el general a quemarropa: (Nótese el diálogo, semejante a los títulos de las películas mudas).

—Tompkins, ¿dónde está Villa?
—General, lo ignoro, pero me gustaría mucho irlo a averiguar.
—¿A dónde iría usted?
A Parral, para cortarle la retirada antes de que llegue a dicho punto.
—¿Y por qué?
—La historia del bandido Villa nos demuestra que siempre que se le ha perseguido con tenacidad, se refugia en las montañas vecinas a Parral.

Y luego prosigue, tratando de convencer a su general para que se le permita encaminarse hacia allá, al frente de una columna ligera de caballería.

—¿Cuántas mulas necesitaría usted?
—Doce.

Y ya no se volvió a hablar más del asunto durante la noche.

Al día siguiente, hace comparecer a Tompkins y le proporciona las doce acémilas, ordenándole que vaya en busca de Villa, adondequiera que se encuentre.

El 2 de abril parte el mayor perdiéndose en la serranía rumbo al Sureste. Va sobre la huella que hace dos días dejó Beltrán cuando salió de Bachíniba. A los 16 kilómetros suspende la marcha, hace campamento y pernocta a campo raso.

En vista de que la caballada ha descansado varios días en Bachíniba, es de suponerse que durante esta nueva campaña las marchas sean más largas, iniciándolas más temprano. Pero no; siguen siendo iguales a las anteriores.

El día 3, llegan a las 5.20 p.m. a Napavechic, habiendo pasado por Agua Caliente. Se maravilla la columna de la belleza del paisaje agreste de la sierra y lo califica como una de las más hermosas del mundo, diciendo, haber llegado hasta 10,000 pies de altura. Comienzan los soldados a quejarse de dolor de cabeza, hemorragias nasales y falta de respiración. En este punto, tal vez alentados por la hermosura de la sierra los soldados se divierten, pues los dos guías juguetean con un novillo enmedio del aplauso de la tropa, antes de sacrificarlo.

El día 4 a las 7.40 a.m. sale la columna para San Antonio de los Arenales, lugar situado sobre la vía férrea, en donde se encuentra desde hace 24 horas, el coronel Brown. Prosigue Tompkins su marcha, sin embargo, hasta Cusihuiriachic, adonde llega a las 3.15 p.m.

El mayor Reyes Castañeda, quien está de guarnición en Cusihuiriachic, habla con Tompkins, que como es costumbre no ha acampado en el pueblo, sino fuera de él. Reyes Castañeda pertenece a las fuerzas del general José Cavazos, que tiene el mando de aquel sector, y quien ha tenido ya varios encuentros con los villistas, desde el día del asalto a Columbus.

A las 8.50 p.m., la fuerza sigue adelante, recibiendo Tompkins en el camino una comunicación del general Cavazos, en que le advierte que por órdenes del comandante militar del estado de Chihuahua, se le invita a no seguir hacia el Sur, pues que desea aquel jefe evitar choques armados con las fuerzas americanas.

Además, dice la comunicación, que en la región hay bastantes tropas constitucionalistas para batir a Villa, y, por último que llevando Cavazos con las fuerzas a su mando, el mismo itinerario del jefe americano, no se hace necesaria su marcha. Un poco más tarde, durante el día, se encuentra a Cavazos personalmente, repitiéndole el jefe mexicano lo que por escrito le había dicho antes.

Dice Tompkins que durante esta conferencia, que tuvo lugar en las afueras del pueblo, al borde de una acequia, hizo colocar de antemano, en un lugar estratégico, una fuerza a pie, en previsión de alguna traición del general Cavazos.

Es la conciencia de Tompkins la que lo hace mostrarse desconfiado.

Cabe aquí decir que jamás ejército alguno ha tenido en sus filas hombre más leal, ni más honorable, que Cavazos, a quien el autor conoce desde antes de la Revolución.

El mayor recuerda entonces las órdenes que tiene recibidas de evitar choques armados con las tropas del gobierno de facto, y por esta razón únicamente, según nos lo dice sin que se le pregunte, contramarcha 5 kilómetros hasta un punto llamado Cieneguita, a pesar de la tentación de seguir adelante, ya que iba según dice, sobre la huella fresca de Villa.

Antes de separarse los dos jefes, el mexicano saca una botella, se la pasa a Tompkins, quien a su vez la pasa a unos oficiales suyos. Al despedirse, Cavazos advierte al americano en buen inglés: "Pórtese bien", cosa que le preocupa todo el día.

Nos dice el jefe americano que esta conversación con el general Cavazos le confirmó la creencia de que no sólo no debía contar con la ayuda de las tropas del gobierno mexicano, sino la de que se echaría sobre él, Tompkins, a la primera oportunidad.

Es un hecho de psicología militar bien comprobado, que el soldado miedoso, ve traidores por todas partes.

Sin embargo, Tompkins se olvida de aquel pórtese bien y engaña a Cavazos, pues el día siguiente, 6 de abril, marcha hacia el Sur, sacándole una vuelta al general mexicano, rumbo a Santa Rosalía de las Cuevas, con el pretexto de haberle llegado noticias de que los cabecillas villistas Beltrán y Ríos, andaban por aquellos lugares.

Desde que el mayor Tompkins sale para San Antonio de los Arenales hasta que llega a Santa Rosalía de las Cuevas, nos hace la relación que el lector acaba de ver.

El general Cavazos, con quien he hablado sobre esta escena cinematográfica de la botella y del pórtese bien, me manifestó que jamás habló con el mayor Tompkins y que por supuesto la historieta de la botella es fantasía del hoy coronel, quien seguramente ha querido amenizar su libro con esta clase de relatos.

Sale de Cieneguita a las 9.20 a.m. lo que prueba que no va en busca de ningún rebelde, pues no es esa la hora más apropiada para emprender persecución alguna. Lo guía un viejo indio, que va a pie. Conviene detenerse un poco para copiar unas líneas de los apuntes del mayor Tompkins:

"Este anciano guía nos condujo por las montañas una distancia de 19 kilómetros. Por más que apurábamos la marcha a nuestras cabalgaduras, el viejecito iba siempre por delante sin demostrar cansancio. Por espacio de 19 kilómetros la vereda trepaba cumbres pedregosas, serpenteaba por laderas, bajando al fondo de los cañones y pasaba por el lecho seco de los arroyos, todo lo cual constituía para hombres y bestias, motivo de gran fatiga; pero el viejo guía no demostraba la menor seña de cansancio".

Esta es la primera vez que Tompkins tiene una palabra favorable para algo que se relacione con México. Durante toda su actuación, no ha señalado sino nuestros defectos, nuestras fallas, hace notar la indumentaria tan modesta de nuestros soldados, señala las montaduras parchadas y desiguales de la caballería constitucionalista, subraya nuestro armamento de diferentes calibres y las cabalgaduras enclenques y estropeadas. Se olvida de que hace varios años nuestro país está en guerra intestina y que a los soldados de toda revolución no se les puede exigir llevar planchado el uniforme, ni marchar con paso de ganso. Las tropas que tan injustamente critica, llevan ya un año de perseguir a Villa por las sierras de Chihuahua y de Durango, persecución que iniciaron después de terminada la lucha formal con que hubo que destruirlo como factor militar en grandes batallas. Y aun esa campaña contra el guerrillero, vino después de la que los soldados de que él se mofa, llevaron a cabo para batir a Huerta.

Los americanos apenas llevan un mes en la sierra, sin haber combatido; sus actividades se han reducido a marchar con comodidad, provistos de toda clase de elementos, y sin embargo, ya sus columnas han perdido la marcialidad y van pareciendo partidas de indios yaquis, según nos dice el observador Converse. El mismo Tompkins nos dirá también, dentro de unos días, de cómo se ve precisado a comprar para su tropa, pantalones y calzado (no reglamentario por cierto) porque sus soldados empiezan a quemarse el cuerpo debido a los soles de la sierra, pues ya casi han quedado desnudos.

A la 1.40 p.m. del día 6, la columna pasa por un punto llamado Betabechic, en donde se encuentra con la noticia de que dos días antes la guarnición de aquel pueblo, sostuvo combate con una partida de villistas al mando de Pablo López, quien fue derrotado; quedando herido en un brazo el joven jefe de la guarnición. Este Pablo López es el mismo que fue puesto fuera de la Ley por el asalto de Santa Isabel.

*
* *

Desde que Pablo López fue herido en ambas piernas durante el asalto de Columbus la madrugada del 9 de marzo de 1916, trató de acercarse a Satevó, su natal, con el único fin de poderse curar, ayudado de personas de su confianza absoluta, sin peligro de ser delatado.

Con grandes sufrimientos llegó a la Sierra de la Silla, situada al Norte de aquel lugar, a fines de marzo, habiendo dispersado sus tropas. Encontró refugio en una cueva en la cual, ayudado por los fieles amigos vecinos de Satevó, contaba con cuanto le era necesario en materia de medicinas y alimentos.

Todo parecía suponer que la convalescencia vendría próximamente, quedando el célebre lugarteniente en condiciones de volver a emprender sus correrías.

Bajaban los asistentes al pueblo constanstantemente, habiendo poco a poco cobrado confianza; posiblemente cometiendo alguna indiscreción.

El cuartel general en Chihuahua tuvo conocimiento de que Pablo López se encontraba por la región, curándose de sus heridas, así como también supo de la forma como los dos individuos lo abastecían, desde la ciudad.

El general Benjamín Garza intempestivamente sitió el pueblo, poniendo un cordón de tropas e impidiendo la salida o entrada a persona alguna.

En esos días López había mandado a uno de sus dos amigos en busca de alimentos, por lo que fue capturado, pero sin que lograra hacer que delatara a su jefe. Como el herido tuviera necesidad de alimentarse y el caso era desesperado, López decidió enviar a su segundo servidor, tan pronto notó que el primero no regresaba. También este segundo enviado cayó en manos de las tropas del general Garza.

López empezó a sospechar que algo anormal y extraordinario había pasado puesto que tenía plena confianza en sus dos amigos. De haber estado sano, lo de menos hubiera sido cambiar de escondite, pero herido como se encontraba precisamente de las dos piernas, no le quedaba más remedio que esperar. Pero tampoco podía esperar por tiempo indefinido, puesto que la falta de alimentos lo tenía casi desfallecido. Habían pasado algunos días desde la ausencia del primer enviado.

Por fin a los pocos días, uno de los asistentes confesó conocer el lugar donde se escondía el asaltante de Santa Isabel, y se prestó para conducir a las tropas hacia el lugar preciso.

Llegaron a la misma cueva, pero el pájaro había volado, mejor dicho, se había arrastrado.

Desesperado por el hambre y la sed, López salió de la cueva, arrastrándose ladera abajo. Siguieron el rastro los de Garza e iniciaron una minuciosa búsqueda peinando la sierra.

El general Garza sabía que López no podía estar muy lejos, así es que comenzó a hacerlo llamar en voz alta por su nombre, sin que obtuviera más respuesta que el eco. 36 horas después de llamarlo constantemente, se escuchó una respuesta que conmovió y sorprendió a los soldados.

No muy lejos vieron moverse unas ramas; surgió de entre ellas, la cabeza de un hombre; era Pablo López rugiendo:

—Bueno, aquí estoy. Si son gringos, no me rindo. Si son mexicanos me entrego.

Al mismo tiempo que decía palabras, empuñaba su mausser como para hacer ver a sus perseguidores que estaba dispuesto a acompañar hechos a palabras.

Como le gritaban que eran mexicanos, se entregó al general Garza quien lo condujo a Chihuahua, en donde ingresó al hospital militar.

A los pocos días fue pasado por las armas. Lo de Santa Isabel pesaba demasiado para otorgarle el perdón. Además estaba fuera de la Ley.

Si López no hubiera sido el principal autor del atentado aquél seguramente habría sido perdonado, pues con la respuesta de: *Bue-*

no, aquí estoy; si son gringos, no me rindo; si son mexicanos me entrego, que cundió rápidamente por todo el Estado, se captó la simpatía de las tropas de la zona militar de Chihuahua.

El fusilamiento causó sensación en todas partes, pero muy especialmente en los Estados Unidos, debido al valor con que se enfrentó al pelotón.

Tiró las muletas, se irguió desafiante y esperó la descarga como un valiente.

Las fotografías de este fusilamiento circularon por todo el mundo.

*
* *

El día 7, Tompkins permanece en Santa Rosalía, a donde llega el coronel Brown con su 10° cuerpo de caballería y una batería de ametralladoras. Como Tompkins conocía la ruta de Brown, su marcha obedece al deseo de juntarse con este otro jefe americano. Sin embargo, Brow sigue rumbo a Parral, vía Satevó-Valle de Zaragoza-Sapién. En este sitio la tropa lava su ropa interior y se le da tiempo para que remiende su calzado, pues según Tompkins, sus soldados van ya quedándose descalzos y su apariencia es la' de gente ruda debido a que como no se han podido rasurar en mucho tiempo, ostentan enmarañadas barbas.

El 8, a las 7.30 a.m. sale la fuerza rindiendo jornada a las 5.00 p.m. sobre el río San Pedro, cerca de Ancones. Al día siguiente, el 9 de abril, a las 7.30 a.m., emprende la marcha hasta llegar a El Saúz, a las 5.45 p.m. Durante esa jornada la columna es tiroteada por un reducido grupo de villistas, que desaparece en las serranías, cuando los americanos contestaron el fuego. El día 10, la fuerza americana llega a Valle de Zaragoza, población en donde Tompkins compra ropa, calzado y calcetines para la tropa. A esta atención de parte del pueblo, corresponde Tompkins exigiendo al alcalde que prepare el desayuno para toda la columna, debiendo estar listo al amanecer del día siguiente. Citemos al entonces mayor:

"Le pedí tenernos suficientes frijoles cocidos para el desayuno de toda la columna, debiendo hacer entrega de dicho alimento al amanecer. Me dijo que no había un solo grano de frijol en toda la comunidad, y que, además, no tenía en qué cocinarlos en la cantidad necesaria. Contesté terminantemente que mi gente se desayunaría frijoles calientes por la mañana, pues de lo contrario mandaría incendiarle su casa. Los frijoles estuvieron listos a la hora mencionada".

¡Bello gesto que pinta la nobleza y el valor del heroico soldado!

El día 11, a las 8.40 a.m., prosiguió nuestro héroe la marcha hasta Santa Cruz de Villegas, llegando a las 4.00 p.m.; pero acampando fuera del poblado, debajo de unos árboles.

La columna de americanos, habiéndose alejado de su base, ha consumido ya las raciones de café, salmón y ciruelas, y viéronse por lo mismo, obligados los soldados a alimentarse de lo que llaman *comida nativa*. Tompkins dice que los huevos son abundantes y frescos, y que los pollos se pueden encontrar en cualquier parte, pero que cuesta mucho trabajo cocinarlos. Tortillas las hay por todos lados, y por lo que toca a carne, cada vez que la desean, echan mano a un novillo. En cuanto a frijoles, los cocinan desde la noche anterior en cantidad suficiente para que por la mañana estén preparados. En este lugar, abandona dos caballos, montando a sus dueños en lo que llama *native ponnies* (caballos nativos), de los cuales se expresa en términos elogiosos, pues observa que tienen mayor resistencia que sus caballazos y que causan menos molestias al dragón. Como Tompkins dice que los mexicanos no saben cuidar de estos valiosos *native ponnies,* me permitiré informarle que el mexicano conoce de equitación desde muchos años antes que a su país llegara el Mayflower, habiendo sido los mexicanos los maestros de los Estados Unidos en este arte. En los Estados del Sur y Oeste, nuestra influencia se conserva aún. Los vocablos bronco, rodeo, lazo, corral, pinto, etc., son términos tomados del español que hablan los charros mexicanos.

El día 12, a las 7.20 a.m., marcha la columna hacia Parral, el Moscú de la Expedición Punitiva; en donde Tompkins y sus ayudantes, Lippincott y Ord, piensan alojarse en el club, so pena de incendiar el edificio, mientras los ordenanzas les ensillan sus caballos.

Se extraña el mayor que no se le reciba oficialmente en las afueras de Parral. Se acerca a la guardia que está instalada en la estación del ferrocarril, pasando arrogantemente a la vista de ella y sin permiso entra al pueblo, prosiguiendo a la jefatura de armas. Encuentra al general Ismael Lozano con quien tiene una conferencia, que dura casi dos horas. Lozano le interroga sobre los motivos de su presencia en Parral, contestando el visitante con gran flema, que ha llegado debido a la invitación que él (Lozano), le hiciera por conducto del capitán Mesa. Mesa es un oficial a quien Tompkins había encontrado días antes en el camino, pero quien jamás hizo semejante invitación. Lozano le ordena salir de Parral, viéndose obligado Tompkins a obedecer, prescindiendo así del club y del baño tibio.

Mientras esta conferencia se desarrolla en la parte alta del edificio de la jefatura militar, la columna americana permanece formada en la calle, dando frente al edificio, en donde a la vez, se comienza a congregar el pueblo representado por todas las clases sociales, no faltando ni mujeres ni niños.

Cuando Tomkins se dirige a su gente para montar y conducirla a las afueras del pueblo, la multitud comienza a dar señales de agresividad y surgen gritos de *Viva Villa* y *Viva México*.

La multitud está enfurecida; manos armadas y rostros contraídos, muestran la indignación del pueblo ante los invasores, a los que dan alcance antes de que lleguen a la orilla del pueblo, sonando entonces los primeros disparos, que hacen rodar muertos a un soldado y a un cabo americano.

La señorita Elisa Griense, perteneciente a una de las mejores familias de Parral, cuñada de don Pedro de Alvarado, rico minero dueño de la mina La Palmilla, encabeza la multitud con un máusser en la mano, arma que arrebató del armero de la guardia apostada en el edificio, y arenga a los parralenses, despertándose el patriotismo. Ha sido ella precisamente la que dispara los primeros cartuchos contra los americanos y se dirige a Tompkins exigiéndole salir inmediatamente. Esta valiente muchacha aún vive y está casada en Parral con un ciudadano americano.

La columna está desconcertada; ha visto caer a dos de su hombres, muertos al contacto con la multitud guiada por la bella mujer, multitud que poseída de terrible indignación, los envuelve, los rodea, llegando al mismo Tompkins, a quien acorrala y dirige amenazas, hasta que éste, acobardado ante le peligro, se ve obligado a complacer al pueblo, gritando con toda la fuerza de sus pulmones, un estentóreo *Viva Villa*.

Durante varios años, las montañas chihuahuenses escucharon mil veces el grito de Viva Villa.

Lo mismo en las cumbres nevadas que en las barrancas profundas, las huestes villistas lanzaron el grito guerrero. Igual en las ciudades que en las cabañas; lo mismo para sus amigos que para sus enemigos, un *Viva Villa* era un grito de guerra.

Todavía por las noches, el viajero norteño solitario, ha de estremecerse creyendo escucharle al viento un *Viva Villa*.

Pero ningún *Viva Villa* ha de recoger los cantiles parralenses con más entusiasmo; ninguno han de multiplicar sus ecos con tanta fuerza, como este *Viva Villa* del mayor Tompkins en Parral.

Hasta la cueva, en donde el guerrillero convalecía de su herida, debe haberle llevado, su aliado, el viento, aquel *Viva Villa*.

El, que desde su escondite había visto pasar las columnas americanas; él, que había observado a los soldados de Pershing descansar a la sombra del picacho protector, él, que había escuchado las conversaciones de sus perseguidores; él, Francisco Villa, debe haberse sonreído despectivamente la mañana del día 12 de abril, de 1916. (Alberto Salinas Carranza, *La Expedición Punitiva*. México, 1936).

*
* *

He querido recoger el relato de un carrancista, Alberto Salinas Carranza, sobrino del Primer Jefe, quien convino con los Estados

Unidos el paso de los soldados extranjeros, para señalar cómo el villismo, convertido en el más limpio patriotismo ante los perseguidores del gran guerrillero, significó, en muchas ocasiones, la defensa de México. El final de la persecución, ya lo dice el corrido:

*Qué pensarían esos americanos,
que combatir era un baile de carquís,
con la cara cubierta de vergüenza
se tuvieron que regresar a su país.*

LA CONSTITUCION DE 1917 FORJADORES Y ENEMIGOS

La Lucha

Por Djed Bórquez

No todo fueron aplausos, abrazos, armonía. También tuvimos nuestras horas negras en el Constituyente. Eramos una inmensa mayoría los radicales o "jacobinos". Ganábamos todas las votaciones. Hacíamos que en las resoluciones del Congreso prevaleciera un criterio izquierdista. Pero...

Los ex renovadores, hombres que entraron a la Cámara pidiendo perdón, luchaban con malas artes. Controlaron la directiva, la imprenta y los taquígrafos.

Corregían a su antojo las versiones de sus discursos y Macías, seguido por Rojas, se empeñaban en llamarlos "derechas", cuando no lo éramos ni siquiera porque equivocadamente hubiésemos tomado asiento en ese lado. El instinto nos llevó a ocupar la sillería colocada a la izquierda de la mesa directiva y eso es lo que en todo parlamento recibe el nombre de izquierdas. Tergiversando los hechos y hasta ridiculizando a veces a varios de nuestros mejores compañeros, *El Universal,* de Palavicini, publicaba frecuentemente los pretendidos triunfos de los renovadores. Quienes leyeron ese diario en aquella época se quedaron con la idea de que la Constitución fue obra de Macías, Palavicini, y compañía. Nada más falso.

En el curso de esta crónica se habrá visto que, durante las últimas sesiones, monseñor Macías se abstuvo de tomar parte: estaba convencido de que cualquiera intervención suya tendría resultados contraproducentes. Se esfumó de las asambleas durante más de una semana. Ugarte y Palavicini insistieron en demostrar que podían ser útiles al congreso; pero siempre se tuvo prevención contra ellos y a nadie lograron impresionar con sus argumentaciones.

No obstante las repetidas protestas que los diputados "jacobinos" llevaron al Congreso, los diarios de Palavicini y de Barrón continuaron su tarea de presentar al público crónicas que estaban muy lejos de la verdad. *El Universal* lo hacía porque su director formaba parte de las minorías. *El Pueblo* secundaba esa labor, porque era periódico oficioso y a su director —don Heriberto Barrón— no lo admitimos como constituyente de Querétaro.

Cuando terminaron las labores del Congreso, los mayoritarios nos dimos cuenta de la necesidad de exponer en alguna forma ante el país, cuál había sido la actitud de los ex renovadores entre nosotros, señalando las características que tuvieron los directores de ese grupo. Con este fin se redactaron las declaraciones que copio en seguida. Las tomo de la hoja original que circuló en toda la República.

Esas declaraciones expresan con exactitud cuál era nuestro estado de ánimo al clausurarse el Congreso. No pudieron redactarse en otra forma, porque el disgusto de los "jacobinos" por la actitud francamente retardataria de las derechas, no podía ser menos vehemente y justificada.

Pasaron los años. Se olvidaron los odios del momento. Se han perdonado injurias y agravios. Todos los constituyentes nos vemos ahora con simpatía y cariño. Pero la situación en aquellos días, no pudo ser mejor expresada que en las declaraciones suscritas por noventa y cuatro compañeros. El número es muy respetable. Obtener de una asamblea a la que asisten por término medio, de ciento cuarenta a ciento cincuenta miembros, que se unan noventa y cuatro a firmar un documento, en que se hacen acusaciones graves, demuestran hasta qué punto se hallaban ofendidos los diputados de la izquierda, por la actitud de Macías y compañeros.

He aquí el texto original del documento a que me vengo refiriendo:

Manifiesto a la Nación

Luis Manuel Rojas, a quien nuestra buena fe de políticos sanos elevó a la honorable Presidencia del Constituyente, defraudó por completo nuestras esperanzas con su parcialidad descarada, manifiesta en todos sus actos de presidente en que estaba de por medio

Es bien sabido de la República entera que en el Congreso Constituyente que acaba de terminar su período único de sesiones, hubo dos grupos denominados liberal jacobino, el de la mayoría, y liberal clásico, el de la minoría; pero en realidad no hubo tales jacobinos ni tales clásicos, sino simple y sencillamente grupo revolucionario constitucionalista y grupo de renovadores; mejor dicho, grupo de retardatarios, de aduladores, de obstruccionistas, pues J. Natividad Macías, Luis Manuel Rojas, Félix F. Palavicini y Gerzaín Ugarte corifeos del último grupo, sólo se ocuparon de hacer labor de calumnia, labor de obstruccionismo, labor de desorientación. En efecto:

el grupo nefasto retardatario-ex renovador, pues arbitrariamente ocultó las felicitaciones que los revolucionarios de todo el país enviaron a la Cámara por su labor radical, adulteró en favor de sus amigos las listas de inscripción de oradores, nunca cumplió con el reglamento, se abrogó siempre todas las facultades y atribuciones de la Mesa Directiva del Congreso e intentó producir una profunda escisión entre el elemento revolucionario puro y el C. Primer Jefe don Venustiano Carranza, pues en los últimos discursos que pronunció, no se cuidó de los principios sino en acusar al grupo liberal revolucionario, de tratar de derrotar políticamente al C. Carranza, de ser instrumento del C. general Obregón, de ser representante del Partido Liberal Constitucionalista de México, al que de antemano había presentado como enemigo del respetable jefe de la Nación. ¡Insensato! ¡Como si la mayoría de un gran número de los diputados radicales de la Cámara no hubiera manifestado con hechos elocuentísimos y en épocas de prueba su adhesión, respeto y cariño por el probo gobernador de Coahuila! ¡Como si el patriota general sonorense no hubiera puesto ejemplaridad de subordinación, respeto y desinterés para con el señor Carranza y para con la nación entera! ¡Como si el Partido Constitucionalista de México no hubiera lanzado la candidatura del mismo primer jefe para la Presidencia de la República en el próximo período, evitando así una división en el glorioso partido de la Revolución y garantizando la paz futura de la patria!

J. Natividad Macías, el caduco político gonzalista en tiempo de don Manuel González, porfirista y corralista en la era porfirianocientífica, maderista de la nueva era; huertista por miedo a la Revolución, en la época del terror, y carrancista en nuestros tiempos; pretendió engañar a los noveles diputados revolucionarios y desorientar la opinión atribuyéndose con su grupo, el honor de la reforma obrera y de ser el portavoz del autor del proyecto de constitución. Pero nada logró su cansada oratoria, sin poner de relieve su alma de lacayo oficioso, su mentida fama de sabiduría y su ninguna habilidad y supina torpeza para tratar a los diputados independientes deseosos de consejos sanos, hambrientos de enseñanzas, avaros de ciencia, para darle a la patria una ley salvadora.

Félix F. Palavicini. Con su audacia sui géneris, con su elocuencia oropelesca, con su cinismo sin ejemplo, pretendió aplastar, ridiculizar y contener, la sencilla, consciente, firme y patriótica labor radical, que el elemento revolucionario inició desde luego en pro de la nueva Carta Magna, pero sus recursos insanos de atavismo italiano, sólo obtuvieron la viril protesta de los diputados honrados y la cohesión de todos los miembros del Congreso que han sentido, amado y luchado por la gran Revolución Constitucionalista y que no lo han explotado ni gozado en los altos peldaños de los Ministerios, adonde este pavo real de la política llegó por sorpresa, dado que los hombres de la Revolución no han podido ni querido dejar las armas durante la larga lucha de salvación, para que el primer jefe hubiera tenido con quien suplir a estos mercaderes sin pudor e incondicionales oficiosos. *Gerzain Ugarte.* El más peligroso por su insinceridad, pues en la tribuna trató con afecto y respeto a los radicales, pero con su carácter de secretario particular del encargado del Poder Ejecutivo, llevó siempre al ánimo sereno de don Venustiano, impresiones falsas, ya de oposicionismo, ya de irrespetuosidad, ya de acusaciones imaginarias, ya de influencias. Pero una vez más el ánimo tranquilo y fuerte de Carranza dio tiempo a la verdad para abrirse paso y toda esa infame labor de esos hombres peligrosos e indignos de la confianza pública, cayó por tierra al ponerse los diputados revolucionarios en contacto con el ilustre jefe de la Revolución, quien vio en la actitud de los llamados jacobinos sólo un gran deseo: el de condensar en la Carta Fundamental las necesidades todas de la nación; sólo un gran anhelo, el de satisfacer los sueños e ideales de los soldados muertos y de los soldados vivos, de la patria; sólo una inmensa ambición, acabar completamente con el capitalismo, con la esclavitud económica, con el clericalismo y con la ignorancia. Y cuando el C. primer jefe vio por sí mismo, conmovido hondamente, confundido con nosotros en íntima convivialidad, rodeado de sus fieles generales y de sus verdaderos amigos, declaró lleno de alegría, de verdad y entusiasmo, que él no había encomendado a nadie la defensa de sus ideas en el parlamento, que él no había autorizado a ninguna persona para usar su nombre en defensa de su proyecto, ni había pretendido ni pensado siquiera coartar la libertad de la Cámara; y que ya terminada la labor del Congreso, declara que su único fin al enviar su proyecto de reformas, había sido con el ánimo de obviar las labores perentorias de la asamblea, y agradecía profundamente la confianza que se había tenido hasta hoy en su persona. Agregó que si algunos diputados habían defendido su proyecto, lo hicieron seguramente porque pensaban como él.

Estas declaraciones revelan elocuentemente que el señor Carranza sigue siendo el ciudadano ecuánime y digno; respetuoso siempre de las funciones que no le corresponden y que será el guardián enérgico de las instituciones que el país acaba de darse, en sus nuevos fundamentales principios.

Ya sabe, pues, el pueblo mexicano, qué labor tan nefasta pretendieron hacer los políticos de oficio, que perteneciendo a la XXVI Legislatura, no tuvieron valor para imitar a los renovadores que se fueron al campo de batalla, ni con mucho el de imitar a Belisario Domínguez en su labor resplandeciente y que perteneciendo al Congreso Constituyente, no supieron coadyuvar con los revolucionarios de verdad a hacer más completa y en mejor forma la Constitución que se acaba de firmar, sino que dedicaron todo su tiempo, su experiencia, sus desatadas luces y sus esfuerzos, desgraciadamente perseverantes, a intrigar, a entorpecer, a dividir para quedarse dueños del campo, para atribuirse todas las reformas, para apoderarse de la opinión pública, y hacerla instrumento de sus bastardas inclinaciones e insaciables ambiciones.

Los diputados que suscribimos el presente manifiesto en el último día de nuestra residencia en esta ciudad histórica, tenemos confianza que al leerse la nueva Constitución, obtendremos la aprobación de los buenos hijos de la República, el aplauso de los abnegados revolucionarios que están aún luchando por la patria y después de leer el presente manifiesto, se convencerán también de que esos hombres funestos, intrusos en la Revolución, dueños de periódicos falsarios, explotadores del poder, no son dignos de figurar en ningún puesto de elección popular, ni en ningún empleo administrativo, porque solo atenderían a su interés y provecho personal.

Querétaro de Arteaga, 31 de enero de 1917. General Reynaldo Garza, general Martín Castrejón, licenciado Ciro B. Ceballos, general Amado Aguirre, coronel Porfirio del Castillo, general Heriberto Jara, general Esteban B. Calderón, licenciado Hilario Medina, coronel José Alvarez, general Francisco J. Múgica, coronel Gabriel Rojano, coronel Rafael Márquez, mayor José Rivera, Manuel Dávalos Ornelas, Onésimo López Couto, licenciado Ignacio Ramos Praslow, Uriel Avilez, coronel Gabriel R. C. Cordera, David Peñaflor, doctor Jesús López Lira, Ramón Gómez, G. A. Tello, Antonio García, Refugio Mercado Alfonso Mayorga, Matías Rodríguez, Ismael Pintado Sánchez, Leopoldo Ruiz, teniente coronel Donato Bravo Izquierdo, Benito Ramírez G., Manuel A. Hernández, teniente coronel Cristóbal Limón, R. Rosas y Reyes, Juan de Dios Robledo, general G. Bandera y Mata, Ignacio Rodríguez, Bruno Moreno, J. Ruiz, licenciado Francisco M. del Campo, doctor Cayetano Andrade, Jesús Romero Flores, Froylán C. Manjarrez, Rafael Vega Sánchez, E. Martínez Solórzano, M. M. Prieto, Cándido Avilez, Antonio Hidalgo, Porfirio L. Sosa, coronel Luis T. Navarro, Arnulfo Silva, A. M. González, teniente coronel José Manzano licenciado Rafael Martínez de Escobar, coronel Sebastián Allende, mayor Marcelino Cedano, Antonio Cervantes, Jairo R. Dyer, Julián Adame, licenciado Rafael Espeleta, Samuel Castañón, licenciado Antonio Garza Zambrano, A. L. Arteaga, doctor F. Díaz Barriga, coronel J. Aguirre Escobar, Modesto Luis Fernández Martínez, coronel G. de la Fuente, ingeniero Amílcar Vidal, Flavio A. Bórquez, David Pastrana Jaimes, doctor Alberto Román, Adolfo Villaseñor, Antonio Ancona Albertos, Alberto Peralta, A. Magallón, Ascensión Tépal, C. L. Gracidas, Luis Espinosa, C. M. Ezquerro, E. A. Enríquez, L. G. Monzón, Héctor Victoria, doctor Miguel Alonso

Romero, teniente coronel Antonio de la Barrera, Celestino Pérez, licenciado R. Ramírez Villarreal, licenciado Enrique Recio, J. de D. Bojórquez, coronel Salvador Alcaraz Romero, licenciado Enrique Colunga, Lauro López Guerra, licenciado J. M. Truchuelo.

Vuelvo a insistir en que estas cosas las vemos de diferente manera, a veintiún años del Congreso de Querétaro. A veces nos parece que fuimos demasiado duros con los hombres que permanecieron en la capital durante la usurpación de Huerta. De todas maneras, la lucha fue útil y fructífera.

El triunfo de las mayorías comenzó a evidenciarse desde el artículo tercero, que no pudo ganar la minoría ni llevando a la Camará al primer jefe para que su presencia imponente desarmara a los "jacobinos". A partir de esa derrota, don Venustiano se abstuvo de volver a presentarse en el Congreso y las noticias sobre la marcha de los trabajos le eran llevadas por Gerzaín Ugarte, Macías, don José Ma. Rodríguez, etc.

Sin el acicate de la opinión minoritaria, los de la izquierda no hubiésemos reparado en muchas adiciones que era necesario introducir en la Constitución. Tampoco hubiéramos permanecido unidos. Teníamos enfrente a un grupo reducido en número, pero fuerte por su experiencia y el saber. Los nuestros aprendieron a batirse en la tribuna y fuera de ella, pasadas varias sesiones. Los renovadores llegaron conociendo el reglamento y toda clase de artimañas para ganar un debate. Ni así pudieron con nosotros.

Habrá personas que pregunten: ¿Por qué las mayorías de Querétaro no rectificaron a tiempo a quienes tergiversaban los resultados del Congreso? Dos razones se pueden dar como respuesta: primera, porque no disponíamos de órganos de publicidad, con la capacidad suficiente para difundir en toda la República la libertad de los hechos; y segunda, eso que en México se llama desidia. A los que nos inquieren podríamos responderles con una interrogación.

—Es cierto; ¿por qué no rectificamos antes?

En uno de los aniversarios de la Constitución, los compañeros de las mayorías nos dijeron a Froylán C. Manjárrez y a mí, que escribiéramos un libro como el que ahora estoy terminando. No lo hicimos porque ni siquiera la invitación se formalizó.

No me cansaré de repetir que a los camaradas renovadores los tuvimos como adversarios en Querétaro; pero desde hace algún tiempo son de nosotros tan buenos compañeros como puedan serlo los Jara y los Calderón. Sus acciones de entonces, como las nuestras, pasaron al dominio de la historia.

Yo las asiento aquí, debidamente documentadas, para que los hombres de mañana juzguen nuestras diferentes actitudes. Lo único que reclamo para los compañeros mayoritarios es que se nos trate con justicia. Creo que a nuestro radicalismo de entonces, se debe que la Constitución sea todavía respetada y observada en el país. Y lo será por mucho tiempo todavía.

(A LOS DIEZ AÑOS DE MUERTO)

MUGICA Y SU REVOLUCIONARIO VIVIR

La pluma ágil, certera de Francisco Martínez de la Vega vuelve al periodismo. Lo hace en la revista donde ha velado sus mejores armas: el Siempre! de José Pagés Llergo, y en El Día, que cuenta con su inestimable amistad, y a cuyo suplemento cultural, El Gallo Ilustrado, entrega ahora el recuerdo fervoroso del general Múgica, su amigo entrañable, el revolucionario admirado.

Recordamos aquella tarde desapacible, polémica, en el cementerio de Dolores, un 12 de abril, el de 1954. Despedíamos a Francisco José Múgica sus viejos amigos, sus familiares, muchos de sus antiguos adversarios, algunos de los que con él, acabábamos de pasar por una experiencia electoral infortunada; para él una de tantas, para nosotros la primera. En torno al féretro había murmullos de fronda, choque de rumores contrastados, duelo de pasiones. Y no faltaba la severa, un poco tímida aunque solemne representación gubernamental. En la misma atmósfera tempestuosa en la que había nutrido su personalidad excepcional, el viejo campeón del pueblo tornaba a la tierra de México.

Ramos Praslow hablaba con palabras violentas en las que el justo encono, la desbordada pasión de las huestes oposicionistas vencidas, golpeaban como dardos; Lázaro Cárdenas, a quien por primera vez vimos moverse en un ambiente que sabía hostil, mantenía su legendaria serenidad y en su voz había acentos de comprensión para esa hostilidad y lo traicionaba el hondo, persistente afecto hacia Múgica, su inocultable solidaridad con el ejemplo mexicano de ese luchador.

En la vida de Francisco José Múgica, esa última campaña política sería una anécdota empequeñecida frente a tantas empresas de mayor proyección. Pero fue lo que dio el marco vivo, natural, al funeral del revolucionario siempre rebelde.

Asombra una y otra vez, al recorrer en la historia el proceso de la Revolución, la verticalidad de Múgica, la fiel entrega a un alto, noble, justo concepto de la lucha social. Múgica no supo de vericuetos estratégicos, de altos cautelosos, de silencios prudentes, Si su ideal chocaba con la realidad del ambiente la culpa era, desde luego, de esa mezquina realidad. Pero su intransigencia no fue puesta al servicio de una idea sencilla, humana, patriótica. Sólo quiso que la patria fuera dueña y señora de su destino y que los mexicanos conocieran la justicia social.

Su vivir fue plenamente un revolucionario vivir. Perdió muchas batallas políticas. Ganó las decisivas y trascendentes. Pero para su propósito íntimo, para su impulso vital, para la paz y la armonía interior de este incansable agitador, hubiera sido igual que las ganara o las perdiera todas, porque no buscó en momento alguno su propia victoria ni lo amargó jamás una derrota. La paz y la armonía del espíritu de Múgica se realizaron siempre en la conducta. Y ésta fue impecable. Como pensó vivir vivió. Es inútil buscar en el proceso revolucionario un centinela más asombrosamente alerta que Múgica, en todos los sucesos decisivos del movimiento social. No podrá encontrarse.

El seminarista de Zamora hace provinciano periodismo de oposición. Está con Madero en Casas Grandes, cuando el apóstol libró su primer combate. Lo encontramos junto a Carranza en la Hacienda de Guadalupe, reclamando postulados de mayor consistencia revolucionaria que los meramente políticos contra el huertismo; con Lucio Blanco, mosquetero inolvidable, hace el primer reparto de tierras en Las Borregas, Matamoros. En Tabasco, a propósito de otro reparto de tierras en El Chinal, se produce entre Carranza y Múgica un intercambio de telegramas que basta leer para conocer y admirar a Múgica. Carranza advierte que ese reparto es políticamente peligroso y debe anularse. Múgica insiste en la necesidad de repartir la tierra y en la vieja justicia que entraña precisamente el acto de El Chinal; anhela convencer al Primer Jefe, pero, advierte, si no lo consigue espera ordenes para entregar el mando, porque no anulará el reparto. Carranza lo da por bueno.

...Y EL PUEBLO HABLÓ EN QUERÉTARO

Sin embargo, Múgica se encuentra a sí mismo en plenitud, hasta el Constituyente. No es el orador más atildado, el parlamentario más hábil, el político más sutil. Pero desde las primeras sesiones previas, Múgica es la gran figura, el nervio fundamental, la voz más genuina, más agresiva, más clara del pueblo que hizo la Revolución. Múgica preside la Primera Comisión de Constitución. Y a esa tarea entrega su vitalidad entera, su fuego interior, su congénita solidaridad con los ideales revolucionarios. Frente a los moderados es el ariete demoledor del bloque radical. Y en ese admirable foro republicano que fue el Constituyente de Querétaro, Francisco José Múgica, Luis G. Monzón, Heriberto Jara y sus compañeros radicales fueron la mejor, la más consistente, la más lúcida expresión revolucionaria.

No son estas líneas que hoy escribimos, diez años después de su muerte, lugar a propósito para revivir todas y cada una de sus violentas, intransigentes, apasionadas intervenciones. Además, el mayor mérito de esa titánica labor no puede localizarse en sólo una o dos de esas intervenciones, ni siquiera en las más importantes. Lo asombroso está en la actitud asumida en todos y cada uno de los debates en que participó, en su inmutable fidelidad al pueblo y a sus ideales.

Antes y después del Constituyente, Múgica caminó casi siempre solo, contando apenas con solidaridades personales poco numerosas, aunque algunas de ellas muy importantes. Quizá fue en el Constituyente cuando conoció la feliz excepción de contar con un grupo mayoritario, combativo. Y con esa mayoría, Múgica logró una Constitución en la cual, como hemos dicho en alguna otra parte, se concreta, en sus aspectos medulares, todavía hoy, el mejor programa para un gobierno revolucionario.

Querétaro fue la mejor tribuna que encontró Múgica en su dramático vivir. Cuando, terminada la Carta Magna, el Primer Jefe sacó la misma pluma que en Guadalupe había servido para firmar el Plan que convocó al país a la lucha armada contra los asesinos de Madero, don Venustiano ofreció esa pluma a Francisco José Múgica para que firmara también la Ley Suprema que la Revolución triunfadora daba a la nación.

El diputado Múgica había cumplido la más alta, la más noble tarea de una vida puesta al servicio de su pueblo.

El hombre

Conocíamos y admirábamos al revolucionario, al campeón de las causas del pueblo. Su nombre nos sonaba a lealtad maciza. Hasta nosotros llegó su fama de intransigente, no sólo en las cuestiones fundamentales, sino —se decía— incluso en los detalles simples de la convivencia. Un día, esa leyenda se desvaneció en el primer contacto. El general Múgica no se asombró cuando el inveterado vicio nos obligó a encender el primer cigarrillo. Fue desde ese momento gentil y generoso con el periodista. Y así sería hasta la muerte, en el Sanatorio México, tras una larga, desesperada agonía soportada con el recio espíritu que todos admirábamos.

Después, coincidimos en una larga, violenta, infortunada cam-

paña política, en recorridos juntos al territorio nacional. Y la amistad se hizo más estrecha.
Tuvimos oportunidad de estar cerca de este varón cabal, los últimos años de su vida. El héroe popular, visto de cerca, no desmerecía. El hombre, ganaba mucho. Sencillo y dicharachero, amante de bromas, en sus ojos pequeños, vivísimos, se asomaba constantemente la alegría de vivir. Solía decir, un poco irónicamente, que él era como un "chayote", rodeado de espinas. Subsiste en nosotros la íntima seguridad de que esas espinas no eran sino la defensa instintiva de un corazón generoso. Tenía una paciencia mucho mayor que la gente le concedía. En las cuestiones de principio, sin embargo, no cedía un ápice y defendía con vehemencia —que muchas personas juzgaban como dura intransigencia— sus puntos de vista. Como mexicano lo admiramos en todo momento, como hombre, como guía y amigo, no podemos recordarlo sin hondo, inalterable cariño.

El Rebelde

Gobernó Michoacán y su régimen asombró a quienes no conocían a la Revolución o sólo aceptaban una Revolución más tímida y mansa. Motines y protestas se encendieron a cada paso que el gobierno de Múgica peleó su caso en una Suprema Corte que todavía no se asustaba de conocer de esos problemas y falló en favor de la reinstalación del gobierno depuesto. Sólo para volver a caer, y luego ser aprehendido en Michoacán y enviado prisionero a México. Se escapa cinematográficamente de la prisión y, quizá, del fusilamiento.

Y Múgica, prófugo, hace sentir su inconformidad, algunos años despúes, con el intento reeleccionista de Alvaro Obregón. Ustedes lo recordarán. El caudillo decía que no era necesario reformar la Constitución porque ésta prohibía la reelección del presidente y, al lanzarse a su segunda campaña presidencial, el presidente era Plutarco Elías Calles. El ingenio del invencible caudillo sonorense no encontraba dificultades legales para volver a Palacio. Los diputados y senadores obregonistas sin embargo, no entendían de esos malabarismos mentales del vencedor de Villa y prefirieron reformarla, "por si las dudas". Múgica entendía, con menos sutilezas, que la no reelección era principio básico desde el origen del proceso revolucionario y violarlo constituia una traición.

Despúes, con Lazaro Cárdenas, encontraría comprensión, solidaridad y aliento. Y Múgica estuvo, junto a Cárdenas, en las mejores realizaciones del gobierno cardenista.

LA SEMILLA QUEDO SEMBRADA

Con la misma devoción de aquella tarde de abril, repetimos hoy la despedida que en la revista *Siempre!* le dimos al amigo, al maestro, al campeón del pueblo:

"El gran rebelde bajó al sepulcro con las bendiciones y las promesas silenciosas de los inconformes de todos los matices. No fue el suyo un entierro suntuoso de obispo. El húmedo aire de esa tarde, de abril estaba, saturado de polémica, de pasión, de fidelidad al ideario nobilísimo de este inmortal agitador, que vibró en las frases lapidarias cuando Ramos Praslow envolvió la ofrenda de la Constitución cuyo texto original está con él, en el sueño definitivo".

"Guardamos como el honor más limpio que la vida nos haya otorgado, el hecho de que nosotros, oscuros mexicanos inconformes, buscadores torpes de caminos mejores para nuestro México, hayamos coincidido con ese soldado del honor y del patriotismo en una campaña política. Las lecciones que nos brindó, los estímulos con que su generoso afecto nos alentó en los peores momentos, la clara alegría con que se enfrentó a las más furiosas tempestades, son teas que iluminarán para siempre nuestra ruta".

"Francisco José Múgica estaba hecho con la misma pasta de los grandes rebeldes de la historia mexicana. Su vida proyecta nueva nobleza y devuelve sus máximos prestigios al título de revolucionario, que el trafique de los mercaderes ha envilecido".

"Agitador de México, por México y para México. Eso ha sido el amigo entrañable, el ciudadano sin mácula, el mexicano cabal".

"Algún día la semilla que Múgica regó en todos los rincones de la patria fructificará en libertad, en justicia social, en progreso cívico y material para todos los mexicanos. Cuando llegue esa aurora que trae la liberación del hombre, cuando la salud de un niño sea más importante que la bomba que mata a millones, los hombres que en el mundo entero pusieron su vida al servicio de las mejores causas de la humanidad, como lo hizo Múgica en su México, formarán el cuadro de honor de la historia".

"Ellos dan vida a la única nobleza que es eterna en el linaje humano".

UNA VIDA AL SERVICIO DE LAS MEJORES CAUSAS

Cronología

Nace el 3 de septiembre de 1884 en Tingüindín, Mich., hijo del profesor Francisco Múgica Pérez y de Agapita Velázquez Espinosa.

En 1898 entra al Seminario de Zamora. En 1904 deja el seminario y se dedica al periodismo en Zamora y otras poblaciones de Michoacán.

El 27 de septiembre de 1910 llega en unión de sus padres a la ciudad de México, después de la clausura de su último periódico *El 1910.*

En 1911 acompaña al señor Madero en la batalla de Casas Grandes.

En 1912 trabaja en el gobierno de Coahuila a las órdenes del gobernador Venustiano Carranza.

En 1913, forma parte de las escasas fuerzas que escoltan al señor Carranza a su salida de Saltillo. Discute en la hacienda de Guadalupe la redacción del Plan del mismo nombre y firma el llamado que lanza la Revolución Constitucionalista.

También en 1913, organiza a las órdenes de Lucio Blanco, en Matamoros, Tamaulipas, el primer reparto de tierras, al fraccionar la hacienda *Las Borregas,* propiedad del general Félix Díaz.

En 1915 es designado Gobernador y Comandante Militar en Tabasco. Entrega tierras a los campesinos de *El Chimal* y armas para defender sus parcelas.

Representa al 15 Distrito de Michoacán (Zamora), y preside la Primera Comisión de Constitución en el Congreso Constituyente de 1916-1917. Fue el factor personal decisivo para el triunfo del bloque radical que modificó sustancialmente el proyecto enviado por el Primer Jefe.

El 18 de mayo de 1920 fue electo gobernador constitucional del Estado de Michoacán. El 9 de marzo de 1922 pidió licencia ilimitada, ante la ocupación de fuerzas federales del Estado de Michoacán. Por mandato de la Suprema Corte reasumió su puesto el 29 de noviembre de 1923. Fue aprehendido al reasumir su cargo y consignado a las autoridades de la capital. Múgica huye y se convierte en prófugo, perseguido por el gobierno de Obregón.

En 1934 colabora con el señor general Cárdenas como secretario de Economía Nacional, primero y secretario de Comunicaciones y Obras Públicas.

En 1939 se separa del gobierno para figurar como precandidato del PRM a la Presidencia de la República.

En 1941 es designado gobernador del Territorio Sur de la Baja California.

En 1951 funda, con Porfirio del Castillo, Amilcar Vidal, Ignacio Ramos Praslow y otros constituyentes, el Partido Constitucionalista Mexicano, que no obtiene registro oficial y se adhiere a la candidatura presidencial del general Miguel Henríquez Guzmán, lanzada por la Federación de Partidos del Pueblo.

El 12 de abril de 1954 muere en la ciudad de México.

(*El Gallo Ilustrado,* 12 de abril de **1964**).

PASTOR ROUAIX

(Autobiografía. Fragmento)

Nacido en la ciudad de Tehuacán, del Estado de Puebla, en el año ya remoto de 1874, cuando todavía la raza indígena formaba abrumadora mayoría en aquel Distrito, sentía desde la primera infancia brotar en mi alma la piedad por el indio e indignación vehemente contra el que lo explotaba con vejaciones indignas. El intenso comercio de Tehuacán estaba entonces, como lo está hasta la fecha, sostenido por las mercancías que los indígenas mixtecos, aztecas y popolocas, llevaban a cuestas en fatigoso viaje para entregarlas a los comerciantes españoles, en su totalidad, que conservaban el despotismo del conquistador y creían tener la superioridad racial que les daba su pasada dominación, unidas a la sórdida avaricia del extranjero que busca su rápido enriquecimiento por cualquier medio, y en Tehuacán la fortuna del español era adquirida con rapidez inconcebible en aquellos tiempos. También supe entonces que el peón indígena que trabajaba en las haciendas entonaba el canto de "El Alabado" a las cuatro de la mañana, como el toque de diana que marcaba la hora de su salida al campo para comenzar el trabajo y que regresaba al caer la tarde, jornada de catorce horas que era retribuida con un mísero jornal.

Después de cursar los estudios preparatorios y profesionales en la capital de la República, al obtener el título en la Escuela Nacional de Ingenieros, tuve como primer trabajo, el de auxiliar de un competente ingeniero para terminar el plano del máximo latifundio del Estado de Durango, la hacienda de Santa Catalina del Alamo, que tenía 440,000 hectáreas de superficie, semejante al territorio total del Estado de Morelos y allí comencé a ver, entre otros casos, la lucha desigual de esta finca y la de "Juan Pérez", que fue de los antiguos condes del Jaral y que abarcaba 288,000 hectáreas, sostenían contra el indefenso pueblo de Sauces de Salinas, que en el centro de su plaza tenía la mojonera divisoria de ambas haciendas, con un cercado que encerraba el caserío. Desde entonces, dedicado a la topografía, especialmente, tuvo necesidad de recorrer todo el extenso recorrido de aquella entidad y de familiarizarme con el peonaje que se ponía a mi servicio en los diversos trabajos que ejecutaba, lo que me permitía conocer en todos sus detalles, la vida de miseria que llevaba y las humillaciones con que ganaban el sustento. Conocí la extorsión que sufrían en la "Tienda de Raya", con el reparto de las "Medidas" en las labores y con el pago de salarios que nunca era en dinero efectivo; los vi hacinados en las chozas ahumadas y sin ventilación de las "Casas de cuadrilla"; supe que carecían totalmente de bienes, muebles e inmuebles en lo material, y de ilustración y de garantías individuales, sin tener la menor esperanza de una mejoría económica y social en el porvenir, porque su mal era atávico y sólo un cataclismo podía transformar la pobreza acumulada por muchas generaciones de parias, en la comodidad de una vida de ciudadano libre. El trato que tenía con los humildes se alternaba con el de los potentes, cuyas utilidades conocía, porque conocía la finca y sus productos y todos los datos que iba recogiendo me hacían comprender el estupendo desequilibrio social de nuestra Patria y la urgencia de que fuera destruido un régimen que asfixiaba a los que estaban abajo, que eran más del noventa por ciento de la población mexicana.

Al iniciarse el movimiento democrático para la elección presidencial de 1910, me afilié con entusiasmo al brote de rebeldía y al triunfo de la Revolución maderista, entré por primera vez en mi vida al desempeño de un empleo, porque en el gobierno que se formaba, cifraba mis esperanzas de regeneración social. Fui Jefe Político de Durango y diputado a la Legislatura Local; sostuve un periódico, agité a las "porras" como despectivamente se llamaba entonces al pueblo que despertaba y consagré todas mis actividades a procurar fortalecer ese gobierno para que cumpliera con los propósitos que guiaban a sus componentes. Al ser traicionado el presidente Madero en febrero de 1913, el pueblo de Durango volvió a la lucha con ímpetu arrollador y el improvisado ejército constitucionalista tomó la plaza de Durango el 18 de junio del mismo año y el primero de julio, el mismo pueblo duranguense, convocado a un plebiscito por los jefes vencedores, premiaba mi labor de revolucionario civil designándome Gobernador Provisional del Estado en aquellos momentos de guerra y destrucción, cuando enconadas batallas traían gloriosos triunfos. Con ese nombramiento tuve la honra de haber sido el primer gobernador que nombrara la Revolución en el primer Estado de la República que se conquistaba para la causa.

De julio de 1913 a agosto de 1914, desempeñé ese cargo lleno de entusiasmo y satisfacción por la oportunidad que el pueblo me daba de realizar mis ideales, enfocados a la mejoría de mis compatriotas humildes, con la reforma del régimen económico y social. En ese lapso el gobierno a mi cargo tuvo que atender las necesidades de la guerra, desde la producción de cereales para alimento y géneros para vestidos, hasta la fabricación de papel moneda para cubrir los gastos de las tropas combatientes; pero especialmente aquel gobierno quiso dejar establecidos los principios que debían normar la política del futuro para beneficio de la colectividad. Para ello expidió el 3 de octubre de 1913 la primera ley agraria que tuvo la nación mexicana con tendencias socialistas, cuyo primer considerando transcribo, porque en él quedaban condensados los motivos de la Revolución y las necesidades de crear la pequeña propiedad como base de la paz futura:

"Considerando, dice la ley, que el motivo principal de descontento de las clases populares de nuestro Estado, que las ha obligado a levantarse en armas en 1910, ha sido la falta absoluta de la propiedad individual, pues al carecer el Estado de la pequeña propiedad, las clases rurales no tienen más medios de subsistencia en el presente, ni más esperanzas para el porvenir, que servir de peones en las haciendas de los grandes terratenientes, que han monopolizado el suelo del Estado".

El artículo primero del mismo decreto, sentaba como principio: "El gobierno del Estado de Durango declara que es de utilidad pública, que los habitantes de los pueblos y congregaciones sean propietarios de terrenos destinados a la agricultura".

Para realizar este propósito los vecinos tenían el derecho de solicitar que se les concedieran tierras expropiadas de las haciendas inmediatas, cuyo valor debían cubrir al gobierno en diez anualidades y éste pagar a los propietarios en bonos agrarios especiales que se amortizaran en el mismo plazo. Establecía también la ley que el gobierno podría erigir nuevos pueblos en los lugares del territorio en que juzgara de utilidad crear centros habitados por ciudadanos libres, para contrarrestar el peso de los latifundios.

Basándose en este precepto se procedió el 20 de noviembre de 1913, a fundar en la Estación Gabriel un poblado que se denominó "Villa Madero", en tierras adquiridas por compra al propietario, dotándole de ejidos de la hacienda inmediata.

La rápida prosperidad de esta villa que pronto excedió de un millar de habitantes, demostró la necesidad que había en el Estado de crear poblaciones libres. También se dictó una ley de expropiación por causa de utilidad pública, declarando que se consideraba benéfico para la colectividad, y por lo tanto, materia de esa ley, las obras de irrigación, ejidos para los pueblos, fundación de pueblos y colonias agrícolas, obras de mejoramiento y progreso de los poblados, la construcción de edificios para oficinas y escuelas en los poblados, etc.

Como se ve por las anteriores disposiciones, el gobierno de Durango comprendió desde 1913 el problema fundamental que debía resolver la Nación para su prosperidad y para la tranquilidad interna; pero comprendió también que reformas de esta magnitud no podían ser resueltas por simples decretos, porque, sobre el interés de la comunidad, por apremiante que fuese, estaba la Constitución individualista de 1857 y al establecerse el orden constitucional, cualquier juez de distrito destruiría toda la obra realizada con el recurso del amparo; pero era indispensable lanzar leyes similares para orientar la conciencia pública; para tener hechos consumados que pesaran en la conveniencia nacional y para contar con un enérgico respaldo en las clases populares.

Otro punto fundamental noté en aquellos tiempos, que era indispensable implantar en la legislación futura como un precepto superior a todos los artículos constitucionales relativos y consistía en dar a la nación el derecho de intervenir en el uso particular de la propiedad privada cuando el interés de la colectividad así lo demandare. Esta idea la concebí y pude apreciar la urgente necesidad de implantarla, en aquellos agitados tiempos de pasiones que originaban represalias desastrosas.

La derrota de los huertistas originó el éxodo en masa de hacendados y capitalistas duranguenses, que habían formado la Defensa Civil como cuerpo militar beligerante y en sus deseos de desquites y de venganza resolvieron aniquilar a sus adversarios, los peones de sus fincas, y para ello, el abandonar Durango, ordenaron a sus administradores y mayordomos que por ningún motivo permitieran el cultivo de las tierras para que "murieran de hambre los pelados" (palabras textuales), amenaza que ningún gobierno podía permitir que se realizara, porque la vida de cuatrocientos mil ciudadanos estaba muy por encima del capricho de unas centenas de individuos. Para contrarrestar esta maniobra el gobierno, obrando de acuerdo con todos los jefes constitucionalistas, apoyó a los campesinos para que tomaran las tierras, las sembraran y cultivaran, sin importarles las órdenes de administradores o propietarios, si se oponían a ello. El resultado fue maravilloso: un año pródigo en lluvias, "el año de los pobres", como le llamaron los labriegos, produjo cosechas abundantísimas que cubrieron ampliamente las exigencias del Estado y permitieron surtir a la Comarca Lagunera y a parte del Estado de Chihuahua, cuando esas regiones estuvieron en poder de la Revolución. Lo mismo aconteció con dos pequeñas fábricas de tejidos de algodón, que quedaban en el Estado, a las que el gobierno intervino y manejó para proveer de mantas a la población duranguense. Advierto que de mayo de 1913 a abril de 1914, el Estado de Durango permaneció incomunicado del resto de la República y que sólo podía contar con sus propios recursos. Estas disposiciones fueron verbales; pero para evitar responsabilidades sobre los hechos consumados, se dictó en marzo de 1914 el decreto respectivo.

Otra ley agraria de gran importancia marcó la realización del programa revolucionario que el gobierno de Durango se había propuesto realizar; la política de conciliación de la dictadura había desdeñado el cumplimiento de las Leyes de Reforma y el Clero había vuelto a poseer bienes raíces y a administrar capitales, habiendo tomado la precaución para cubrir las fórmulas legales, de valerse del subterfugio de la sociedad anónima. Respaldado por ese parapeto, el clero duranguense poesía fincas rústicas y urbanas que oficialmente pertenecían a la Compañía de Enseñanza Industrial y Científica, S. A., a la que obispos, sacerdotes y personalidades del catolicismo habían aportado propiedades y capitales. El decreto del 29 de julio de 1914, quedó jurídicamente basado en los preceptos de la Constitución de 1857, y de acuerdo con ellos, los bienes que formaban el patrimonio de la sociedad volvieron a la propiedad de la nación por el intermedio pasajero del Estado de Durango. Este caso me hizo comprender el peligro que entrañaba la sociedad anónima para violar las leyes en lo referente a la propiedad inmueble en la República.

En agosto de 1914 fui llamado por el primer jefe del Ejército Constitucionalista para confiarme el puesto de oficial mayor encargado del despacho de la Secretaría de Fomento, Colonización e Industria, que acepté con el mismo entusiasmo, porque veía en su desempeño nuevo y más amplio campo para implantar mis propósitos, al secundar la política del señor Carranza, que era la política de la Revolución, consciente y sana. El primer asunto que atacamos con resolución, fue el relativo a los combustibles minerales, orientando la Secretaría sus procedimientos administrativos para alcanzar la reivindicación de la propiedad del subsuelo, que la Nación había perdido en 1884 por combinaciones tortuosas de nuestros gobernantes, según expusimos anteriormente, enfrentándose a las poderosas compañías petroleras con las inspecciones creadas desde los primeros días, con facultades bastantes para vigilar las explotaciones e intervenir en las operaciones que se efectuaban.

Otra de las primeras disposiciones, fue la de exigir a los extranjeros, que adquirieran concesiones o derechos al uso y dominio de tierras y aguas en el territorio nacional, la renuncia expresa a solicitar protección de sus gobiernos, recurso que invocaba en cualquier dificultad, lo que los colocaba en situación privilegiada con relación a los mexicanos. De los estudios que se emprendieron con más ahinco fue el de las monstruosas concesiones dadas por la Dictadura a las Compañías Deslindadoras, a que ya nos referimos, por medio de las cuales había pasado la propiedad de millones de hectáreas de terrenos nacionales a manos extranjeras, que no los explotaban, ni colonizaban, ni vendían. De la revisión detenida que se hizo de cada una de ellas, se llegó a la conclusión de que había sido el fruto de violaciones a todas las leyes relativas, por lo que legalmente estaban incursadas en caducidad, formulándose los acuerdos para la nulificación de los títulos expedidos, con lo cual reivindicaba la nación sus derechos y volvían a su poder las tierras detentadas. Para dar mayor solidez a estos acuerdos, se dictaron después de promulgada la Constitución, en cuyo artículo 21 se estableció un precepto especial para estos casos. Entre las declaraciones de caducidad consta la de una de tantas concesiones en la Baja California.

Durante la estancia del gobierno Constitucionalista en el puerto de Veracruz, dedicó preferente atención la Secretaría de Fomento al estudio de leyes y procedimientos renovatorios para los diversos ramos que le estaban encomendados; formuló un proyecto de ley agraria que abarcaba la mayor parte de los problemas que se creía indispensable resolver para la adquisición y posesión de las tierras por los agricultores humildes que las cultivaban personalmente; se promulgó la Ley Agraria de 6 de enero de 1915 con mi firma; aun cuando es de justicia hacer constar que no fue proyecto ni redacción de la Secretaría, sino obra del eminente revolucionario licenciado Luis Cabrera, secretario de Hacienda desde aquel entonces; ley memorable porque sentaba las bases revolucionarias de la reforma agraria, al declarar nulas las enajenaciones de tierras que se hubieran consumado en perjuicio de los pueblos, a los que se les concedía el derecho de restitución, al mismo tiempo que el derecho de ser dotados de ejidos si en la actualidad carecieran de terrenos.

Correspondía también a Fomento el Ramo de Trabajo y el departamento respectivo extendía su campo de acción y de experimentación a la región fabril de Orizaba y a los campos petroleros, que eran los lugares que por entonces estaban bajo el dominio del gobierno, dedicando también su atención a estudios legislativos para formular leyes que garantizaran al obrero y establecieran el justo equilibrio entre el capital y el trabajo.

El personal del gobierno de Veracruz estaba formado en parte por ex diputados renovadores de la XXVI Legislatura, cuyos servicios aprovechó el primer jefe por su mayor ilustración, por su experiencia en asuntos políticos y administrativos y sobre todo, por su adhesión a la causa, demostrada en sus luchas parlamentarias y confirmada por el mismo Victoriano Huerta al disolver las Cámaras y hundir en la prisión a los diputados del grupo. En la Secretaría de Fomento tuve como valiosos colaboradores a los licenciados Adalberto Ríos, José Inés Novelo y Eduardo Neri, y a los señores Marcos López y Jiménez y a Salvador Gómez, que había sido íntegro senador por Jalisco, cuya lealtad a la causa lo coloca en alto pedestal. En las otras secretarías de Estado, figuraban: en Hacienda, el licenciado Luis Cabrera y Rafael Nieto; en Relaciones el egregio tribuno Jesús Urueta; y en otros puestos importantes se encontraban los señores licenciados Isidro Fabela y Eliseo Arredondo, el ingeniero Pascual Ortiz Rubio, don Gerzaín Ugarte y algunas otras personalidades que habían figurado en aquella legislatura.

En el Congreso Constituyente fue la representación genuina del pueblo mexicano, revolucionario en su conjunto, porque todos los diputados fueron elegidos entre los ciudadanos de las provincias que se habían destacado por sus ideas avanzadas o por sus servicios a la causa popular; en su enorme mayoría provenían de la clase media o de las clases proletarias, pues había artesanos y campesinos, profesionistas de reputación local y militares improvisados que habían obtenido sus grados en el fragor de los combates, todos inexpertos en las lides parlamentarias; pero todos inspirados por el entusiasmo de laborar para el beneficio de la patria. Entre la gran masa de diputados bisoños se distinguía un corto número de políticos avezados, que había residido en la metrópoli por largo tiempo y que había figurado en la XXVI Legislatura dentro del bloque renovador, cuya brega contra los elementos reaccionarios dieron celebridad a aquel Congreso. Algunos de esos diputados se habían unido al señor Carranza desde el principio del movimiento en Coahuila, otros durante su estancia en Sonora; pero la mayoría se unió a él, cuando fue tomada la ciudad de México.

La admisión de este grupo de políticos para desempeñar los puestos prominentes que ya citamos, fue uno de los hechos más discutidos y que mayores dificultades internas trajeron al gobierno de la primera jefatura, porque los revolucionarios combatientes que habían expuesto sus vidas en los campos de batalla y que llegaban orgullosos de sus lauros triunfales, vieron con profundo disgusto la confianza que se dispensaba, al dar participación activa en el gobierno que iba a establecerse, a los que consideraban advenedizos, pues no les reconocía ningún servicio efectivo para el triunfo de la causa, sino que, por el contrario, se consideraba y con razón, que su permanencia en el Congreso con el carácter de representantes del pueblo, después del asesinato del presidente Madero, había servido solamente para dar apariencia de legalidad a un gobierno indigno que había brotado por la traición y el crimen.

Por otra parte, las dotes oratorias, el trato social y la práctica en las lides periodísticas y en las intrigas de la política que ostentaban estas personas, los hacía aparecer er la aristocrática capital de la República y en el oasis pacífico de Veracruz, como situados en un plano superior al que ocupaban los rudos combatientes que traían todavía el polvo de las estepas norteñas, los que al creerse postergados, hicieron gestiones directas o indirectas para separarlos del señor Carranza. La volubilidad que caracteriza a los políticos latinoamericanos fue el principal auxiliar que tuvieron los revolucionarios para imponerse, porque el antiguo bloque renovador hubiera sido de gran peso y de acción decisiva en aquellos tiempos, si hubieran permanecido unidos; pero al conseguirse el triunfo comenzó su disgregación y al retirarse el gobierno a Veracruz, apenas la mitad de aquellos políticos siguió adicta al constitucionalismo y de esa mitad todavía una nueva escisión, que produjo un cisma en el gabinete, separó al grupo que encabezaba el ingeniero Palavicini de las demás personalidades que ocupaban los altos puestos.

La elección de los representantes populares para el Congreso Constituyente fue una manifestación de democracia y de efectividad del sufragio, pues fue enteramente libre y como consecuencia natural, hubo gama de matices en las opiniones de los electos, que produjo la formación de los dos extremos que son indispensables en toda asamblea para el justo equilibrio de las resoluciones que apruebe. Hubo izquierdas exaltadas que ambicionaban radicalismos violentos y hubo derechas moderadas que se alarmaban ante el peligro de drásticas medidas...

Los diputados que figuraron en los puestos prominentes de las izquierdas fueron los revolucionarios que habían luchado con las armas en la mano en los campos de batalla y los jóvenes de sangre ardiente que por no tener arraigo en el pasado, deseaban destruirlo rápidamente para entrar de lleno al porvenir del idealismo que habían soñado; entre los primeros estaban los generales Francisco J. Múgica, Esteban B. Calderón, Heriberto Jara, Cándido Aguilar y entre los segundos descollaron el licenciado Rafael Martínez Escobar, el ingeniero Juan de Dios Bojórquez, Luis Espinosa, Froylán Manjarrez y muchos más, algunos de los cuales no alcanzaban la edad legal de los 25 años.

El ala derecha tuvo como núcleo fundamental a los ex diputados renovadores que habían laborado en la Secretaría de Instrucción Pública, tantas veces citados: ingeniero Félix F. Palavicini, licenciados don José Natividad Macías, Luis Manuel Rojas y Alfonso Cravioto y al señor Gerzaín Ugarte, secretario particular del señor Carranza en aquellos tiempos, pequeño grupo al que había quedado reducido el bloque maderista de la XXVI Legislatura después de las deserciones y escisiones que los desmenuzaron. En el Congreso Constituyente este reducido número de personas apareció como un escudo o baluarte que detuvo y resistió todos los ataques que los revolucionarios necesitaban lanzar contra el gran conjunto primitivo. La discusión de las credenciales del señor Palavicini, ocupó dos sesiones del Congreso Electoral, en la que los elementos radicales representados por el señor licenciado Martínez de Escobar principalmente, mostraron toda la hostilidad que tenían para los renovadores en general y para el presunto en particular, por considerársele el más dinámico y combativo entre todos sus compañeros.

Fue objetada también la credencial del eminente literato Alfonso Cravioto y la del sabio letrado don José Natividad Macías, a quien se tachaba de haber sido servidor de los gobiernos porfiristas desde la época de don Manuel González y que había manifestado su adhesión a la Dictadura con los altos puestos que desempeñó, por lo que su revolucionarismo actual se veía con desconfianza por no considerársele sincero. Se completaba el grupo con amigos personales del señor Carranza, hombres respetables por su edad a quienes se aplicó el mote de "el apostolado".

Fueron diputados constituyentes varios renovadores más, de los cuales los señores Ancona Albertos y Rivera Cabrera se afiliaron en las izquierdas y los señores ingeniero Reynoso, doctor Cabrera, licenciado Ordorica, Rafael Nieto, Antonio Aguilar, Luis T. Navarro y otros, *(que)* disolvieron su personalidad en el conjunto general, por lo que todos ellos quedaron a salvo de las saetas de sus adversarios que se embotaban en el baluarte de sus expiatorios compañeros.

La gran masa de los diputados llegó al Congreso libre de partidarismos y fue la que formó la mayoría equilibradora de los extremos; estaba formada por elementos de los Estados de reconocida filiación revolucionaria y entre ellos se destacaron los licenciados Enrique R. Colunga, Hilario Medina, Paulino Machorro Narváez, José Truchuelo y Fernando Lizardi, el doctor Miguel Alonso Romero y otras personalidades que en el Congreso se distinguieron como oradores convincentes por su elocuencia y seriedad, recibieron allí su consagración como revolucionarios conscientes cuyos servicios debía aprovechar la administración pública del porvenir.

En esta gran mayoría se colocó el que esto escribe porque, aunque era gran amigo y admirador del señor Carranza y depositario de su confianza en una Secretaría del Estado, al llegar al Congreso se consideró como un representante del pueblo cuyo servicio estaba por encima de compromisos sociales o políticos. Mi ciudad natal, la simpática y tranquila Tehuacán de las Granadas, a la que tantos miles de personas deben salud y vida, y su distrito electoral, me hicieron la honra de elegirme para que los representara en el memorable Congreso Constituyente de Querétaro. En aquellos tiempos fructificaba todavía la semilla democrática que había sembrado el señor Madero en su básico principio de "Sufragio Efectivo" y las elecciones se verificaron sin coacción oficial ni chanchullo de políticos. En Tehuacán existía el Partido Democrático y su presidente, el señor don Juan B. Orduña, tuvo la gentileza de recordar a mi persona y consultar mi voluntad para que fuera postulado y se trabajara por mi candidatura. Después nada supe, nada, ni nada gestioné, el partido tehuacanero hizo la campaña y con fecha 2 de noviembre se me comunicó el triunfo que se había obtenido en la liza electoral, alcanzando gran número de votos excedentes sobre los que obtuvo el coronel Guillermo Castillo Tapia, que había sido el contendiente a mi candidatura. Di las gracias a mis correligionarios y después de habérseme concedido la licencia respectiva para separarme temporalmente de la Secretaría de Fomento y dejar en orden los negocios de ella, me presenté a la Asamblea de Querétaro que aprobó mi credencial como diputado propietario por el 10° Distrito Electoral del Estado de Puebla y la del suplente, señor coronel Irineo Villarreal, en la sesión del día 2 de diciembre de 1916. La labor que realicé en aquel memorable Congreso, la expongo ahora en las páginas siguientes, como una expresión de gratitud al Distrito que me vio nacer y que me proporcionó la satisfacción inmensa de haber sido útil a la Patria en una obra de tan magna importancia. *(Génesis de los Artículos 27 y 123 de la Constitución Política de 1917.* Prólogo de Antonio Díaz Soto y Gama, 2ª Edición. México, 1959).

*
* *

En los preceptos antes mencionados la participación de don Pastor Rouaix fue fundamental. Generalmente se omite su nombre; y es que la lucha de facciones que dividió a los revolucionarios, por las intrigas y la terquedad de don Venustiano Carranza, a cuya sombra se cobijaron los elementos más reaccionarios de este Congreso (V. el capítulo relativo a "La Lucha" y "Cinco figuras de constituyentes", de Djed Bórquez, que se incluyen en esta obra), y que desgraciadamente continúa en la historia de estos acontecimientos, porque hay interesados en ocultar la verdad, con aviesos objetivos, han impedido hasta hoy, otorgar el honor a quien honor merece. Pastor Rouaix, que después de la lucha armada y de los debates parlamentarios ocupó tareas relevantes en la defensa de los principios sociales, es uno de los grandes en la galería de la Revolución, en la que tantos enanos han saltado al tapanco de la gran burocracia, desde donde tergiversan la verdad.

LA SUCESION EN 1920

Al plantearse la sucesión presidencial de 1920, Carranza, que ya había traicionado a los trabajadores, que tan heroicamente se habían agrupado bajo la "Casa del Obrero Mundial", y que había mostrado su espíritu reaccionario en las diversas formas que se han señalado, olvidando que la dictadura porfirista cayó por las reiteradas imposiciones, quiso también imponer a su candidato. Para ese efecto importó al ingeniero Ignacio Bonillas, personaje con cualidades positivas y negativas, pero que significaba la continuación descarada del carrancismo. Por ello todo el ejército, surgido de la más pura entraña del pueblo se alzó en armas y acabó asesinándolo. Al candidato se le bautizó con el nombre de Flor de Té, por una de las ingeniosidades que han caracterizado al pueblo mexicano.

Ocurría que en uno de los teatros de la ciudad de México se presentaba una revista en la que aparecía una española, zagala pueblerina llamada con aquel nombre. Dentro de la actuación había unos versos en los que se decía:

> *Flor de té es una ingenua zagala,*
> *nadie sabe de dónde ha venido*
> *ni cuál es su nombre, ni dónde nació.*

Como de Bonillas se decía que ni siquiera el apellido era el auténtico, y no se sabía quién era su padre ni su madre, y que tampoco se sabía "ni cuál es su nombre, ni dónde nació", el apodo se popularizó y circuló por toda la República, con gran regocijo y la carcajada colectiva del pueblo mexicano. La personalidad de Obregón: popular, ex ministro de la Guerra, impetuoso, en el comienzo de su vigorosa madurez, e impulsado por una gran audacia, se impuso en toda la República y la rebelión cundió rápidamente. Según el escritor español Vicente Blasco Ibáñez, Bonillas era así:

Las Desventuras de "Flor de Té"

Bonillas, el candidato sostenido por Carranza para que le sucediese en la presidencia de la República, es un mejicano que ha pasado la mayor parte de su vida fuera de Méjico.

Salido de su país en la adolescencia, anduvo por los territorios del Sur de los Estados Unidos, ejerciendo diversas profesiones para ganar honradamente su pan. Su existencia fue algo accidentada, como la de todo el que necesita cambiar muchas veces de lugar y de oficio. Luego, siendo ya hombre, estudió en el Instituto Tecnológico de Boston la carrera de ingeniero.

Al sublevarse Carranza contra Huerta, volvió Bonillas a su país, figurando entre los revolucionarios.

Su actuación no fue brillante. Ni siquiera llegó a general, que es a lo que llega cualquiera en Méjico. Se limitó a prestar sus trabajos como ingeniero, marchando entre los civiles que a la cola del ejército revolucionario se ocupaba de los asuntos administrativos.

Después del triunfo de la Revolución, Carranza necesitó en Washington un representante fiel que le obedeciese ciegamente, y eligió a Bonillas. Este sabe el inglés mejor que su lengua natural, y se ha educado en los Estados Unidos, condición que le colocó por encima de los demás que solicitaban representar a Méjico en Washington. Y en este puesto ha permanecido durante todo el gobierno de Carranza hasta que a éste se le ocurrió fijarse en él para que fuese su heredero en la presidencia.

Ya conté cómo el pueblo de la capital de Méjico, extrañado ante la candidatura del desconocido Bonillas, le puso un apodo.

En los primeros tiempos fue "Flor de Té", porque nadie sabía quién era. Después todos sus enemigos pretendieron conocer su pasado, y el pobre señor Bonillas, fue algo peor que la pastorcita de la canción española.

¡Qué de mentiras revueltas con verdades no lanzaron los adversarios de su candidatura, coreados por los que se burlaban de ella para molestar a Carranza!...

Bonillas no era Bonillas, ni podía llamarse mejicano. Su verdadero nombre era Stanford, y además había nacido en los Estados Unidos. Bonillas era el apellido de su madre, única sangre mexicana que existía en su pasado... Y los sostenedores del candidato —todos amigos de Carranza, empleados públicos y militares— tuvieron que publicar la genealogía de los Bonillas a partir del primero, un trabajador que llegó de España cuando México era aún colonia española.

El aspirante a la presidencia no sabía hablar en castellano, según sus enemigos. Los periódicos de oposición publicaban todas las mañanas algunos cuentos sobre Bonillas, en los que aparecía éste chapurreando el español y trastornando de tal modo el orden y el significado de las palabras, que decía verdaderas enormidades para ruborizar a las señoras.

Yo mismo serví de pretexto, indirectamente, para esta falsa propaganda.

Los estudiantes de las universidades de Méjico, cuando llega a su país algún extranjero que goza de popularidad, acostumbran a obsequiarlo con un "gallo", que es una procesión nocturna, mezca de serenata y de mascarada, que desfila a la luz de las antorchas ante los balcones de la casa que ocupa el obsequiado. Los estudiantes montados en corceles, en automóviles cubiertos de flores y banderas o en camiones convertidos en carrozas alegóricas, cantan, gritan, dedican discursos entusiásticos o relatos burlescos a la personalidad agasajada, y el público, invitado por la juventud universitaria, se une a esta manifestación con más carruajes y música. A mí me dieron varios "gallos". El de la capital de Méjico fue enorme, pues figuraron en él más de quince mil personas. La ruidosa procesión nocturna desfiló, con largas detenciones, durante dos horas ante el Hotel Regis, donde vivía yo, ocupando una habitación al lado de la de Bonillas. El candidato a la presidencia no estaba en aquellos momentos en el hotel, evitando el contacto con una muchedumbre juvenil e irreverente, que al verle podía permitirse algunos atrevimientos de palabra. Desfilaron Don Quijote y su escudo, los cuatro jinetes del Apocalipsis y un sinnúmero de muchachas vestidas de españolas; pero nadie se acordó de Flor de Té. Estábamos en Méjico y don Venustiano se hallaba cerca. La policía montada caracoleaba además sus corceles entre las carrozas de la procesión.

Días después, los estudiantes de la Universidad de Puebla me dieron otro "gallo". Aquí Carranza estaba lejos. Entre los pelotones de máscaras a caballo y carrozas con alegorías de España y las repúblicas hispanoamericanas, pasó un simple carruajito tirado por un jaco y sin adorno alguno, que fue, sin embargo, la mayor atracción de desfile.

Lo ocupaba un travieso estudiante vestido con un traje a grandes cuadros, que es la vestimenta con que en España y en todos los teatros de lengua española se representa al inglés, por un convencionalismo tradicional. La careta con que cubría su rostro hacía las delicias de la muchedumbre.

—¡Flor de Té!... ¡Viva Flor de Té! —gritaban en torno del carruaje.

Y al pasar bajo los balcones de mi hotel, el estudiante se puso de pie para saludarme con un tono nasal y la voz lenta y dificultosa del que no posee el idioma en que pretende hablar.

—Mister Bonillas —dijo la máscara— saluda a mister Ibáñez, cuyas novelas ha leído traducidas al inglés. Dentro de unos meses tal vez llegue a leerlas en español, pues ahora me ocupo en aprender esta lengua.

Y el público aplaudía, creyendo de buena fe que el aspirante a la presidencia de la República mejicana ignora por completo la lengua del país.

Esto no es cierto. Yo he conversado varias veces con el señor

Bonillas durante nuestra permanencia en el mismo hotel, y es un mejicano igual a sus compatriotas y que habla el español lo mismo que todos ellos. Pero ¡cómo evitar las inversiones de los enemigos!... Estos revelaban cada día un nuevo secreto sobre el pasado del candidato impuesto por Carranza.

Bonillas era súbdito norteamericano desde muchos años antes. Bonillas, en sus andanzas por los Estados Unidos, cerca de la frontera mejicana, hasta había sido sheriff de un pequeño pueblo. La familia del candidato tampoco escapó a esta revisión hostil.

Se hizo público que Bonillas está casado con una distinguida señora de nacionalidad inglesa y que pertenece a la religión reformada. Sus hijas también profesan la misma religión y no son católicas. ¡Horror!...

Hay que advertir que los más encarnizados enemigos de Bonillas son hombres sin ideas religiosas de ninguna clase. Algunos hasta se han distinguido durante la Revolución por una crueldad innecesaria contra los sacerdotes católicos. Un general de Obregón —que es tal vez su amigo más íntimo— hizo en los primeros tiempos del triunfo revolucionario que varios curas y frailes barriesen las calles de la capital de Méjico. Además, llenó de sacerdotes varios vagones de ganado y los envió de Méjico a Veracruz, no comiendo nada los presos durante los cuatro o seis días que duró el viaje.

Pues bien; de muchos de estos enemigos de Bonillas, que no temen ni a Dios ni al diablo, procedieron las primeras protestas:

—¡Qué escándalo para las damas de México, que son todas católicas!... ¡Una protestante ocupando el primer sitio de la República!

VENUSTIANO CARRANZA

El Plan de Guadalupe

Nació en Cuatro Ciénegas, Coahuila, el 29 de diciembre de 1859. Sus padres fueron el coronel Jesús Carranza y la señora María de Jesús Garza. Estudió en el Ateneo Fuente de Saltillo y también asistió a la escuela Preparatoria de la capital, sin que realizara estudios sistemáticos.

Su carrera política la inicia ya de edad avanzada, pues hasta 1887 llega a ocupar el cargo de presidente municipal de su pueblo natal, cargo que vuelve a ocupar el año de 1894. Al presentarse la campaña de reelección de Garza Galán, se levantó en armas, las que abandonó al presentarse un candidato de transacción que fue el señor José María Múzquiz.

Durante la administración porfirista ocupó otros cargos políticos, ya que fue diputado en la legislatura de su Estado; después senador y diputado al Congreso de la Unión; senador, 17 años. Con posterioridad ocupó el cargo de gobernador interino de su Estado. Desde ahí comenzó a mostrar veleidades políticas y se afilió a la candidatura del general Bernardo Reyes. A su vez se lanza como candidato al gobierno del Estado, sin éxito. Uno de sus panegiristas, el licenciado Manuel Aguirre Berlanga, al hablar de su calidad de funcionario, nos dice lo siguiente:

"Despunta nuestro patricio su obra cívica distinguiéndose como munícipe incorruptible y enérgico. Era presidente municipal de Cuatro Ciénegas, su pueblo natal. Gobernaba Coahuila Garza Galán.

Un día dio éste la consigna a los presidentes municipales de que forjaran informes en que hicieran aparecer brillante y próspera la situación del municipio. Don Venustiano Carranza contestó: *"en el informe diré lo cierto". Esto es, que no eran prósperas, sino angustiosas las condiciones del municipio.* Tan excepcional rasgo de probidad lo obligó a retirarse a la vida privada. Optó por tal medida antes de plegarse a la ignominia. Al fungir de munícipe sirvió lealmente a su pueblo, rechazó consignas y se negó a mentir, aunque esa negativa irritara al cacique y escandalizara a los abyectos. En suma, enseña cómo han de conducirse los presidentes municipales aun en los regímenes despóticos, en signo de protesta por la violación de los derechos políticos de que es el municipio celoso guardián. Siempre creyó que la libertad municipal era necesaria en las democracias y luchó por ella, implantándola en Coahuila cuando lo gobernó, y en la República entera haciendo triunfar su iniciativa en el Constituyente de Querétaro".

De la interesante biografía inédita escrita por don Miguel velasco Valdés, tomamos los siguientes datos:

"Durante la asonada de Pascual Orozco (marzo de 1912), organizó fuerzas auxiliares que inpidieran la incursión de los orozquistas en el Estado de Coahuila; estas fuerzas estaban expensadas por la Federación; pero al serles retirado el subsidio, Carranza adoptó una actitud, de peligroso reto que, según diversos autores, estaba por convertirse en rebeldía; aunque la realidad fue que permaneció al lado del gobierno. Al acaecer la Decena Trágica, se mostró leal a las instituciones, y al derrocamiento del señor Madero, pidió a la Cámara de Diputados estatal expidiera un decreto desconociendo la autoridad del usurpador Victoriano Huerta que, coludido con los rebeldes de la Ciudadela, había asaltado la presidencia de la República, sorprendiendo y amedrentando al Senado. Tal decreto decía en parte, así:

"Art. 1o. Se desconoce al general Victoriano Huerta en su carácter de jefe del Poder Ejecutivo de la República, que dice él le fue conferido por el Senado y se desconocen también todos los actos y disposiciones que dicte con ese carácter. 2o. Se conceden facultades extraordinarias al Ejecutivo del Estado en todos los ramos para que suprima los que crea convenientes y proceda a armar fuerzas para coadyuvar al sostenimiento del orden constitucional en la República. ECONOMICO. Excítase a los gobiernos de los demás Estados y a los jefes de fuerzas federales, para que secunden la actitud del gobierno de este Estado.— Saltillo, 19 de febrero de 1913.—A. Barrera, Diputado Secretario".

Simultáneamente a la promulgación de este Decreto, envió a México al licenciado Eliseo Arredondo para que observara la situación e hiciera regateos con el gobierno, a fin de ganar tiempo para sus preparativos militares, "sabiendo de antemano" que Huerta se mostraría renuente a todo arreglo, si éste encerraba la condición de que abandonara el poder. El 26 de marzo de 1913, ya en plena lucha armada, lanza, en la HACIENDA DE GUADALUPE, Coah., el histórico Plan de este nombre, cuyos lineamientos generales después de un preámbulo, fueron: "1o. Se desconoce al general Victoriano Huerta como presidente de la República. 2o. Se desconoce también a los poderes Legislativo y Judicial de la Federación. 3o. Se desconoce a los gobiernos de los Estados que aún reconozcan a los poderes de la Federación que forman la actual administración, 30 días después de la publicación de este Plan. 4o. Para la organización del ejército encargado de hacer cumplir nuestros propósitos, nombramos como Primer Jefe del Ejército que se denominará «Constitucionalista», al ciudadano Venustiano Carranza, gobernador constitucional de Coahuila. 5o. Al ocupar el Ejército Constitucionalista la ciudad de México, se encargará interinamente del Poder Ejecutivo el C. Venustiano Carranza o quien lo hubiese sustituido en el mando. 6o. El presidente interino de la República convocará a elecciones generales, tan luego como se haya consolidado la paz, entregando el poder al ciudadano que hubiese sido electo. 7o. El ciudadano que funja como Primer Jefe del Ejército Constitucionalista en los Estados cuyos gobiernos hubieran reconocido al de Huerta, asumirá el cargo de gobernador provisional y convocará a elecciones locales, después que hayan tomado posesión de sus cargos los ciudadanos que hubieren sido electos para el desempeño de los altos poderes de la Federación, como lo previene la base anterior.—Firmado en la hacienda de Guadalupe, Coahuila, a los 26 días de marzo de 1913".—Siguen 77 firmas.

Carranza se dio a recorrer su Estado; marchó hacia el Bolsón de Mapimí en ruta para Chihuahua y Sonora, aumentando sus núcleos militares hasta formar las grandes divisiones del Noroeste, del Noreste y del Norte, a las órdenes de los generales Alvaro Obregón, Pablo González y Francisco Villa, respectivamente. En seguida ya bien organizada la campaña, emprendió lentamente su marcha hacia el Sur. En abril 21 de 1914, tropas norteamericanas desembarcaron en Veracruz, dizque para impedir que el dictador Huerta adquiriera equipo de guerra procedente de Europa. Carranza no hizo caso de la exhortación lanzada por Huerta para que se unieran todos los partidos para repeler al invasor; pero con una tenacidad sin límite y con verdadera energía, estuvo protestando ante el gobierno norteamericano por aquella intromisión. En septiembre de 1914 y por un manifiesto suscrito en Chihuahua por el general Francisco Villa, se consumó el rompimiento político militar entre la División del Norte y la Primera Jefatura, quejándose aquel militar de que Carranza se había excedido tratando de perpetuarse en el poder y haber emitido 130 millones de pesos en papel moneda. Ocupada la ciudad de México por el general Obregón, previos los tratados de Teoloyucan, el señor Carranza entró en ella el 16 de agosto de 1914. Ante la actitud villista, el general Carranza convocó a la Soberana Convención Revolucionaria que primero en México y después en Aguascalientes, desconoció la autoridad de ambos jefes, aunque éstos siguieron en el poder. Determinado el Gobierno Convencionista a tomar a México, el señor Carranza evacuó la plaza marchando hacia Córdoba primero y después hacia el puerto de Veracruz, recientemente abandonado por los invasores yanquis.

Carranza se mostró siempre político y diplomático muy hábil, como en los casos siguientes, entre otros: salvó la vida del general Manuel Chao, que Villa se empeñaba en fusilar; el caso de "El

Desengaño", marzo de 1914, enojosa cuestión con los EE.UU.; el caso Benton, ciudadano inglés fusilado por Villa (febrero de 1914); el caso Bauch, febrero-marzo 1914; el caso de A B C, en que algunas repúblicas sudamericanas trataron de intervenir en nuestros asuntos interiores (abril a septiembre de 1915); desocupación del puesto de Veracruz (noviembre de 1914), y otros verdaderamente graves. Durante la Primera Guerra mundial, propuso a los EE.UU., un plan para terminar el conflicto; aquella potencia, ya muy inmiscuida en la contienda, tardó mucho en contestar, lo cual hizo cuando ya había declarado la guerra a las Potencias Centrales.

El 17 de febrero de 1915 el Primer Jefe celebró un pacto con los integrantes de la Casa del Obrero Mundial, a fin de que los trabajadores mexicanos obtuvieran la ayuda del gobierno. En ese mismo año algunas naciones del Hemisferio Occidental reconocieron al grupo encabezado por el señor Carranza como gobierno "de facto". El triunfo del general Obregón en los campos de Celaya, reabrió a los constitucionalistas las puertas de la ciudad de México, en tanto que en Querétaro (1916-1917) inaugurábase el Congreso Constituyente que nos dio la actual Carta Magna, de cuyos artículos objetó el señor Carranza los más avanzados. En julio de 1916 fuerzas norteamericanas bajo las órdenes del general John J. Pershing, invadieron a México so pretexto de aniquilar a Villa, lo que no lograron. Aunque Carranza permitió la invasión, dirigió notas a Washington y ordenó batir a los intrusos, entablándose el combate de Carrizal, de resultados adversos para los advenedizos.

Durante algún tiempo Woodrow Wilson, presidente de los EE.UU., se dio a la tarea de dirigir, por conducto de su Departamento de Estado, notas destempladas y duras para México; el señor Carranza supo contestarlas debidamente. El caso del plagio o autoplagio de William Jenkins, cónsul de los EE.UU. en Puebla, puso al país al borde de la guerra; pero Carranza sentó la doctrina de que los extranjeros, por poderosos que fueran, deben sujetarse a los tribunales del país, y no recurrir a gestiones diplomáticas. Inglaterra, enemistada con México, quiso escudarse con los EE.UU., para presentar sus reclamaciones; Carranza dijo que los casos "Inglaterra-México debían arreglarse entre ambos países, pues los EE.UU., nada tenían que ver con ellos. El señor Carranza tomó posesión de la presidencia de la República por un total de 795,305 votos (mayo 1o. de 1917). El nuevo presidente estableció el jurado popular para los delitos de funcionarios públicos; suprimió, tildándolas de crueles, las corridas de toros, aunque el 2 de diciembre de 1919 revocó su acuerdo. En muchos casos fue duro con sus enemigos, llegando los procedimientos hasta la sevicia, como el fusilamiento, especie de represalia, del general Felipe Angeles, amparado por la Suprema Corte de Justicia; en otras ocasiones, irritado por las notas periodísticas, dispuso los llamados "viajes de rectificación", por los cuales todo periodista que acogía noticias inexactas, tenía que marchar, en pésimas condiciones, al lugar de los hechos, para cerciorarse de la verdad; víctima de estos viajes fue el periodista Barrera Peniche.

No sería completa la personalidad de don Venustiano si tratáramos de ocultar lo que los escritores desapasionados han expresado con documentos incontrovertibles acerca de la actitud del que encabezó el movimiento constitucionalista, si no señaláramos la conducta frente a Madero. El comportamiento de Carranza está acorde con la actitud que asumieron muchos "revolucionarios". Frente a Díaz no mostraron su rebeldía de una manera resuelta, sino con titubeos, con reticencias, con múltiples reservas: los hermanos Vásquez Gómez, don Bernardo Reyes —quien siempre juró por su honor de soldado no rebelarse, lo que cumplió mientras se trató de don Porfirio; pero que olvidó en cuanto se tuvo que enfrentar a un hombre que imponía menos pavor, ni siquiera miedo, pero que representaba el gobierno más legítimo que ha tenido la nación— y el propio Carranza.

Muy similar a la conducta de algunos sedicentes revolucionarios fue la que asumieran varios elementos que después deberían de figurar de manera prominente en el grupo de los sonorenses. Si es cierto que entre ellos se encuentran los elementos rebeldes que encabezaron el glorioso movimiento de Cananea, también hay otros que frente a Díaz permanecieron dóciles, pero que después resultaron más radicales que los propios Flores Magón, o más tenaces que don Filomeno Mata. De la voz autorizada del licenciado Federico González Garza vamos a transcribir unos párrafos que hasta hoy no han sido refutados. Después de hablar de los Vásquez Gómez y de otros elementos capacitados que negaron su concurso a la Revolución en los momentos más difíciles, o que estuvieron a la expectativa, nos dice:

"Algo muy análogo ocurrió con don Venustiano Carranza. Obedeciendo sus autocráticas inclinaciones, habíase afiliado al Partido Reyista, lo que bastó para caer para siempre de la gracia de su protector Díaz y para provocar el enojo de los Científicos.

Esto significó que al pretender ser gobernador de Coahuila, recibiera un puntapié del autócrata supremo que lo arrojó hasta Texas y cuando todo el mundo esperaba que indignado ante aquella afrenta, se uniera inmediatamente y de manera resuelta a los antirreeleccionistas que acababan de arrojar el guante al mismo Díaz y que se apresuraría a ofrecer sus servicios al Jefe de la Revolución, se limitó a imitar a los Vásquez Gómez, encerrándose en la ciudad de San Antonio, dejándose querer de Madero y sus compañeros; pero sin comprometerse en lo más mínimo, pues a pesar de las cartas que el caudillo le dirigió desde Nueva Orleans en el mes de diciembre de 1910, por conducto de González Garza, secretario general de la Revolución, invitándolo a que se uniera al movimiento, no se logró de él ninguna favorable determinación".

Es muy de advertir que Carranza no sólo negó a Madero durante los angustiosos primeros meses de la Revolución, su concurso personal, sino también todo auxilio en dinero; pues cuando ya en el mes de abril, 5 meses después de haberse iniciado el movimiento y un mes antes de que cayera Ciudad Juárez, dio al núcleo director algunas esperanzas de penetrar a Coahuila al frente de un grupo revolucionario, exigía como primer requisito que se le entregara la suma de $ 200,000.00 para organizar su expedición, o que se le pusieran en la frontera a sus órdenes mil hombres pertrechados y armados, requisitos éstos que equivalían a una rotunda negativa, puesto que no se le podían satisfacer.[1]

[1] He aquí el texto de una carta original que el autor conserva en su poder:
México, D. F., marzo de 1932.
Sr. Lic. don Federico González Garza.
Presente.

Muy estimado y fino amigo:
Refiriéndose a la pregunta que se sirvió usted hacerme en la conversación que hoy celebramos, con objeto de que pueda usted puntualizar los hechos relativos en el libro que usted está escribiendo, con respecto a la actitud de don Venustiano Carranza a raíz de haber recibido su nombramiento de gobernador provisional del Estado de Coahuila a principios del año de 1911, en una de tantas conversaciones que celebré yo personalmente con el referido don Venustiano, tratando de animarlo a que se internara en el Estado de Coahuila, me contestó que no pudiendo él exponerse a un fracaso necesitaba no menos de doscientos mil pesos para organizar una expedición o que arreglara yo que fuera a recibirlo a la frontera un cuerpo de ejército no menor de 1,000 hombres. Tomando en cuenta los medios con que contábamos en esa época y la forma en que se habían organizado todas las expediciones que habíamos enviado, organizadas en la frontera americana, me pareció exagerada la pretensión de don Venustiano y recuerdo que le contesté yo que con mil hombres me vendría yo hasta con la familia y los niños de cuna.

Espero haber dejado satisfecha la pregunta de usted y reiterándome mi invariable afecto, me suscribo su Afmo. muy Atto. amigo y S.S.

ALFONSO MADERO

Está comprobado, además, que por esa época Carranza vaciló mucho sobre si se decidiría a abrazar la causa de la Revolución o esperar hasta que se aclarara de un modo definitivo si regresaría Reyes de Europa a hacerse cargo nuevamente de la Secretaría de Guerra, a cuyo efecto emprendió violento viaje de San Antonio a New York para conferenciar con Limantour, que regresaba de Francia, y, de paso, con el doctor Vásquez Gómez.

Carranza se mantuvo en esa actitud expectante hasta muy poco antes de que el divisionario neoleonés, por exigencias de Madero y de los revolucionarios que lo rodeaban, recibió órdenes del autócrata Díaz de detenerse y de permanecer en La Habana. Esto fue debido a que el senador por Coahuila nunca perdió la esperanza de que el general Reyes pudiera volver a México llamado por Díaz a ponerse al frente de las fuerzas del gobierno para batir a la Revolución; pues extinguida ésta, era indudable que tarde o temprano Reyes se quedaría con la presidencia de la República y Carranza sería uno de sus amigos más favorecidos y lo pondría cuando menos al frente del gobierno de Coahuila.[2]

Una de las causas que determinaron al fin a Carranza a dirigirse a Ciudad Juárez, el 24 de abril de 1911, casi en vísperas de que cayera en poder de la Revolución, fue que Madero le mandó decir que si no se decidía a entrar a Coahuila, se vería en la necesidad de retirarle el nombramiento que con objeto de ganárselo de una vez a la causa del pueblo, le había extendido, debidamente refrendado por el secretario general González Garza, al penetrar a territorio mexicano el 14 de febrero; nombramiento por virtud del cual quedaba el contrincante de Jesús de Valle acreditado, según el Plan de San Luis, como gobernador provisional del Estado de Coahuila y con facultad para hacer la guerra a aquel que lo había afrentado.

El encargado de comunicar a don Venustiano las anteriores advertencias, fue don Alfonso, hermano de Madero, a quien en carta de 24 de febrero de 1911, entre otras cosas le decía: "...sería muy importante que Carranza se resolviera a lanzarse sin más trámites". Y añadía: "Si le di un nombramiento tan importante, era en la confianza de que así lo haría". "Me dicen que vuelve a hablarse de la

---

[2] Desde la pensión en que convivimos una docena de desterrados, nos hallábamos al tanto de los más íntimos pensamientos del futuro primer jefe, el ex senador porfirista don Venustiano Carranza. Llevados de nuestro entusiasmo y de nuestra juvenil benevolencia, ni siquiera nos dábamos cuenta de que, el ladino se hallaba marcando tiempo, espiando la dirección del éxito, mientras los revolucionarios peleaban en Chihuahua o arriesgaban la vida en las conspiraciones de toda la República. En esos días de vacilaciones y despecho fue acumulando en su corazón el odio que después demostró a los maderistas. Por nuestra parte, no nos ocupábamos de él, no hubiésemos sabido nada de él a no ser porque dos compañeros de la pensión lo visitaban a diario. Uno le administraba el cerebro: Juán Sánchez Azcona; el otro, Eugenio Aguirre Benavides, le prestaba el valor. Su compromiso consistía en entrar a Coahuila como rebelde al frente de un grupo armado: y sucedió que Sánchez Azcona llegó un día tarde a la mesa común y exclamando: "Ya le dije a don Venustiano que de él va a decir la historia que iba a entrar a la Revolución... Todos los días me obliga a presentarle nuevos borradores, nuevas enmiendas que piensa dirigir a sus coterráneos de Coahuila... Nunca he visto hombre más indeciso...". El otro consejero, jefe de Estado Mayor futuro, no hablaba de Carranza, pero lo veíamos actuar. Hombre leal, resuelto, prototipo de pundonor y valentía, Eugenio Aguirre pasó bochornos por causa de su jefe. Cuando el misterio necesario, se despidió de nosotros una vez; lo abandonamos, nos entendimos, iba a desafiar a la muerte. Regresó antes de las cuarenta y ocho horas todo confuso: don Venustiano no se había decidido —"todavía no convenía—, y así se perdió entre nosotros hasta el recuerdo del ex senador, opacado por el brillo de las acciones de armas, por el civismo esclarecido de los conductores del movimiento maderista.

Ulises Criollo, por José Vasconcelos, págs. 426 y 427.

venida de Reyes y que eso ha hecho vacilar a dicho amigo. Si eso es cierto, me veré forzado a retirarle mi confianza y aun los nombramientos, pues el modo tan leal como yo lo he tratado, no merece ser correspondido de esa manera".

Lo anterior deja esclarecido que la Revolución no contó tampoco con el concurso de don Venustiano en los días en que todo era incertidumbre y peligro, aunque, como los Vásquez Gómez, se hallaba en Estados Unidos, y que no llegó a penetrar a territorio coahuilense sino en triunfo, después del Pacto de Ciudad Juárez; pues pocos días antes de la renuncia del temido dictador, todavía el futuro gobernador de aquella entidad fronteriza se estaba ocupando de obtener auxilios de hombres, armas y dinero para completar la organización de una expedición que bajo su mando penetraría por la región de Ojinaga.

Esto no obstante, pasó a ocupar en el primer gabinete revolucionario que Madero constituyó en Ciudad Juárez, el distinguidísimo cargo de consejero de Guerra, lo que dio motivo para que Orozco, el jefe que más se había distinguido en el terreno de las armas, tomara uno de los pretextos para cometer, alentado por las pérfidas maquinaciones de Esquivel Obregón y Braniff, su primera infidencia que tan funestos resultados tendría en lo porvenir.

Sabido es que Carranza presentó un proyecto de constitución que fue desechado por el Congreso Constituyente. También se sabe que algunos de los preceptos más avanzados tuvieron la oposición del grupo conservador, que en la mayor parte de los casos realizó sus tareas siguiendo la inspiración o teniendo la complacencia del primer jefe. Pero de todos es sabido el tesón con que don Venustiano defendía sus opiniones; el capricho que a veces asumió frente a la discrepancia de las opiniones ajenas. Martín Luis Guzmán ha señalado muy bien el afán de parecerse a Juárez, a quien imitaba en su intransigencia, pero no en la ductilidad que el Gran Indio tuvo más de una ocasión y que el historiador Daniel Cosío Villegas ha destacado; pero el propio Martín Luis advierte que también se quería parecer a don Porfirio, lo que es muy explicable si tomamos en cuenta que casi toda la vida de don Venustiano, incluyendo sus primeros cargos políticos, los desempeñó durante el porfirismo, entre ellos 17 años de senador.

El año pasado,* en una reunión de la Mesa Redonda de Historia Social de México, celebrada en el Instituto Francés de la América Latina, el distinguido catedrático Antonio Martínez Báez advertía la persistencia del presidente Carranza en cierto tipo de ideas, que se encuadran dentro del liberalismo clásico que él profesaba. Se refería al proyecto de reformas sobre los artículos 3o. y 130 constituciona-

* 1960.

les, reformas que seguían el cauce de las ideas liberales. Pero en ese particular creo que la opinión más autorizada es la de don Alfonso Junco, cuando hace más de un cuarto de siglo hizo el elogio de don Venustiano en un artículo intitulado:

LA VOZ DE CARRANZA

Recordada por Alfonso Junco

Se habla de reformar el artículo tercero de la Constitución. Carranza también quería que se reformase. Pero el primer jefe de la Revolución proponía reforma en sentido liberal, y hoy propone reformar en sentido de tiranía.

Es útil oir la voz de Carranza, pues no cabe testigo de mayor excepción. Hay verdades que en su boca toman insólito relieve. ¿Querrán meditarlas y atenderlas los hijos de la Revolución que el primer jefe engendró y sostuvo con férrea constancia?

En el Diario Oficial del 21 de noviembre de 1918, se lee la iniciativa presentada por don Venustiano al congreso. Poquísimos la conocen o la recuerdan. Vale la pena leerla toda. Pero aquí hemos de limitarnos a espigar.

Expresa que en varios asuntos de interés general. "La acción legislativa ha llegado a resentirse de excitaciones inconducentes y de circunstancias graves del momento. En tal caso se halla la garantía de la libertad de enseñanza".

Cita el artículo tercero, tal cual figura en la Constitución de 1917, y comenta: "Tratada así la garantía, su evidente forma restrictiva y su espíritu... no se acomodan a la amplitud filosófica en que ha de externar el derecho de libertad de enseñanza, ni se hallan concordes con las necesidades reales y menos aún en armonía con el medio para el cual se legisla".

"A partir de 1824, el proceso histórico del principio contenido en el artículo tercero ha ido acusando paso a paso una tendencia contraria a los mandatos que se hallan en vigor, con la particularidad de que ni en las épocas de mayor atraso se usó de otras prohibiciones que las que manifiestamente pugnaran con la moral".

Recuerda cómo en el Acta Constitutiva de 1824, que establecía religión oficial la católica, "a pesar del carácter religioso del Estado, el legislador se abstuvo de dictar cualquier restricción a la enseñanza de ideas opuestas a las dominantes".

"En pleno período de despotismo militar y de predominios del clero, la situación jurídica sobre esta materia se mantuvo igual... No obstante este cuadro de avasalladora teocracia" (alude al tiempo presidencial de Santa Ana), "jamas se opusieron obstáculos a la enseñanza de doctrinas ajenas a las que estaban en boga..."

"Tales hechos entrañan indudablemente en nuestra vida institucional un insuperable sentido de respeto a la conciencia de los demás, sentido que el espíritu liberal, falseado o mal comprendido, no podría salvar por medio de prohibiciones de que la propia dictadura clerical prescindió siempre..."

Va repasando los códigos sucesivos, y al hablar del Congreso de 1857, expresa que en él, "una conexión estrecha vinculó, como antes se ha dicho, los debates sobre libertad de conciencia con las garantías de enseñanza, de imprenta y otras: mas el criterio capital, sustentado aun por los representantes del ateísmo, fue que la libertad debía incondicionalmente, quienquiera que fuese el que la usara para propagar sus ideas o defender sus intereses".

"La letra vigente de la Constitución de Querétaro sobre esta materia, se aleja de la doctrina progresista y de la tradición jurídica".

Y agrega que si en tiempos pasados se respetó la libertad de enseñanza, "esta conquista inapreciable de la justicia humana y de la civilización, no podría ser repudiada en los días que corren..."

"El Ejecutivo considera a todas luces de trascendental importancia, afirmar que en el actual momento, de la civilización, resulta infundado cualquier temor al ejercicio de la libertad. El poder público, particularmente nada teme de libertad de enseñanza; por el contrario, cuenta en ella con un auxilio de primer orden para la consecución de los fines de progreso".

"Independientemente del pueril temor a una religión o a un cuerpo clerical, existe el derecho innato del hombre para creer y practicar, sin que baste ningún poder en contra de esa ingénita libertad que, si es susceptible de acallarse por la tiranía, es indestructible en su principio vital, no habiendo, en consecuencia, un motivo capaz de justificar el imperio del poder público sobre esta materia".

Palabras trascendentales y definitivas.

Y no lo son menos las que fijan el derecho indeclinable de los padres de familia:

"Nadie, humanamente considerado, se interesa más por el adelanto y bienestar de la infancia, que los padres mismos. La vigilancia del Estado debe venir después de la de aquéllos, más bien en su defecto. Es inconcuso que la voluntad familiar respecto de la enseñanza familiar respecto de la enseñanza de los hijos no puede coartarse, salvas las razones de ética".

Tratando de explicar y cohonestar el laicismo en las escuelas oficiales, dice don Venustiano: "Los gastos de los servicios nacionales se cubren con el dinero de los contribuyentes, sin distinción de ideas. Los contribuyentes católicos, protestantes de todas las sectas, mahometanas, budistas, ateos o de cualquier otro matiz, se declararían justificadamente contra el empleo que se hiciera de los impuestos para enseñar privilegiadamente una religión en las escuelas oficiales, aun en el caso de que se eligiese la de la mayoría de los habitantes, pues se produciría siempre un agravio al derecho de los demás. Esta razón de orden práctico es incontestable, porque se funda en las exigencias más evidentes de la justicia distributiva".

Muy bien, digo yo. Pero del razonamiento se concluye que lo que produce no es la escuela laica, que a nadie satisface, sino la repartición del presupuesto escolar, que a todos respeta y a nadie lesiona, según se practica en países de vanguardia.

Mas, independientemente de esto, si Carranza repudiaba en la escuela oficial una imposición en contra de la minúscula minoría, ¿como no repudiaría ahora una imposición en contra de la gigantesca mayoría?

"Si en las leyes institucionales perdurase el espíritu parcial que se observa en el artículo tercero, según fue aprobado en la Asamblea de Querétaro, se correría el grave riesgo de prolongar la irritación característica de las contiendas de religión que tan funestas han sido en el Viejo y en el Nuevo Mundo, porque guardan en la Ley Suprema los rescoldos de semejantes disensiones, equivale a fomentar las rencillas que comprometen la solidaridad humana y la cuerda de fraternidad con que deben ligarse los ciudadanos de cualquier nación".

"Resulta inconcebible que las armas de partido que quedaron sin esgrimirse a raíz de la Guerra de Tres Años, fuesen empleados hoy, cuando a pesar de los intentos diseminados de algunos retrógrados y con todo y la efervescencia del espíritu radical, el sentir franco y general del país se ha externado en favor de la más sincera tolerancia".

"Como las leyes, aunque tendiendo a estimular el progreso de los asociados, han de ser el reflejo exacto de la colectividad que regulan, estando, por otra parte, definitivamente resueltas en México las cuestiones religiosas que en la pasada centuria ensangrentaron al país, pues en la actualidad ningún espíritu bien ponderado trata de revivirlas, se infiere inevitablemente que del texto constitucional debe desterrarse, el engañoso diapasón en que se halla concebido..."*

"Teóricamente no cabe duda de que el reconocimiento de los derechos naturales ha de revestir en la letra de la ley una generosidad positiva, condición que no ha llegado a cumplirse..."

"Reglas primarias de legislación ordenan abstenerse, al fijar cualquier rama jurídica, señaladamente las que integran la Institución Política, de toda prescripción diferencial que dañe la igualdad innata de los asociados; y aparece con claridad completa que la profesión de determinadas ideas religiosas no significa una desventaja

* Grave error de Carranza. Precisemos 1926-29, en la rebelión cristera.

en los ciudadanos de cualquier matiz confesional, que aspiren al ejercicio completo de los derechos del hombre".
"Las leyes impracticables, allanando el camino de la injuria, orillan al pueblo a la violación y al menosprecio de los mandatos escritos. Por contrarrestar el fanatismo, no sería lícito acudir al menoscabo de las garantías constitucionales, aparte de que los riesgos de la libertad no se conjuran con declaraciones hipotéticas... Además, distaría de la juiciosa previsión extinguir por motivos de credo los focos de instrucción que sean capaces de contribuir seriamente al esparcimiento de las luces que reclaman los pobladores del territorio nacional".

En suma, el primer jefe de la Revolución tiene por indispensable "sostener el principio (de libertad de enseñanza) con la pureza que exigen la civilización y el reconocimiento categórico de las garantías".

Conexión apretada con lo anterior tiene la reforma el artículo 130, propuesta también por don Venustiano Carranza al Congreso y que puede verse en el Diario Oficial del 27 de diciembre de 1919. He aquí unos cuantos párrafos:

"Por la índole de la presente iniciativa, son aplicables para fundar las modificaciones que se proponen, todos los argumentos centrales que sustenta la que consulta la reforma del artículo tercero, y por la unidad filosófica de la libertad de enseñanza con la de cultos. El aspecto a todos los credos religiosos, sin más limitación que las exigencias de la moral, es un derecho natural que el poder público no estaría capacitado para restringir, mayormente en el estado actual de la civilización".

Eso "aparecería extemporáneo o incompatible con la tolerancia y con la cultura ambientes".

Explica la atmósfera encendida del Congreso de Querétaro, porque "la lucha armada abierta con el Plan de Guadalupe, superó en caudal de sangre y en furor de pasiones, a la Guerra de Tres Años", pero agrega que "siendo imposible, dentro de la perdurabilidad que debe distinguir a las leyes, particularmente a las constitucionales, mantener las exaltaciones de ningún instante político, por justificadas que hayan sido, es ineludible la conveniencia de suprimir en el Código Supremo las medidas sobre culto que no sean susceptibles de comprobarse por el espíritu democrático y por el alejamiento que en la potestad civil debe guardarse respecto de los pormenores del organismo eclesiástico".

"El Ejecutivo estima de prudencia y equidad que se derogue la prevención general a que se ha aludido" (fijación del número de sacerdotes), "pues la unidad teórica y los fines imparciales de la jurisdicción religiosa".

"Algunos conceptos del artículo 130 denuncian una condición

de atraso social de la que felizmente salió México hace varias décadas... Carta Magna, a la vez que contradice la jurisprudencia nacional, escrupulosa en mantener la diferencia entre la jurisdicción del Estado y sólo resta que la Ley Suprema sea el fiel exponente de nuestra condición de cultura, y por ello procede desterrar del Código Supremo cualquier indicio restrictivo por el que se pudiera juzgar que el Estado mexicano ha permanecido estacionario en el concierto universal..."

"Ni la salud de la República ni la del gobierno se perturban con la reforma que hoy se inicia, porque dada la evidencia de la máxima ya suscrita de que «el culto es la expresión de la conciencia», al eliminarse los preceptos reglamentarios del artículo 130 que alteren en mayor grado la espontaneidad del organismo religioso, se conseguirá formular la cuestión en los términos de más apta cordura y de estricta jurisprudencia".

He aquí la voz de Carranza. La voz del primer jefe de la Revolución.

Defiende los derechos imprescindibles, las garantías constitucionales, la igualdad ante la ley, los intereses de la cultura, los fueros de la civilización, el prestigio de México.

¿Será escuchada la voz?

Enero de 1934.

(ALFONSO JUNCO, *Un siglo de México*, Ediciones Botas).

El año de 1920, cuando don Venustiano Carranza trataba de imponer la impopular candidatura del ingeniero Bonillas, persona por muchos títulos respetable, pero que en ese momento constituyó un grave error su postulación presidencial, don Venustiano vio rebelarse al 80% del ejército y derrumbarse su gobierno al empuje del movimiento obregonistas y carrancistas siguen discutiendo la razón de aquella revuelta obregonista. A cuatro décadas de distancia de aquellos sucesos, podemos juzgarlos objetivamente y afirmar que el carrancismo estaba liquidado en la conciencia popular. La verdad es que el presidente trató de enredar a Obregón, pero que éste —que tuvo desde un principio una actitud insolente y agresiva—, eludió las maniobras de don Venustiano; canalizó el descontento en contra del gobierno y se lanzó a la rebelión que terminó con el asesinato del propio Carranza en Tlaxcalantongo. El 21 de mayo de 1920 terminó la vida de aquel hombre que aún no se le estudia de un modo suficiente. Su título de gloria es la promulgación del Plan de Guadalupe; y merece especial elogio la actitud que en muchas oportunidades lo llevó a enfrentarse a la política internacionalista de los Estados Unidos. En cambio, su conducta ante los problemas sociales y en particular frente a Zapata, asesinado durante su régimen gubernativo, es el punto negro de su actuación política. Faltaría precisar que su aversión a Estados Unidos no derivaba de un sentimiento antimperialista, sino de su proclividad germanófila y autocrática.

SALVADOR ALVARADO

Una de las más fulgurantes y apasionantes personalidades en la década revolucionaria de 1910-1920 fue Salvador Alvarado, cuyas ideas avanzadas fueron objeto de crítica incluso de los elementos adictos a los gobiernos surgidos después de la expedición de la Constitución de 1917.

La mayor parte de sus biógrafos ubican su nacimiento en Culiacán, Sinaloa, a el 20 de julio de 1880. En los últimos años de la dictadura porfiristas, fue los que la combatieron duramente; por ello, al surgir la candidatura de don Francisco I. Madero, Alvarado es de los primeros a que ellas se afilian y realiza la campaña en contra de la imposición porfiriana. Es de los primeros que se lanzan a la lucha armada en favor del maderismo, una vez consumada la reelección, por séptima ocasión, del Gral. Díaz. Forma parte de los que en 1910 participan en el asalto contra el cuartel de Hermosillo, aunque fracasan. Como desde joven había trabajado en Guaymas, Sonora, muchos llegaron a creer que era sonorense, en vista de que siempre estuvo unido con ese grupo, y de que habían hecho la campaña del Partido Antirreeleccionista en ese Estado.

En 1911 figura en las tropas maderistas del Gral. Juan C. Cabral y ese año alcanza el grado de mayor, tras de participar en varias acciones bélicas. Luego fue Jefe del Cuerpo Auxiliar Federal y luego combate a las tropas de Pascual Orozco que defeccionan del maderismo. Al producirse el cuartelazo de Victoriano Huerta, es de los primeros en combatirlo en Sonora, alcanzó el grado de coronel; y poco después recibe el grado de general al tomar el puerto de Guaymas. Al producirse la división revolucionaria entre villistas y carrancistas, Alvarado queda con los segundos, por lo que las fuerzas de Maytorena lo aprehenden y lo encarcelan en Hermosillo por algún tiempo, en 1914. Poco después es liberado por gestiones de miembros de la Convención de Aguascalientes. Una vez liberado marcha a Manzanillo y luego a México, para seguir al lado de Carranza. Después lucha en el Estado de Puebla y participa en la toma de la capital del Estado. Poco después es comisionado para que combata a los rebeldes de Yucatán; tras algunos combates en Blanca Flor, Pozos Halachó, entra vencedor en Mérida en marzo de 1915. Uno de sus primeros actos, resultado de la victoria, es poner, con el carácter de Gobernador y Comandante de Yucatán, en libertad a más de 500 prisioneros de guerra, "en su gran mayoría jornaleros de' campo, obreros y gente humilde. Ahora va a realizar su tarea más importante que él nos describió en su libro: *Actuación revolucionaria del Gra. Alvarado en Yucatán.*

"Encontré a Yucatán en plena servidumbre —nos dice—; miles de desgraciados por culpa de instituciones tradicionales y de vicios sociales tan fuertemente enraizados que parecían indestructibles, languidecían de generación en generación con la vida vendida a los "amos"; con los músculos relajados en enriquecer a la casta de los señores; con el alma y la conciencia sujetas al hierro invisible de una amarga esclavitud, en la cual habían aprendido, de padres a hijos, que no podían tener otro sueño de alegría que el del alcohol, ni otra esperanza de liberación que la muerte.

"Encontré que la riqueza de aquel pueblo bueno y fuerte, hecho para mejores destinos, no tenía fundamento ni otro origen que el trabajo del indio. Sobre su miseria y sobre su ignorancia, que le convertían en máquina de labor, se habían levantado fabulosos capitales y se habían labrado fortunas de príncipes".

Por lo anterior, las tareas del gran revolucionario van a ser ingentes, más dificultades por la aventura del rebelde Abel Ortiz Argumedo, vencido por Alvarado, pero que sustrajo todas las reservas monetarias, con la ayuda de extranjeros voraces, coludidos con los esclavistas yucatecos. Por ello bien dice, Ernesto Higuera, uno de los biógrafos de Alvarado:

"Se necesitaba una voluntad de hierro como la de Salvador Alvarado para romper la maraña de prejuicios medievales que anquilosaban las costumbres de todo un pueblo. Los millonarios fugitivos llegados a La Habana lanzaron la bomba de lodo: Alvarado está loco; es un esquizofrénico, clamoraban los doctores universitarios; es un troglodita, repetian los periodistas a sueldo... Y el loco consumó la transformación de los sistemas sociales y políticos de la Peninsula, de una manera tan rápida y radical, que sus mismos deturpadores no acertaban de que manera clasificar a aquel monstruo que ponía en libertad a los prisioneros de guerra, que salvó la juventud llevada al sacrificio ciegamente por Ortiz Agumedo, que redimió a los jornaleros sujetos a una servidumbre feudal, que libertó a las esclavas que servían sin estipendio en las mansiones palaciegas de los ricos, que se consideraban más ilustres en relación con los holgazanes que tenían. Febrilmente trabajó el general Alvarado por la rehabilitación de los morenos descendientes de una raza que dio astrónomos, legisladores, guerreros, arquitectos, poetas, músicos, danzantes, como reflejo de una civilización que Spengler consideró igual a las más avanzadas culturas de Europa y Asia".

La obra de Alvarado es tanto más fecunda y admirable y pensamos que Yucatán padecía una oligarquía de siglos, la llamada "Casta Divina", que todavía entre 1934 y 1940 tuvo fuerzas para enfrentarse a la tarea revolucionaria del Gral. Cárdenas. El gran sinaloense demostró extraordinaria capacidad de gobernante, de reformador indiscutido. Baste que recordemos que apenas en dos años hizó grandes reformas: fundó la casa del Obrero Mundial, organizó el Primer Congreso Pedagógico, en el que se trazaron reformas básicas en la educación; también organizó el primer Congreso Feminista; fundó una Escuela Normal de Profesores, una Normal Mixta, una Escuela de Agricultura, otra escuela de Artes y Oficios y escuelas nocturnas para artesanos. Abrió un Conservatorio de música y numerosas bibliotecas. En materia laboral promulgó una Ley del Trabajo, estableciendo la mayor protección para lós obreros. Se recuerda que la promulgación de esta ley se hizo por bando solemne: "El pueblo en masa, desbordante de júbilo, llena las calles de Mérida; las tropas de la Guarnición y la Policía constitucionalista de la ciudad, precedidas por bandas de militares y civiles y del grupo de ciudadanos que a modo de heraldo, pregonan en los lugares más concurridos, el texto de la ley, recorren la población al son de marchas triunfales. Se leen los considerados de la ley, y al terminar, resuenan los aplausos estruendosos...", dice un testigo, don Florencio Avila.

En 1917 pasa como comandante del Istmo, a Oaxaca y Veracruz. Su espíritu democrático le hace solicitar licencias, como General de División, para no participar en la imposición que el Presidente Carranza quiere hacer del Ing. Bonillas. Se le niega la licencia y le aprehenden los carrancistas, que pronto, por no haber cometido ningún delito, le liberan. Marcha a Estados Unidos y en 1919 publica su obra *La Reconstrucción de México* (2 tomos). En 1920 se afilia al Plan de Agua Prieta y vuelve a México, donde el Presidente de la Huerta le nombra Secretario de Hacienda. Al tomar el gobierno el Presidente Obregón y ante una política autoritaria, nuevamente se retira del Ejército. Combate la imposición que Obregón realiza de Calles en 1923 y se lanza a la lucha al lado de don Adolfo de la Huerta. Hace la defensa de Ocotlán y sostiene sus límites por once días, hasta que un "cañonazo de $ 50,000.00 del Gral. Obregón" hace que defeccione el Gral. Anzaldo.

En 1924, en el rancho del Hormiguero, entre Tenosique, Tabasco y Palenque, este gran revolucionario, una de las figuras más limpias de la lucha de 1190, fue asesinado por las fuerzas obregonistas del Gral. Federico Aparicio.

FELIPE CARRILLO PUERTO

Entre los hombres con mayor clarividencia social en las luchas revolucionarias, figura Felipe Carrillo Puerto; dirigente destacado del Partido Socialista del Sureste. Nació el 8 de noviembre de 1874, es decir, poco antes de que subiera al poder Porfirio Díaz, cuyo régimen de cacicazgos alcanzó perfiles más agudos en la Península yucateca. Es conveniente recordar lo que José Castillo Torre ha escrito en su libro *A la luz del relámpago,* ensayo de biografía subjetiva de Felipe Carrillo Puerto:

"El arquitecto del régimen plutocrático yucateco fue el gobierno de don Olegario Molina. Si el capitalismo yanqui considera a Teodoro Roosevelt el espécimen de las virtudes norteamericanas, gigantesca arquitectura creada por la voluntad humana, el capitalismo yucateco alcanzó la cumbre de su fuerza con Molina. Nadie puede negar la recia personalidad de este varón que respondió a la mentalidad de su época y que, ajustándose a ella, labró su camino con la acertada constancia de un profesor de energía. No hay que buscar en él la ensoñación del idealista que prolonga su visión más allá de los hechos reales y se entretiene con las elucubraciones de la filosofía. Su temperamento era el positivo de los capitanes de la industria y no el lírico de los redentores".

En cambio, Carrillo Puerto significa uno de los más destacados redentores de los desvalidos. Frente a la casta y a la explotación del peón yucateco, tan laceradamente descrita en ese gran panfleto *México Bárbaro,* del periodista norteamericano Turner, surgió el caudillo socialista. En las tierras del Mayab, olvidadas y casi viviendo en los linderos de la esclavitud, habrá de desarrollar una actividad social. "Vástago recio del pueblo, sintió profundamente el dolor que aquejaba a sus hermanos; con generosa entrega, se dio a la obra colosal de la redención. En ninguna parte de México, como en Yucatán, las condiciones económico-sociales presentaban un tono más sombrío; allí, los opulentos terratenientes, explotaban la exigua caliza, fertilizada a base del sudor de los peones, cuya miseria iba en aumento cada día. El gobierno en criminal connivencia, no había intentado siquiera dar solución al mercado de henequén yucateco para beneficiar con ese único producto a las masas. A lo largo de su historia, Yucatán había sufrido la explotación inmisericorde, y todos sus movimientos de libertad fueron reducidos por la violencia. Cuando el hálito revolucionario llegó a la península yucateca, Carrillo Puerto estuvo al frente del pueblo; incansable, recorrió los campos, visitando a los jornaleros y peones, y más tarde fundó el Partido Socialista. Las ideas agrarias de Emiliano Zapata encontraron eco y resonancia en Carrillo Puerto, cuya figura impetuosa causaba respetuoso temor a los enemigos del pueblo. Colaboró con Salvador Alvarado en el empeño de despertar la conciencia popular; lograron ellos que los campesinos conocieran el límite de sus deberes y exigieran la satisfacción de sus derechos". (PAIM).

La vida del futuro mártir transcurrió en un ambiente de profundo dolor humano, que jamás olvidó. Leñador y ferrocarrilero, carretero y revolucionario, desde 1910 figura en las filas del maderismo, por lo que las consecuencias represivas, sufridas por miles de mexicanos, también le alcanzan: la cárcel y el exilio. De EE.UU. retorna al país para seguir combatiendo, y apenas triunfa la Revolución en unión de Alvarado, como antes se señala, realiza una importante tarea de gobierno.

Poco después, en 1917 se realiza el primer congreso de su partido y en él se propugnan los mayores adelantos sociales de la época: jornada máxima de ocho horas, mejoramiento de las condiciones de los trabajadores; combate al analfabetismo; igualdad de los derechos de la mujer; lucha contra los fanatismos religiosos; elecciones democráticas.

En las tareas que se impuso, en la elevación de las masas indias yucatecas, contó con un poderoso y eficaz instrumento: el conocimiento de la lengua maya; y para que el indio de aquellas regiones tuviera cabal conciencia de sus deberes y derechos de ciudadano, tradujo a la lengua maya la Constitución Política del año de 1917. En febrero de 1922 Carrillo Puerto alcanza el sitial más elevado de la política de su tierra, arribando al gobierno del Estado el 5 de febrero. Entonces realiza, mejor dicho, inicia la realización de sus postulados sociales: fraccionamiento de los latifundios; creación de la Comisión Local Agraria, de acuerdo con lo que se estableció en la Ley de 6 de enero de 1915, para volver realidad concreta los anhelos agraristas de Zapata, y las doctrinas de Molina Enríquez. También derechos cívicos femeninos, y una organización cooperativa que fortaleciera a productores y consumidores. El sindicalismo adquirió gran impulso, se dictó la Ley de Salario Mínimo; defiende el derecho de huelga; y se inicia una obra constructiva de enorme trascendencia: ferrocarriles, caminos, escuelas populares y superiores. A él se debe la fundación de la Universidad del Sureste.

Esta obra tenía que concitarle odios tremendos, que aprovecharon la primera oportunidad para asesinarle. En 1923, a fines del año, la rebelión delahuertista, que encabezaron los dirigentes del Partido Cooperatista, entre ellos el líder Jorge Prieto Laurens, se lanza contra el gobierno del general Alvaro Obregón. Aunque la revuelta fue derrotada en la República, en Yucatán alcanzó a asesinar a Carrillo Puerto y sus principales colaboradores. Se efectúa un sumarísimo Consejo de Guerra, sin que sea óbice el carácter civil de Carrillo Puerto y sus principales colaboradores, todos los cuales fueron fusilados. Al morir, tuvo en su mente sus más caros anhelos, por lo que al caer bajo las balas reaccionarias, expresó su preocupación por la masa india. "No abandonéis a mis indios", fueron sus últimas palabras, el 3 de enero de 1924.

MANUEL M. DIEGUEZ

En el desfile de revolucionarios, los hay distinguidos en las ideas, los hay hombres de gobierno, los hay parlamentarios, forjadores de las leyes fundamentales en las luchas sociales; y los hay, también, destacados en las armas, quienes hicieron posible el triunfo sobre el Ejército Federal. La lucha armada se hizo más dura contra la tiranía huertista que contra la dictadura de Porfirio Díaz, pues éste cayó, tanto por las victorias de Pascual Orozco y Francisco Villa, como por la vigorosa opinión que se expresaba en diversas formas de descontento; al igual que por la presión del ministro de Hacienda, Limantour, que se hallaba aterrorizado por la posibilidad de una intervención armada de los Estados Unidos. A los combatientes sociales y en el ejército pertenece Manuel M. Diéguez.

En el Estado de Jalisco se encuentra su origen; aunque se le debe incluir, en cierta forma, dentro del grupo sonorense, pues en él luchó y a él estuvo ligado. Joven aún llegó a Sonora y el año de 1906, como trabajador de la misma "Oversight", de Cananea, figura entre los directores de la huelga iniciada el 1o. de junio del propio año. Como preludio de este acontecimiento hay que anotar lo que escribió uno de los participantes. Esteban Baca Calderón: "En la noche del 16 de enero de 1906, reunidos en la casa del señor Cosme Aldana, varios compañeros de trabajo, no pasábamos de quince, resolvimos constituirnos en sociedad secreta bajo la denominación de "Unión Liberal Humanidad". Recayó la presidencia en Manuel M. Diéguez y la vicepresidencia en Francisco M. Ibarra; yo fui honrado con el nombramiento de secretario". (*La Huelga de Cananea*, F. de C. E. México, 1966).

Por lo anterior se advierte que uno de los cabecillas de aquel movimiento, fue Diéguez. Por ello fue aprehendido y consignado ante el Juzgado de Distrito en Nogales. Como había que escarmentar a estos precursores de la Revolución, y había que complacer a los propietarios norteamericanos, todos los dirigentes fueron severamente castigados. A Diéguez se le impuso una larga condena, quince años de prisión en las famosas mazmorras de San Juan de Ulúa, cuyas condiciones terribles contra la salud auguraban una muerte lenta, pero segura. La acusación bajo la que cayeron los organizadores de la huelga fue: asesinato, lesiones, incendio, sedición, destrucción, en propiedad ajena y resistencia a mano armada. No está por demás recordar que el gobernador sonorense, Rafael Izábal, hizo llamar a los "rangers" yanquis para que le auxiliaran en la represión contra los mineros mexicanos.

Diéguez, Esteban Baca Calderón y otros, fueron conducidos amarrados de las manos por la espalda, desde Sonora a Colima. Al pasar por la capital de este Estado, su gobernador, el licenciado Enrique O. de la Madrid, a pesar de ser uno de los más eficaces testaferros de don Porfirio, se dolió de aquel tratamiento y ordenó que se les desatase y se les condujera en condiciones menos inhumanas. Cerca de cinco años duró su prisión, pues el año de 1911, en el mes de mayo y al triunfo de la rebelión maderista, fue liberado con otros presos políticos. Este bravo luchador volvió al mineral sonorense y se le eligió presidente municipal (1912-1913). Ahora defiende al gobierno maderista, organizando grupos de soldados que combaten a los rebeldes de Pascual Orozco, que invaden el Estado.

En 1913, cuando ocurre la traición a Madero y Huerta sube al poder, se levanta en armas y es uno de los primeros organizadores de combatientes del constitucionalismo. Es un eficaz colaborador de Obregón; primero como coronel y luego como general, manda una brigada del Ejército del Noroeste. Opera en Sonora, Sinaloa y Nayarit. Poco después de penetrar en Jalisco se le designa gobernador y comandante militar del Estado, costumbre muy generalizada en aquellos días. En 1914 asume ambos cargos, primero en el pueblo de Etzatlán, para instalarse poco después en Guadalajara. Más tarde ocurre la Convención de Aguascalientes, a la que desobedece Carranza. Diéguez toma el partido de éste y se ve obligado a evacuar la sede de su gobierno. Marcha a las barrancas de Beltrán y Atenquique, en los límites con el Estado de Colima. Aunque los partidarios de Villa le propinan una derrota en Sayula, en cuya cuesta ocurre un tremendo desastre ferroviario, el militar jalisciense se conserva en esos territorios. Nuevamente lucha al lado de Obregón en la campaña del Bajío. Es herido en la batalla de Lagos y alcanza el grado de divisionario.

Ya pacificado en parte el territorio nacional, el año de 1917 es electo gobernador constitucional de Jalisco, para el periodo que termina en 1919. Después se incorpora al ejército y ocupa la Jefatura de Operaciones Militares en Chihuahua. Cuando la mayoría de los generales defeccionan en contra de Carranza, el año de 1920, Diéguez permanece leal, por lo que se le aprehende en Guadalajara por sus propias tropas. Naturalmente, los organizadores del Plan de Agua Prieta, al vencer, le dejan fuera del instituto armado. Nuevamente, al plantearse la sucesión presidencial en 1923, Diéguez se lanza a la aventura. Ahora lucha al lado de don Adolfo de la Huerta, operando en Jalisco y Michoacán. Pasa a Guerrero, Oaxaca y

Chiapas. Se le aprehende en Las Flores. Como se sabe, el binomio Calles-Obregón no perdonaban a nadie y era partidario de la supresión absoluta de sus adversarios. Por ello, nada extraño es el fusilamiento, tras breve Consejo de Guerra en Tuxtla Gutiérrez, que se le ejecute el 21 de abril de 1924. Con él cayeron dos generales más: Crisóforo Ocampo y Alfredo C. García.

ALVARO OBREGON

Militar, político, estadista. Nació en la hacienda de Siquisiva, Son., el 19 de febrero de 1880. Murió asesinado en el restaurante "La Bombilla", en San Angel, D. F., el 17 de julio de 1928. Inició su carrera política como presidente municipal de Huatabampo, Son. La militar comenzó durante la asonada de Pascual Orozco, en 1912, por nombramiento que se hizo a su favor como teniente coronel irregular de las fuerzas reclutadas por el gobernador José María Maytotena, época en la que obtuvo el primer triunfo militar de la ininterrumpida serie que coronó su carrera, pues fue el único general invicto de nuestra historia; pero su vida pública, de gran relieve, coincide con el cuartelazo de Victoriano Huerta en 1913, que él repudió uniéndose al Constitucionalismo, con el mando de una columna que, en forma avasalladora, dominaba al enemigo infligiéndole sucesivas derrotas. El 22 de junio de 1914 obtuvo la banda de divisionario, y ocupó a México en agosto de ese mismo año.

Organizó y tuvo el mando del Cuerpo de Ejército del Noroeste en el cual contó como subalternos a los generales Salvador Alvarado Benjamín Hill, Juan Cabral, Manuel M. Diéguez, Lucio Blanco y otros de gran personalidad. Su obra *Ocho mil kilómetros en compaña,* describe, pasa a paso, las batallas y hasta los simples tiroteos en que, siempre salió victorioso. Antes de que se consumara la escisión de Carranza-Villa procuró llegar a un avenimiento con el Centauro del Norte, estando a punto de que éste lo fusilara en Chihuahua, pues ya lo había puesto preso. Cuando se celebró en México y en Aguascalientes la Soberana Convención Revolucionaria, optó por seguir a Carranza y, por tanto, no reconoció el gobierno convencionista, lo cual se resolvió en la derrota decisiva de la División del Norte, librándose los combates en Celaya, Silao, León, Trinidad hasta la frontera. En Santa Anna del Conde, Gto. y en ocasión de esos combates, el general Obregón fue herido y se le amputó un brazo. Ya estabilizado el gobierno, Carranza le encomendó la Secretaría de Guerra, durante cuyo desempeño (1916) las fuerzas del general yanqui John J. Pershing incursionaron por Chihuahua. El entonces mayor Tompkins, de la "expedición punitiva", dice en su obra *Chasing Villa. The story behind Pershing's Expedition into Mexico,* que el general Obregón giró a las autoridades militares chihuahuenses cierto telegrama, comunicándoles que el gobierno de México consentía dicha expedición. Lo dicho por Tompkins, según el ingeniero Vito Alessio Robles en *Gajos de Historia,* decía (traducción): "...Habiendo celebrado un convenio nuestro gobierno con el de los Estados Unidos del Norte, a fin de que tropas de uno y otro pueden atravesar (sic) la línea divisoria en persecución (sic) de los bandoleros que están cometiendo depredaciones a lo largo de nuestra frontera... Lo pongo en su conocimiento para que a su vez lo haga del de todos los jefes que están sobre la línea para que hagan prudente uso de estas facultades, procurando en cada caso ponerse de acuerdo con las autoridades militares del Ejército americano (sic), a fin de que la persecución (sic) contra esos bandidos tenga el mejor éxito..."

El general Obregón renunció al cargo retirándose nominalmente del servicio de las armas, pero atento a los acontecimientos de la hora. En 1919, cuando se le propuso su candidatura a la Presidencia, se limitó a contestar "acepto", contrarrestando la del ingeniero Ignacio Bonillas Stafford, patrocinada por el elemento oficial. Desde los primeros momentos de esta campaña Obregón tuvo sobre sí la constante hostilidad del régimen, el cual se valió aun de los pretextos más peregrinos para obstaculizar la propaganda obregonista, incoando al candidato a un proceso dirigido por el juez Molina Enríquez, teniendo como secretario al licencido José Cangas. Se le citó a declarar; pero previendo Obregón una celada, se ocultó logrando salir hacia Chilpancingo disfrazado de fogonero de los FF. CC. Allí, unido al general Maycotte, manifestó su aceptación del Plan de Agua Prieta. Resuelta así su situación se precipitaron los hechos; el 80% del ejército se puso a su favor y sobrevino la tragedia de Tlaxcalantongo. Después del breve interinato de don Adolfo de la Huerta, Obregón fue investido como presidente de la República el 1º de diciembre de 1924. Por aquella época se hizo famoso el dicho de Obregón, tan dado a los chascarrillos y las anécdotas folclóricas sobre que "no hay general que resista un cañonazo de 50 mil pesos".

Durante su gobierno tuvo certeros procedimientos vgr.: la aplicación de las reformas agrarias, la creación de la Procuraduría de Pueblos (22 de noviembre de 1921), la extensión a 10 años del período para exigir responsabilidades a los manejadores de fondos públicos, que antes se limitaba a 5 años, la creación de la Escuela de Chapingo, la instauración de la Secretaría de Educación Pública que dio tan buenos resultados para la enseñanza; sentó las bases para formular una ley protectora de los trabajadores, haciéndoseles penetrarse de su conciencia de clase; la incorporación del indígena a la civilización; el decreto de 23 de agosto de 1923 se destinó al aprovechamiento de tierras ociosas; la rescisión de contratos onerosos con vías a establecer su caducidad, recuperando para la Nación unos

3.244,000 hectáreas, el convenio Lamont-De la Huerta, la expulsión del intrigante y poco grato delegado apostólico que, ingerido en la política, no obstante ser extranjero, obstaculizaba la acción del gobierno, azuzando a los católicos, expulsión que el ingenio popular llamó "la mejor corrida del año", comparándola con la fiesta de toros.

En febrero de 1921 estalló una bomba en el local del arzobispado, sito en la avenida del Brasil. El 1º de febrero de 1923, cuando el personal de la Compañía de Tranvías estaba en huelga, se ordenó que la tropa disparara sus carabinas contra ese grupo de trabajadores que transitaban en manifestación por las calles de Uruguay. Los Tratados de Bucareli (15 de agosto de 1923), que algunos califican de onerosos para la Nación, suscitaron en la Cámara de Senadores un enconado debate, que culminó con el asesinato del senador Fiel Jurado, abatido a tiros cerca de su casa, delito que se atribuyó a miembros de la CROM (Confederación Regional Obrera Mexicana), entonces todopoderosa y fidelísima al gobierno. La aprobación de estos Tratados trajeron consigo el reconocimiento, por parte de los EE. UU., del gobierno de México.

El 7 de diciembre del propio año, el ex ministro de Hacienda Adolfo de la Huerta, se lanzó a la lucha armada pretendiendo la Presidencia de la República, sin esperar el resultado de unas elecciones que no se habían verificado. No pocas fuerzas militares se incorporaron a esta rebelión que en sus principios era formidable, pero que, poco a poco, por disensiones y falta de aptitudes en sus jefes, fue decayendo hasta merecer el título de "la rebelión sin cabeza"; en esta ocasión los EE. UU. prestaron la mayor ayuda al general Obregón, quien multiplicando sus actividades, se puso al frente de las tropas, logrando obtener nuevos triunfos militares.

Al entregar el poder el 1º de diciembre de 1924, el general Plutarco Elías Calles, Obregón se retiró a sus posesiones en el Estado de Sonora. Allí susurraron a su oído las brujas de Macbeth, y se lanzó de nuevo a la política en busca de un segundo período presidencial; ante el escollo de la no reelección hubo que reformar los preceptos constitucionales, causando tal claudicación el desencanto de quienes habían derramado su sangre por el lema "Sufragio efectivo. No reelección". La campaña fue enconadísima y ominosa; los generales Francisco Serrano y Arnulfo R. Gómez contendieron también; pero viéndose imposibilitados para triunfar apelaron a la revuelta; ambos perdieron la vida, uno, ante un pelotón de soldados, y el otro, Serrano, bárbaramente desfigurado a golpes de todas clases. El clero no podía estar ausente en estas maniobras, y en una vez que el general Obregón iba en automóvil por el Bosque de Chapultepec, le fue arrojada una bomba explosiva que no hizo blanco. Los autores del atentado, ingeniero Segura Vilchis y el clérigo Pro, junto con otros responsables, pagaron con sus vidas y fuera de la ley, esta intentona (1927); nuevo conato de homicidio se realizó en Celaya, Gto., y por fin, el 17 de julio de 1928 Obregón fue muerto en el restaurante "La Bombilla", cercano a San Angel, D. F., durante un banquete ofrecido por la diputación guanajuatense. Los magnicidas —ya era presidente electo el general Obregón—, José de León Toral y la monja Concepción Acevedo y de la Llata "la madre Conchita", fueron sometidos a proceso: José de León Toral fue ejecutado en la penitenciaría de México, y la abadesa, recluida en el penal de las Islas Marías; puesta en libertad, contrajo matrimonio con uno de los complicados en el delito. Durante las averiguaciones se probó que los preparativos del magnicidio se fraguaron en un conventículo al que acudían religiosos de ambos sexos. Pasados más de 18 años de muerto Obregón, en 1946, aún suscitaba discusiones este asunto, pues el diario *Excelsior* publicó una reseña de los hechos, en la que figura el "Acta de reconocimiento de heridas y embalsamiento del cadáver del general Alvaro Obregón", suscrita por el mayor médico-cirujano Juan G. Saldaña, y en la que consta que el interfecto presentaba diecinueve impactos de distintos calibres. Entre los asistentes al banquete y, a la vez testigos del crimen, figuraron: Aarón Sáenz, Enrique Romero Courtade, Fausto Topete, Enrique Fernández Martínez, Federico Medrano, Arturo Orci, Octavio Mendoza González, Jesús Guzmán Vaca, Antonio Valadés Ramírez, José Luis Solórzano, Juan G. Abascal, Ramón V. Santoyo, Eduardo Domenzain, Ramón Velarde, Francisco Alvarez, José Rodríguez, Jesús Yáñez Maya, Adolfo Vallejo Gómez, David Ayala, Esteban Bueno, Joaquín Torreblanca, Federico Hernández, Francisco Briones, Salvador López Moreno, Carlos Valdés, José Aguilar y Maya, Mariano Vértiz, Ernesto Hidalgo, Benjamín Méndez, Adolfo Corral, Jesús Valdés, Basilio Ortega, Lorenzo Mayoral Pardo, Tomás A. Robinson, Rafel Sánchez Lira, José Guadalupe de Anda, Antonio Díaz Soto y Gama, Aurelio Manrique Jr., José E. Ancona, Manuel Irigoyen, Ignacio Otero Pablos, Celso García Bracho, Homobono Márquez, Filiberto Gómez, etc., Obregón era un hombre optimista, alegre, dicharachero, de felicísima memoria y de cuya vida podría formarse un grueso volumen de anécdotas. Su inteligencia era pronta, amplia. Desprendido en los favores, aunque un tanto rencoroso, no excento de vanidad. De valor personal probado y celoso de su autoridad.

MIGUEL VELASCO VALDES

OBREGON VISTO POR BLASCO IBAÑEZ

La anterior semblanza la redactó un panegirista, el profesor Velasco Valdés, que ocultó los rasgos sombríos del personaje: su traición a los principios democráticos al imponer al Gral. Calles y su claudicación revolucionaria, al presionar a Calles para que reformara la Constitución del país y poder reelegirse; y su tremenda acción sanguinaria, revelada en el fusilamiento de miles de prisioneros, o la responsabilidad —ya bien dilucidada— en la matanza de Huitzilac, o bien de figuras como Maycotte (a quien debía la vida). Por algo el extraordinario reportero con aficiones historiográficas, Blanco Moheno, le ha llamado "el mayor massacrador de la Revolución". Grave también el hecho de haber auspiciado la revalidación de los más torvos enemigos del movimiento revolucionario, al haber propiciado "la unificación" de 1920. Por considerar de gran interés la serie de atisbos agudos del periodista y novelista español, Vicente Blanco Ibáñez, autor de un libro odiado por los cuartelarios mexicanos, recogemos tal semblanza:

El Ciudadano Obregón

"Conocí personalmente a Obregón dos días antes de que huyese de la capital de Méjico, declarándose en abierta rebeldía contra Carranza.

Al llegar yo al país, este candidato andaba de propaganda electoral por lejanos Estados. Varios amigos míos que son partidarios entusiastas de él tenían empeño en que viese y escuchase a su ídolo"

....

"Al entrar en el *restaurant* lo reconocí sentado a una mesa con un amigo, al que explicaba las excelencias de cierto *coctail* de su invención.

No se vaya a creer el lector por esto que Obregón es un alcohólico. Le tengo por hombre parco en la bebida. Durante el almuerzo prefirió la cerveza al vino y muchas veces pidió agua. Pero como hombre que ha vivido a campo raso, sufriendo las inclemencias de la Naturaleza y sobrellevando malas noches, le gusta de tarde en tarde el trago aislado, con el único fin de tonificar sus fuerzas.

Igual error sería suponerlo un candidato mejicano como los que hemos visto aparecer tantas veces en las películas cinematográficas y las revistas de *music-hall:* un personaje de color cobrizo y ojos

oblicuos, con pelos duros y agudos como leznas; un indio vestido de general de opereta.
Obregón es blanco, puramente blanco, sin que se adivine en él una sola gota de sangre indígena. Es un español que podría pasearse por Madrid sin que nadie sospechase su procedencia del hemisferio americano.
—Mis abuelos eran de España —me dice—. Ignoro de qué provincia. Otros buscan con ahinco quiénes fueron sus ascendientes o los inventan. Se suponen de origen noble, afirman descender de duques y marqueses. Yo sólo sé que los míos vinieron de España. Debieron ser pobres gentes empujadas a la emigración por el hambre.
El personaje empieza a diseñarse. Obregón es un hombre que procura asombrar al que le escucha: unas veces con explosiones de orgullo, otras con empequeñecimientos de una humildad inesperada. Lo que importa es decir siempre lo que no esperen los demás.
Es todavía joven: no ha pasado de los cuarenta, y su complexión parece recia y sanguínea. Se adivina en él un exceso de vida. Un extravasamiento de la sangre cubre sus carrillos de inflamadas venillas, lo que le da un tono rojizo a su cutis moreno.

....

Vestido de militar tal vez esté mejor; pero yo vi a un hombre con un sombrero de paja viejo y polvoriento, un pantalón arrugado y corto y una chaqueta algo mugrienta, una de cuyas mangas colgaba flácidamente vacía desde el hombro cortado a cercén.
Obregón parece despreciar todo adorno personal por una tendencia característica. Además, gusta de mostrarse mal vestido para halagar con esto al populacho mejicano, que así lo considera más suyo.
La falta de un brazo sirve para que todo el mundo lo conozca desde lejos y lo salude con entusiasmo.
Además, Villa siempre se mantuvo entero, librándose de las balas con una buena suerte insolente, mientras que al "héroe de Celaya" le falta un brazo, uniendo a sus prestigios de héroe la simpatía del mártir.
Obregón, en realidad, no tenía que decirme nada interesante. ¡Pero es un personaje tan digno de estudio!... ¡Resulta tan ameno escuchar horas y horas su facundia animada, pintoresca y alegre!...
Había escogido la mesa cerca de la orquesta para dar órdenes a los músicos. Tenía empeño en demostrarme que no es un soldado ignorante y que ama la música con estusiasmo... música mejicana, pues las otras músicas dicen muy poco para él. Y mientras la orquesta toca el "jarabe" y el "cielito" y las "mañanitas", Obregón habla y habla, sin dejar de engullir los pedazos que le va cortando uno de sus acompañantes, ya que él sólo puede valerse de una mano.

El general tiene una palabra invencible. Yo soy algo hablador, lo confieso; pero me repliego ante él, derrotado como un Villa, y me limito a escucharle.

Me cuenta su juventud. Está seguro de que nació para ser el primero en todas partes. No lo dice, pero lo hace sospechar con modestas insinuaciones. Se dedicaba en Sonora a corredor de garbanzos, y aunque sus ganancias eran humildes, está seguro de que hubiese sido con el tiempo el primer comerciante de Mejico: un gran millonario.

—Pero la revolución me perjudicó —añade con amargura—, pues me dediqué a militar y he llegado a general.

Lo que él no dice es que, a pesar del generalato, ha seguido comerciante. Sus enemigos afirman que además cumplió hace tiempo su deseo de ser millonario. Es el monopolizador actualmente, según cuentan éstos, de todo el garbanzo que se produce en Mejico, producto que se exporta a España por ser allá de gran consumo. Añaden que los cultivadores tienen que vender sus garbanzos a Obregón al precio que él fija. Por algo se es héroe y se ha perdido un brazo en defensa de la Constitución.

Pero no tengo tiempo de pensar en estas cosas que propalan los enemigos. El general sigue hablando. Ahora relata anécdotas de la revolución y ciertas historias alegres, con un regocijo brutal y francote que recuerda las veladas en torno del fuego del campamento.

Adivino la popularidad de este hombre. Así habla con todos, con las mujeres de la calle, con los trabajadores que encuentra al paso, con los campesinos. Y las gentes simples se enorgullecen de que las trate con esta franqueza, de que les cuente cuentos para hacerlas reír un héroe nacional, el vencedor de Celaya, el antiguo ministro de la Guerra... que además perdió un brazo en un combate que consideran glorioso.

—A usted le habrán dicho que yo soy algo ladrón.

Miro en torno con extrañeza, y me convenzo al fin de que es el general el que dice esto y que se dirige a mí.

No sé qué contestar.

—Sí —insiste—; se lo habrán dicho indudablemente. Aquí todos somos un poco ladrones.

Yo hago un gesto de protesta.

—¡Oh, general ¿Quién puede hacer caso de las murmuraciones?... Puras calumnias.

Obregón no parece oírme y sigue hablando.

—Pero yo no tengo más que una mano, mientras que mis adversarios tienen dos. Por esto la gente me quiere a mí, porque no puedo robar tanto como los otros.

Alegría general. Obregón celebra su chiste con una risa directa de muchacho cínico, mientras los dos amigos que nos acompañan saludan la gracia del héroe con interminables carcajadas.

(El Militarismo mejicano,
Valencia, 1920).

"GRANITO DE ORO"

(Rafael Buelna)

"Con la mitad del cuerpo paralizado; cubierto de lodo y sangre; abriendo desmesuradamente un ojo; tendido sobre una mesa, en el interior de un furgón de carga, a las puertas de la ciudad de Morelia, el general Rafael Buelna sabía que su fin estaba próximo.

"Silenciosos le rodeaban el general Ramón B. Arnáiz, el coronel José B. Fonseca y varios oficiales.

"—¡Mi general! —exclamó, rompiendo el silencio, con afectuoso respeto al general Arnáiz.

"Buelna movió desesperadamente el ojo, haciendo notorios esfuerzos para hablar.

"—¿Desea usted disponer algo, mi general? —intervino el coronel Fonseca.

"El general, herido de muerte, cerró el ojo y una y repetidas veces. Luego hizo una mueca; pareció sonreir. Trató de levantar el brazo izquierdo, inútilmente. Estaba vencido, lo comprendía y quedó sereno.

"El coronel Fonseca le desabotonó el chaquetín y, tomando los papeles que encontró en los bolsillos interiores, le preguntó:

"—¿Desea usted que se entreguen estos papeles a su esposa, junto con los que tiene en el maletín?

"Buelna hizo un esfuerzo por sonreir. Era la señal de aprobación.

"Durante varios minutos, Buelnita permaneció inmóvil. Los oficiales, de pie, esperaban el último suspiro de aquel hombre que los había llevado a tantas victorias y que horas antes les había ofrecido que ese mismo día, por la noche, cenarían en Morelia, su objetivo militar.

"De pronto, Rafael intentó un movimiento con el brazo que se había salvado de las parálisis; buscó con la vista la de sus ayudantes.

"—¿Desea usted más, mi general?— preguntó un oficial, nervioso.

"—¡Que triunfemos! ¡Eso ha de querer mi general! —exclamó Fonseca.

"Buelna hizo un gesto; era eso lo que deseaba. Un último esfuerzo y en sus labios se dibujó una sonrisa. Cerró el ojo poco a poco, como resistiendo a la muerte, y expiró".

Así relata José C. Valadés, en su obra *Las Caballerías de la Revolución*. Hazañas del general Buelna, la muerte de aquel extraordinario combatiente, que recibió muchas de las páginas legendarias de la Revolución, y que el 12 de enero de 1924, apenas a los 33 años de edad, cayera en el asalto a la ciudad de Morelia, cuando la rebelión que encabezó don Adolfo de la Huerta contra el gobierno obregonista, estallara.

Estimo como lo más interesante en esta serie de semblanzas, la realizada por el doctor Ramón Puente, en la que la figura del revolucionario sinaloense, adquiere sus justos perfiles:

"A primera vista, no revelaba lo que era aquel general revolucionario llamado Rafael Buelna; se antojaba más bien un estudiante que hubiera abandonado las aulas para correr una aventura bélica, y, sin embargo, pocos tuvieron su valor, su entereza, su hombría.

"No manchaba su rostro ningún asomo de barba, por la finura de la piel se diría un infante, por la sonrisa a flor de labio un adolescente en pleno mundo de ilusiones; y era un iluso: una, dos y tres veces iluso. Iluso como maderista, como villista, por último, siguiendo el "delahuertismo" en cuya campaña encontró la muerte, patrimonio ordinario de todos los valientes.

"La historia de Buelna es un capítulo romántico, se abre antes de los 20 años y termina a los 33. Deja, en efecto, los libros por las armas, al igual del Quijote, busca una dulcinea y la encuentra en una niña encantadora que se enamora de él, contrariando la voluntad paterna; que después es una esposa abnegada, y que muere de la tristeza de perderlo, para que el idilio quede perfecto.

"El campo de acción donde comienza Buelna sus andanzas es Sinaloa y parte de Nayarit, tierras en donde abunda la gente decidida, los terrenos de Heraclio Bernal y Manuel Lozada, uno de los más famosos guerrilleros de la época de la Intervención. Buelna, a la cabeza de aquella gente, dominándola, dándole ejemplo de valentía, es algo que convida al respeto. El niño hecho hombre sufre completa transformación en el combate: su voz se hace de trueno, centellea la mirada, la sonrisa desaparece para darle al ceño todo un rictus de gravedad. Es el jefe de la fuerza, por la inteligencia y por la astucia; parece que trae consigo, como instinto, todas las estrategias de la guerra. Pasada la batalla, vuelve a ser el camarada, el amigo, abierto el corazón para todo afecto y abierta la mano para todo desprendimiento.

"Durante el maderismo es una sorpresa; peleando contra Victoriano Huerta, una revelación; posteriormente una sólida personalidad. Nadie desconoce su valentía, tampoco su nobleza, menos aún su desinterés. Carranza lo recibe con grandes atenciones. Una de sus muestras de estimación es dejarse tomar con él una fotografía en la que Buelna con una mano en cabestrillo, a consecuencia de una reciente herida, parece un adolescente junto a su abuelo. Villa lo llama "mi muchachito", y le adivina el pensamiento; ¿qué podría pedir que no se le conceda? Lo cautiva su valentía. Lucio Blanco y Juan G. Cabral, los espíritus más nobles de la lucha, lo miran como un hermano, y todos, no importa la facción a que pertenezcan, lo respetan. Con el único que nunca logra congeniar es con Obregón. En Acaponeta, cuando se trata de avanzar hacia el sur, tiene un altercado. Se pone de acuerdo con Lucio Blanco para desconocerlo, pero como los dos son del mismo género de nobleza, atendiendo a los consejos de Juan G. Cabral, acaban por consentir en que Obregón siga como jefe hasta llegar a México, pero siempre que les deje libre iniciativa respecto a los soldados que tienen bajo sus órdenes inmediatas.

"Ya en México, después de que Obregón recibe la rendición del Ejército Federal, que propiamente le correspondía a Villa, Blanco y él se separan y van a la Convención de Aguascalientes, en la que sale electo presidente provisional Eulalio Gutiérrez, un hombre sencillo a quien manejan sus ministros. Blanco se queda con Gutiérrez y Buelna permanece con Villa al que sigue hasta los últimos días de su desastre en Sonora.

"No es un villista incondicional, le critica «al viejo», como le llaman cariñosamente, todos sus errores, pero es un villista leal; la lealtad era el don principal de Buelna. Lealtad a sus principios, a sus ideales, a su conciencia.

"Acabado el villismo Buelna va al destierro, donde vive siempre rebelde a las injusticias, soñando en un régimen de equidad y de patriotismo. No le satisface Carranza por su condescendencia con los militares a quienes corrompe; tampoco Obregón por sus derroches y crueldad, ni Calles por su dureza; se liga a la aventura romántica de Adolfo de la Huerta, y es el que pelea con mayor bravura, creyendo que va a llegar por fin el milenio.

"En la campaña delahuertista que ha sido favorable a los soldados de Obregón, es el único que obtiene triunfos valiosos. En un punto entre Jalisco y Michoacán derrota una columna de la que es jefe el general Lázaro Cárdenas, quien resulta herido y es hecho prisionero. Buelna le respeta la vida, de acuerdo con el general Enrique Estrada, quien se encarga de que se complete su curación, dejándolo después en libertad. Ironías del destino, a los pocos días, frente a Morelia, cuando ya sus tropas han tomado la plaza, es herido Buelna mortalmente para no volver a levantarse. ¿Qué visión pasó por sus ojos cuando tuvo aquel acto de gallardía y compañerismo con Cárdenas? El destino, encierra misterios que ninguna inteligencia penetra, pero, por una lógica irrecusable, siempre se ponen en contacto y se sincronizan los espíritus que representan átomos de alguna fuerza trascendente.

"Buelna muere con la sonrisa en los labios, en plena juventud y en pleno optimismo renovador, como les corresponde a los amados de los dioses en el campo de la poesía, lo mismo que en el de las reivindicaciones humanas".

PLUTARCO ELIAS CALLES

Pocos personajes tan discutidos y pocas discusiones tan justificadas como las que se han entablado en torno al más destacado elemento del grupo de Agua Prieta, del grupo sonorense, como también se le llama. Los múltiples aspectos que ofrece la figura de Plutarco Elías Calles dan elementos, lo mismo para el elogio que para la censura; y es que su labor tuvo una parte de grandes realizaciones y tuvo otra de evidente regresión desde el punto de vista de las conquistas sociales del régimen revolucionario.

Plutarco Elías Calles nació el 27 de enero de 1877 en el puerto de Guaymas, Sonora. Hijo de Plutarco Elías y doña Jesús Campuzano; quedó huérfano de padre a los 4 años y su segundo apellido lo tomó de su padrastro don Juan B. Calles. Hizo su enseñanza primaria en Hermosillo, la que terminó en 1893. El año de 1894 empezó a trabajar en el magisterio. Se casó con Francisca Bernal en primeras nupcias, pues quedó viudo y su segunda esposa fue Natalia Chacón. Llegó a ser inspector escolar e hizo breve labor periodista en el *Siglo XX* y *Revista Escolar* (1899-1913).

Después trabajó en la Tesorería Municipal de Guaymas, donde perdió su empleo por un desfalco de $ 125.00, cantidad que oportunamente cubrió. En política luchó contra el gobernador Rafael Izábal, en la agrupación "Club Verde". Desempeñó otros trabajos en una compañía harinera y como administrador de un hotel. La campaña maderista no le inquietó y en 1911 lo encontramos radicado en la ciudad de Agua Prieta, donde fue comisario de policía. En 1912 luchó contra los rebeldes de Pascual Orozco que invadieron Sonora. Cuando ocurre el cuartelazo de Victoriano Huerta se lanza a la lucha y pronto se incorpora al general Obregón. después de algunas acciones de armas se le otorga el grado de coronel y con este cargo se le designa comandante militar de Hermosillo.

Curiosamente podemos encontrar la división de los grupos revolucionarios en forma sencilla: por un lado los maderistas, que se enfrentaron a la dictadura de Porfirio Díaz; que después también lucharon contra la tiranía huertista. Por otro, los revolucionarios contra Huerta, entre los que figuran la mayoría de los sonorenses.

En pugna con Maytorena sitia el palacio de gobierno de Hermosillo, pero los indios de Urbalejo hacen cesar el sitio y Calles tiene que dejar a los hombres que manda. Se le va desalojando de Sonora y al final sólo conserva Naco y Agua Prieta, puntos fronterizos que se les puede auxiliar desde los Estados Unidos. Al producirse el choque entre la Convención y Carranza toma el partido de éste y se agrega a las fuerzas del general Hill. El cuatro de agosto de 1915 el primer jefe le nombra gobernador y comandante militar de Sonora. Entre las medidas administrativas que dicta ya se apunta lo que habrá de ser su gobierno a la Presidencia de la República: se prohibe la elaboración y tráfico de bebidas embriagantes, se reforma el Código Civil para establecer el divorcio; se nombra la Comisión Agraria Mixta, se autoriza la fundación de la Escuela Normal para Profesores, se derogan las concesiones otorgadas por gobiernos anteriores que concedían exención de impuestos; aumenta el presupuesto de egresos. Un acto que revela claramente su personalidad es el que realiza al suprimir el Supremo Tribunal de Justicia y someter sus facultades al Poder Ejecutivo para revisar las sentencias de los jueces. Y otro hecho también de gran significación: se expulsa del Estado a los sacerdotes del culto católico.

El 16 de mayo de 1916 deja el gobierno pero conserva el mando de la tropa. Electo gobernador constitucional para terminar el período 1915-1919, toma posesión el 30 de junio de 1917, pero a los 15 días se separa del gobierno para reasumirlo en julio del año siguiente. En esta etapa de su administración desarrolla una labor progresista.

El presidente Carranza le nombra secretario de Industria, Comercio y Trabajo en mayo de 1919. Ocupa ese cargo hasta el primero de febrero de 1920, fecha en que presenta su renuncia para participar en la campaña presidencial del general Obregón. En abril se le encuentra en Sonora ya en lucha contra Carranza y el 23 del mismo mes se firma en Agua Prieta el plan que lleva ese nombre y con el que se inicia en el país el dominio de los sonorenses. Al ser asesinado en Tlaxcalantongo el presidente Carranza, en mayo de 1920, pasa a ocupar la Secretaría de Guerra y Marina del 1º de junio al 30 de noviembre de ese año. Al tomar posesión Obregón como presidente, el 1º de diciembre, se le nombra secretario de Gobernación, cargo que ocupa hasta el 1º de septiembre de 1923. En esa fecha renuncia y se lanza como candidato, apoyado por Obregón, a la Presidencia de la República. Asume este cargo del 1º de diciembre de 1924 al 30 de noviembre de 1928.

Los dos primeros años de su administración fueron de notable progreso, ya que le correspondió determinar una etapa culminante en la transformación del país. Destacada fue la política de construcción de caminos y de obras de riego, la primera a través de la Dirección General de Caminos, y la segunda a través de la Comisión Nacional de Irrigación que en nuestros días tenemos convertida en Secretaría de Recursos Hidráulicos. Se ponen en marcha las escuelas centrales agrícolas, pues a toda costa se perseguía el desarrollo económico del país. Los sistemas de crédito reciben una organización moderna dentro del sistema bancario. Reorganizó el Ejército Nacional; se establecieron líneas telefónicas de larga distancia, rutas aéreas y un servicio postal más eficaz. En el aspecto bancario se constituyeron los Bancos Nacionales de Crédito Agrícola y Ejidal y el Central de México como emisor único de billetes bajo el control estatal. Se estableció la Dirección General de Pensiones y de Retiro y el Fondo de Garantía para defender el erario federal por los desfalcos. También en la Secretaría de Hacienda se reorganizaron las Oficinas Federales.

En el aspecto internacional, en los dos primeros años de su gobierno asumió una actitud digna y decorosa frente a los propósitos intervencionistas del Departamento de Estado norteamericano. Se recuerdan sus declaraciones del 13 de junio de 1925, que reproducimos:

"La prensa publica declaraciones del Departamento de Estado, en las cuales el señor Kellog, contestando preguntas relativas a la visita del embajador Shefield al propio Departamento de Estado, afirma que algunas propiedades de ciudadanos americanos, han sido tomadas ilegalmente en México, por las cuales no se ha dado compensación alguna y que en un caso han sido tomadas por el Gobierno Mexicano, debido a injustas peticiones de trabajadores; y al mismo tiempo alude a las Comisiones de Reclamaciones, diciendo que tiene conocimiento de que el Gobierno Mexicano desea cumplir con las Convenciones e indemnizar a los ciudadanos americanos por las propiedades que se han tomado. Que ha visto publicadas en las prensa noticias de que otro movimiento revolucionario puede estar a punto de estallar en México y que el Departamento de Estado no desea sea cierto, siendo su actitud la de ejercer influencia y ayuda en beneficio de la estabilidad del orden en México en tanto que éste proteja las vidas e intereses de los americanos y sus compromisos y obligaciones internacionales. Añade que el Gobierno de México, se halla en la actualidad sujeto a juicio ante el mundo.

Estas declaraciones ponen a mi gobierno en el deber de hacer la rectificación exigida por la verdad y la justicia. La mejor prueba de que México está dispuesto a cumplir sus obligaciones internacionales y a proteger las vidas e intereses de los extranjeros, es precisamente que, aun cuando no estaba obligado conforme al Derecho Internacional, invitó a todas las 'naciones cuyos ciudadanos o súbditos hubiesen sufrido daños por actos ejecutados durante los trastornos políticos, habidos en el país, a fin de celebrar con ellos convenciones para establecer comisiones que conocieran de esos daños con objeto de otorgar las debidas indemnizaciones. Aparte de esto, otra Convención se celebró con los Estados Unidos para conocer de las reclamaciones de sus ciudadanos de cada país en contra del otro y en esa Convención están comprendidos los casos en que puedan haberse afectado los bienes y derechos en desacuerdo con las leyes mexicanas; por lo mismo, mientras las referidas comisiones no resuelvan los casos sometidos a su decisión, es inconducente hacer cargos a México por falta de protección a los intereses americanos y por infracción a sus deberes internacionales.

La aplicación de las leyes agrarias no pueden ser motivo de queja, porque México las ha expedido en uso de su soberanía e independientemente de eso, el Departamento de Estado, en nombre de los nacionales americanos, ha aceptado la forma de indemnización prescrita por las leyes mexicanas. Es de lamentar la contradicción que se encuentra en las declaraciones del señor Kellog, al manifestar el interés de los Estados Unidos por la conservación del orden en México y la estabilidad de su gobierno y al asentar a la vez, que se tienen noticias de movimientos revolucionarios, pues esta última afirmación tiende a sembrar alarma en el mundo en cuanto a las condiciones en que se encuentra el país, y por último, la declaración de que el gobierno de los Estados Unidos continuará apoyando al gobierno de México únicamente en tanto proteja los intereses y vidas de los ciudadanos americanos y cumpla sus compromisos internacionales, entraña una amenaza para la soberanía de México que éste no puede pasar inadvertida y que rechaza con energía, porque no reconoce a ningún país extranjero el derecho de intervenir en cualquier forma en sus asuntos interiores, ni está dispuesto a subordinar sus relaciones internacionales a las exigencias de cualquier otro país.

Se afirma también, en las declaraciones de referencia, que el embajador americano ha logrado proteger tanto los intereses americanos como los extranjeros, y si eso se ha logrado, no tiene derecho para acusar a México de falta de protección de tales intereses, debiendo llamarse la atención sobre que el mismo embajador no tiene representación de ningún otro extranjero, fuera de sus connacionales, y México no admitirá que, sin su previa autorización, dicho embajador gestionara a nombre de personas o intereses extraños a la nación. Si el gobierno de México se halla, según se afirma, sujeto a juicio ante el mundo, en el mismo caso se encuentra tanto el de Estados Unidos, como el de los demás países; pero si se quiere dar a entender que México se encuentra sujeto a juicio, en calidad de acusado, mi gobierno rechaza de una manera enérgica y absoluta semejante imputación, que en el fondo constituiría una injuria. Para terminar, declaro que mi gobierno, consciente de las obligaciones que le impone el derecho internacional, está resuelto a cumplirlas y, por lo mismo, a impartir la debida protección a las vidas e intereses de los extranjeros; que sólo acepta y espera recibir la ayuda y el apoyo de los demás países basados en una sincera y leal cooperación y conforme a la práctica invariable de la amistad internacional;

pero de ninguna manera admitirá que un gobierno, de cualquier nación, pretenda crear en el país una situación privilegiada para sus nacionales, ni aceptará tampoco ingerencia alguna que sea contraria a los derechos de la soberanía de México".

Después del segundo año de gobierno, la actitud de Calles frente a la política internacional, fue cambiando. Un poco por la agresividad de la misma; otro tanto por los conflictos internos, que se fueron acentuando. La expulsión que se hizo del Nuncio Papal el año de 1923, comenzó a tener repercusiones. El clero mexicano, que nunca estuvo conforme con los principios que consideraba adversos al catolicismo, y que figuraban en la Constitución de 1917, asumió una actitud de altivez. El 4 de febrero de 1926 aparecieron publicadas en *El Universal,* las declaraciones del arzobispo de México, doctor José Mora y del Río, en las que afirmaba: "La doctrina de la Iglesia es invariable, porque es la verdad divinamente revelada. La protesta que los prelados mexicanos formulamos contra la Constitución de 1917 en los artículos que se oponen a la libertad y dogmas religiosos se mantiene firme, no ha sido modificada, sino robustecida porque deriva de la doctrina de la Iglesia. La información que publicó *El Universal* de fecha 7 de enero en sentido de que se emprenderá una campaña contra las leyes injustas y contra el derecho natural, es perfectamente cierta. El Episcopado y los católicos no reconoceremos y combatiremos los Artículos 3º, 5º, 27 y 130 de la Constitución vigente; este criterio no podemos por ningún motivo variarlo sin hacer traición a nuestra fe y a nuestra religión".

Pocos días después el mismo periódico reprodujo un documento que los Obispos habían firmado el mes de febrero de 1917 en contra de la Constitución del mismo año. La reacción del gobierno ante el clero fue violenta: las declaraciones expresadas fueron consignadas al Procurador General de la Nación. Se expulsó a los sacerdotes extranjeros y poco después se expulsó también al Delegado Apostólico. Por si fuera poco, se reformó el Código Penal en lo relativo a actos externos del clero católico. Planteada la lucha, el 31 de julio una pastoral de los Obispos suspendió el culto en todo el país. A su vez, se organizó la Liga Defensora de la Libertad Religiosa, en la que se declaraba un boicot contra las autoridades. La rebelión armada, conocida con el nombre de "Cristera", que ya había tenido brotes en algunos lugares del país, se intensificó y durante tres años se peleó en las regiones donde el catolicismo tiene más influencia: Jalisco, Zacatecas, Colima, parte de Michoacán y Guanajuato. Aunque hubo choques serios en otras regiones del país, en esas entidades la lucha fue más grave y en buena parte de la República, los cristeros llegaron a tener amplio control.

Antes de terminar el cuatrienio callista, se reformaron los artículos 82 y 83 constitucionales para permitir la reelección del general

Obregón. Se produjo la oposición de Francisco Serrano y Arnulfo R. Gómez, la que fue reprimida con sangrienta ferocidad. En 1928, al ser asesinado Alvaro Obregón, ya reelecto presidente de la República, el país pasó por una nueva inquietud, debido sobre todo al descontento de los obregonistas. Calles pronunció un discurso maestro desde el punto de vista político, afirmando que había terminado la era de los caudillos, para entrar a la etapa constitucional. Por desgracia, todo se quedó en palabras.

A Calles se debe la fundación del P.N.R. (Partido Revolucionario Nacional) antecedente del P.R.I. (Partido Revolucionario Institucional), que desde 1929 ha venido controlando el poder en el país. El propio año se produjo un nuevo cuartelazo, ahora encabezado por el general Escobar. Calles vuelve a ocupar la Secretaría de Guerra y Marina. Ya sus áulicos le llaman el "Jefe Máximo de la Revolución" y sus adversarios estiman que se inicia la etapa del "Pelelismo", o de los gobiernos peleles manejados por el propio don Plutarco. Se domina la rebelión y Calles parte a Europa. Después vuelve a ser Ministro de Guerra y Marina y Secretario de Hacienda. A él, como jefe Máximo, le corresponde resolver la sucesión presidencial que lleva a la presidencia al ingeniero Pascual Ortiz Rubio; la "renuncia" de éste y el nombramiento del general Abelardo L. Rodríguez, y la elección del general Lázaro Cárdenas. Tratando de imponerse al mandatario michoacano, corresponde a Cárdenas dar fin al maximato.

Sobre esta etapa de su mandato, fuera del gobierno, ha dicho un escritor: "Calles no se retira del poder, lo sigue ejerciendo a través del presidente interino, que le impone el momento, el licenciado Emilio Portes Gil, que resulta el más hábil político y el más inteligente de sus colaboradores; después a través del ingeniero Pascual Ortiz Rubio, que fue electo para un período constitucional, que no termina, porque lo sustituye por el general Abelardo L. Rodríguez, cuya actuación es ponderada, y quisiera seguir conservando esa preponderancia sobre el general Lázaro Cárdenas, pero imposible luchar contra el vigor de una madurez y una decidida resolución de propósitos, después de una vida intensa, complicada y dramática, que había relajado su carácter.

"Calles asiste a casi todas las tragedias revolucionarias en casi todas comparte responsabilidades históricas, pero su deber en el fondo es constructiva y reformadora. Es él quien pone los primeros cimientos de un nuevo México, después de una sangrienta contienda.

"Su figura parece surgir de un mar de sangre, pero eso no le merma valor ni sentimientos patrióticos; su obra podrá tener imperfecciones porque ninguna obra humana es perfecta, pero tiene méritos que no es tiempo de aquilatar.

"Su error más grande —error ancestral— fue el de haber querido establecer un clan político y un clan financiero, semejante al de los "científicos".

"Al separarse de la política comenzaba a querer rectificar muchos de sus equívocos. Su mirada se había ido dulcificando y ahondándose las arrugas de su rostro... Quiza soñó en recuperar el mando y volvió inopinadamente después de su primer salida, pero sólo a recoger mayores desengaños, porque la fidelidad únicamente debe pedirla el político en los días de su fortaleza; después es cuestión de conquista de almas para que participen del sacrificio.

"Su segunda salida fue más triste y casi inesperada. A media noche se presentó en su domicilio un jefe militar a transmitirle órdenes superiores. Lo encontró en lujosa pijama de seda negra, leyendo en su lecho el libro de Hitler *Mi lucha,* que tanto éxito tuviera en Alemania, y quizá meditando en un régimen estilo nazi, para México... Nada tuvo que objetar al madato presidencial y sólo pidió unas horas para hablar con sus familiares y un corresponsal de la prensa extranjera, tomar un baño y arreglar una ligera petaca.

"A las primeras horas de la mañana salió a bordo de un poderoso avión, despidiéndose tal vez para siempre de toda esperanza de volver a la hegemonía, después de haber gustado, como pocos, el néctar del poder y la adulación, que cuando no corrompe, marea y perturba el criterio.

"De la Revolución era lo único que le faltaba probar... la caída". *(Ramón Puente).*

Durante algunos años, desde 1936, permaneció en el destierro, en California, Estados Unidos. Volvió en la administración siguiente bajo el gobierno de Avila Camacho. Rehabilitado en su grado de general de División, no tuvo ninguna influencia en las cuestiones políticas. El día 19 de octubre de 1945 falleció en la ciudad de México.

PASCUAL ORTIZ RUBIO

Ingeniero, militar, político. Nació en Morelia, Mich., el 10 de marzo de 1877. Estudió en el Colegio de San Nicolás Hidalgo, de su ciudad natal.

Cursó los estudios profesionales en la Escuela de Ingenieros, de México, donde se tituló topógrafo en 1902. Según algunos biógrafos, antes de sumarse al movimiento revolucionario en 1913, sirvió un puesto bajo las órdenes del general huertista ingeniero Joaquín Maass. En su expediente de la Secretaría de Guerra y Marina, figuran los siguientes datos: ingresó al movimiento constitucionalista con el grado de capitán primero, ascendiendo por escalafón hasta el de divisionario. A la entrada de las fuerzas revoucionarias a México (1914), desempeñó la dirección general de ingenieros y la del parque general de esa arma. Subjefe y jefe del departamento de ingenieros militares (1917-1919); diputado constituyente en Querétaro; jefe de la oficina impresora de billetes, y de 1915 a 1916 vigiló en los EE. UU., la emisión de los billetes "infalsificables". Jefe de bienes intervenidos. Siendo gobernador del Estado de Michoacán (1920), abandonó su puesto (15 de abril) para tomar parte en el movimiento de Agua Prieta; al ausentarse del gobierno, disolvió la Legislatura local y el Tribunal Superior de Justicia michoacana. Proclamó el Plan de Nocupétaro y lanzó un empréstito por 2 millones de pesos destinados al pago de haberes de las tropas en campaña. Siendo diputado renovador (1913), fue encarcelado por Huerta, contándose entre los 83 legisladores que estuvieron en la Penitenciaría, donde, según el decir del ingeniero Vito Alessio Robles, en *Desfile Sangriento,* escribió su autobiografía, intitulada *Memorias de un penitente.*

Electo presidente de la República para el período que, comenzado el 5 de febrero de 1930, terminaría el 1º de diciembre de 1934, sólo desempeñó el puesto, por renuncia, hasta el 2 de septiembre de 1932. En su breve gestión administrativa acaecieron, como principales, los siguientes sucesos: el día de la toma de posesión fue herido en el rostro por un balazo que le disparó Daniel Flores, quien murió cuando estaba purgando su delito. Su gabinete inicial lo formaron: Gobernación, licenciado Emilio Portes Gil; Relaciones, don Genaro Estrada; Hacienda, don Luis Montes de Oca; Guerra, general Joaquín Amaro; Agricultura, general Manuel Pérez Treviño; Comunicaciones, general Juan Andrew Almazán; Industria, Comercio y Trabajo, ingeniero Luis L. León; Educación, licenciado Aarón

Sáenz. El 10 de ese mes se instaló el Consejo de Educación Primaria, fundándose, el día siguiente, la Comisión Nacional de Turismo. El 15 de marzo México presentó severa protesta ante el gobierno de Guatemala, por incursiones en el Estado de Campeche. El 11 de abril la Secretaría de Gobernación recomienda a los gobernadores de los Estados hagan cumplir estrictamente la Ley de cultos y vigilen que en las escuelas no se imparta enseñanza religiosa. El 15 se efectúa el censo agrícola y ganadero, y se inaugura la carretera a Oaxaca. Sidar, piloto español al servicio de México, fallece en su intento de vuelo sin escalas entre San Jerónimo Ixtepec, Oaxaca y la Ciudad de Buenos Aires (11 de mayo). El 1° de julio el piloto militar Roberto Fierro logra el de Los Angeles a Nueva York. El censo demográfico acusa la cifra de 16.444,030 habitantes en la República, correspondiendo 1.317,663 para el D. F. Se firma el convenio para el pago de la deuda con la Banca estadounidense. El 9 de noviembre de 1930 había en la República 89,960 personas faltas de trabajo.

El procurador general de Justicia informa que se está procediendo a la nacionalización de templos del culto evangélico. Con motivo de la ley que fija ciertas modalidades para liquidar los antiguos bancos de emisión, éstos solicitan amparo. El 26 de septiembre de 1930 se divulga la "Doctrina Estrada", relativa al reconocimiento de los gobiernos "de facto". Quedó instalado el Instituto de Sociología y Reformas Políticas y Sociales (11 de octubre). El 3 de noviembre se envía a las Cámaras el proyecto para que los Bancos otorguen hasta el 50% de la garantía que deben tener los depósitos en planta. Se expidieron 6 mil títulos de propiedad a campesinos de Chalco y Texcoco. El 24 de noviembre el Senado, en masa, pide al presidente Ortiz Rubio desarrolle una política que remedie la mala situación económica. El 29 del mismo mes y año se aprueba la modificación constitucional para substituir al presidente de la República. El 29 de diciembre de 1930, la deuda de los FF. CC. ascendía a la cifra de 240.017,036 dólares. El 7 de febrero de 1931 se erige Baja California en Territorio Norte y Territorio Sur. El 2 de marzo se establecen, en la ciudad de México, algunos comedores gratuitos. El 11 de mayo queda inaugurada oficialmente la carretera a Nuevo Laredo, Tamaulipas. La comisión de reclamaciones anglomexicana desecha la que por 70 millones había presentado el F.C.I. El 13 de junio se reducen en un 15 y un 10% los salarios de los burócratas. Se publican en la prensa los detalles de un tiroteo habido en la Comisión Permanente del Congreso; muere el diputado Manuel H. Ruiz y quedan heridos Sebastián Allende y Esteban García de Alba.

El 28 de agosto de 1931 se promulga la Ley Federal del Trabajo. El 6 de septiembre de 1931 se decreta que los documentos existentes en el Hospital de Jesús, queden como propiedad de la nación. El 12 de ese mismo mes, México ingresa en la Liga de las Naciones. Se modifica el Art. 45 Constitucional, ampliando en 13,773 Km.[2] la superficie del Estado de Yucatán, mismos que se toman del territorio de Quintana Roo. El 8 de noviembre de 1913 el juez 2° de distrito en el Estado de Puebla, ordena que pasen a poder de la nación los cuantiosos bienes —algunos millones de pesos— del fallecido arzobispo Ramón Ibarra González. El 22 de diciembre de 1931, la Villa de Guadalupe pasa a denominarse Villa Gustavo A. Madero. El 11 de enero de 1932 se pide al Congreso decrete la suspensión de pagos de la deuda exterior, hasta 1934. El 18 de febrero se inauguró el oleoducto entre Tampico, Tamaulipas y Azcapotzalco, D.F.

El 15 de mayo se suspendieron las relaciones entre México y Perú, y en el mismo año fueron expatriados en Centro América, el Lic. Luis Cabrera y el ingeniero Félix F. Palavicini. Parte del texto de la renuncia del ingeniero Ortiz Rubio decía: "Desacuerdos en tendencia y programas entre el Ejecutivo y los demás órganos políticos o de gobierno; o por diversos criterios y divergencias graves y constantes de juicio en la apreciación de elementos humanos... No puedo aceptar, identificado como estoy con el pensamiento revolucionario que representa mi partido, que pudiera llegar a existir o a producirse alguna vez una situación de hecho en la que hubiera perdido el respaldo de ese partido y el apoyo —moral siquiera— de sus hombres más repesentativos".

Su administración cae bajo la etapa conocida como "El Maximato", o sea el gobierno de trasmano que ejercía el Gral. Calles, a tal punto que los ministros acordaban con éste y no con Ortiz Rubio.

Murió en 1963.

ABELARDO L. RODRIGUEZ

En los momentos en que el "Maximato" llegaba a su plenitud, y al ser depuesto —aunque dentro del formalismo legal se siguió el camino de la renuncia— el ingeniero Pascual Ortiz Rubio, llega al poder, como presidente de la República, el general Abelardo L. Rodríguez, quien ocupa el cargo del 4 de septiembre de 1932, al 30 de noviembre de 1934.

Hijo de Nicolás Rodríguez y de doña Petra Luján, nació en el pueblo de San José de Guaymas, Estado de Sonora. Estudió la escuela primaria en Nogales y trabajó en el fundo minero de Cananea. Habiendo nacido en 1889, el 12 de mayo, la Revolución le sorprende ya en mayoría de edad. Al producirse el movimiento de 1913, en el que el grupo sonorense comienza a descollar, se afilia en las tropas constitucionales, asistiendo a varias acciones bélicas, entre las que se cuentan la toma de Culiacán, Sin., donde ganó el ascenso a capitán 1°. En la campaña del Bajío, bajo las órdenes de Obregón, figura como mayor; herido en la batalla segunda de Celaya se le asciende a teniente coronel. Interviene en los combates de Aguascalientes, Saltillo y en la defensa de Agua Prieta.

Al iniciarse el ascenso completo de los sonorenses, con el Plan de Agua Prieta, al que se adhiere, alcanza el generalato, con el grado de brigadier, en mayo de 1920. Ocupa diversos cargos, como jefe de Operaciones, en Tehuantepec, y comandante militar del Territorio Norte de Baja California (1923), donde también es gobernador. En 1928 le encontramos como divisionario. Al dejar el gobierno de Baja California Norte, viaja por Europa. Subsecretario de Guerra y Marina en 1932, ocupa al año siguiente los cargos de secretario de Industria, Comercio y Trabajo y la Secretaría de Guerra.

En septiembre de 1932, el día 4, como ya indicamos, asume la Presidencia, la que ha sido objeto de grandes discusiones. Por más que se haya querido defender del cargo de pelelismo, es indudable que durante su administración, el general Calles llega a la plenitud de su poder; a pesar de que se dicta una circular, lo que revela la gravedad del fenómeno, indicando a los secretarios de Estado y jefes de Departamento que se abstuvieran de consultar al general Calles, muchos de ellos lo siguieron haciendo. Sin embargo, el presidente en funciones llegó a adquirir cierto decoro en algunas oportunidades. Como actos positivos en la Presidencia se le deben abonar la intensificación de la parcelación del ejido, la elevación del precio de los productos agrícolas, única forma real de aumentar los ingresos de las grandes mayorías mexicanas, y el aumento al salario de los obreros, estableciendo una base mínima bastante aceptable. Acto trascendental es la supresión de subterfugios para librar al agrarismo de los actos judiciales que el ingeniero Ortiz Rubio había establecido.

Hombre de negocios, también permitió durante su mandato presidencial la intensificación de los juegos de azar, lo que ya había hecho en Baja California. El hipódromo de "Agua Caliente", en esta entidad, y el "Casino de la Selva" en Cuernavaca, son nombres que avergonzarían a cualquier administración.

Al dejar el poder se dedicó a los negocios particulares. En 1941 el presidente Manuel Avila Camacho le encarga la Jefatura de la Oficina de Coordinación y Fomento de la Producción, y después, cuando se declara el estado de guerra entre México y Alemania, se le nombra jefe de Operaciones Militares en la región del Golfo de México.

El año de 1943 se abre una nueva etapa de su vida. Candidato al gobierno de Sonora, se hace cargo del ejecutivo estatal el 1º de septiembre de ese año. Francisco R. Almada, dice de su gobierno:

"Ha sido una de las administraciones más progresistas y constructivas que ha tenido el Estado en los últimos 35 años; principió por arreglar la catastración general del territorio sonorense, logrando aumentar los ingresos de siete a veinte millones de pesos anuales; realizó pequeñas obras de irrigación en distintos pueblos y la Presa de Hermosillo, para la cual contribuyó con diez millones de pesos por cuenta del erario local: construyó y reedificó centenares de edificios escolares por todo el Estado, fundó 15 escuelas secundarias nuevas y levantó varios edificios para instalarlas; aumentó considerablemente el presupuesto de Educación Pública hasta alcanzar Sonora el primer lugar entre las entidades de la República por el porcentaje que se invierte, así como por el aumento de sueldos; edificó hospitales y casas de beneficiencia alcanzando la suma de $ 35.000,000.00 el total de las obras materiales realizadas durante su administración, entre las que se cuentan el edificio para biblioteca y museo del Estado, el Palacio Municipal, la reconstrucción del Palacio de Gobierno y otras más. Estableció también el Fondo Magisterial. Con un desinterés no igualado por ningún otro mandatario local, hizo diversos donativos que importan más de $ 2.600,000.00, entre los que se cuentan la *Fundación Esposos Rodríguez...*

"Fueron muchas las tareas importantes realizadas durante su administración en Sonora. Posteriormente hizo fuertes donativos para la Universidad de Sonora. No obstante, el hecho de que personalmente descubriera su estatua dentro del recinto de esta institución, fue visto con poca simpatía por muchas personas''.

Después volvió al mundo de los negocios, en los que alcanzó gran prosperidad. Recluido en un sanatorio de Estados Unidos, a donde viajaba con frecuencia, falleció en aquel país.

NARCISO BASSOLS

El 24 de julio de 1959, uno de los hombres más inteligentes que en México han nacido, dejó de existir, tras una vida plenamente vivida al servicio de la patria. Pocas veces en un hombre se conjugan tantos elementos positivos: una claridad de pensamiento singular, una firmeza de convicciones poco frecuente en los políticos mexicanos, si no es que muy rara; una cultura excepcional, que abarcaba lo mismo las más recientes corrientes filosóficas, el conocimiento de los acontecimientos más lejanos, o la realidad mexicana en sus más peregrinas reconditeces. Y todo ello, aunado a un razonamiento capaz de extraer del hecho más insignificante en apariencia, conclusiones que derivaban de su honda penetración. Y este hombre extraordinario puso siempre al servicio de la causa revolucionaria todas sus facultades, todo su tiempo; pensando siempre en el bienestar de la mayoría; en la defensa de los recursos nacionales y en la dignidad de México. Seguramente que razones de carácter personal impidieron que su tarea fuese más fecunda, pero nada impide reconocer su gran calidad de doctrinario, la unidad de su pensamiento y la coherencia de su conducta a lo largo de varias décadas.

Muy joven inicia sus actividades políticas, para las que se sentía arrastrado por una vocación indeclinable. Desde un principio muestra sus características, que ya hemos señalado y a las que sólo hay que agregar una honradez intachable. Tuvo oportunidad de servir en diversos cargos: como secretario de Educación es uno de los más ilustres que la Revolución ha producido, al punto que muchas de sus ideas siguen siendo válidas. En materia universitaria, señaló hace ya treinta años, los cauces fundamentales por los que deberían caminar las soluciones que cada día apremian al país. En materia agraria es uno de los exponentes más claros: clásicos se han vuelto sus artículos "Toda la tierra y pronto", y "México, país de jornaleros todavía"; su prólogo al estudio de la Ley Agraria (1927) y numerosos ensayos, entre los que merece especial mención su discurso en el centenario de don Valentín Gómez Farías, personaje con quien tuvo, en muchos aspectos, extraordinario parecido. Y otros muchos aspectos.

Tuve la fortuna de conocerle, bajo magníficos auspicios, en su casita de Tacubaya. De todos es sabido la discriminación que en diversas oportunidades sufrió. Sin conocerle, al publicar un libro de pequeñas dimensiones, *Presencia de la Universidad,* reproduje en él su discurso, íntegro, pronunciado en la Cámara de Diputados el año de 1933. Habiendo tenido oportunidad de conocer su pensamiento educativo, afirmé en el prólogo de la obra antes citada que si se hubiese hecho lo que Bassols preconizó, la mayor parte de los problemas educativos, tanto de enseñanza primaria, como superior, se encontrarían en vías de solución. La circunstancia de conocer su pensamiento con amplitud, a pesar de la poca difusión que se le daba, hicieron que Rogelio Alvarez, aventajado discípulo del maestro expresado, me invitara para conocerle personalmente. Sin pedírselo, puede escuchar de sus labios la razón por la que se había retirado de la carrera de abogado, en la que tantos triunfos doctrinarios y económicos, había comenzado a alcanzar: "dentro de un régimen capitalista, el abogado se convierte en instrumento de opresión", no en servidor del pueblo, que es para lo único que debe aprovechar sus conocimientos de la ley y de su aplicación. Muchas veces tuve oportunidad de escucharle en sus conferencias, a las que asistía lo más granado de la inteligencia mexicana, lo mismo jóvenes que funcionarios de alta categoría; y pronto concidí en la opinión general: un expositor singular, un talento agudo y una información única.

Además de su servicio como doctrinario de la Revolución, merece señalarse su actuación, tanto en cargos académicos: director de la Facultad Nacional de Jurisprudencia, secretario de Hacienda, etc. Estimo conveniente reproducir dos opiniones de dos grandes juristas, sobre su personalidad:

El Maestro...

Con la reciente y sensible muerte de don Narciso Bassols se ha producido la desaparición de un gran jurista mexicano. Durante un relativamente breve período ejerció la abogacía con innegable brillantez y con positivo éxito; pero donde más destacaron sus extraordinarias dotes en el ejercicio de las tareas relativas a la ciencia del derecho, fue en la cátedra y como escritor de variados temas jurídicos. En los primeros años veintes, el maestro Bassols inició en la Escuela Nacional de Jurisprudencia, —en forma singular por su elocuencia, unida al rigor de su lógica, y el uso de copiosa doctrina nacional y extranjera cuidadosamente sistematizada—, la enseñanza de una asignatura de tanta importancia y trascendencia en nuestro país, como lo es la relativa a las Garantías Individuales y al Juicio de Amparo. Con profundidad en la sustancia y con seductor brillo en la forma, cualidades que conjugaba en forma magnífica. Bassols inauguró dicha materia, creada por el ímpetu, entonces innovador y aun revolucionario, del joven director don Manuel Gómez Morín; en un estilo de verdaderas y perfectas conferencias, que más bien parecían formar parte de cursos monográficos sobre diferentes libertades humanas y sobre el procedimiento constitucional inventado en México para su vigencia positiva frente a los posibles excesos del poder público.

Pero el maestro Bassols no se limitó a la docencia en la cátedra de Garantías de Amparo, o en la de Derecho Constitucional, que también impartió con idéntico brillo y con profundidad, sino que a lo largo de varios años escribió en la *Revista de Ciencias Sociales* de la Escuela Nacional de Jurisprudencia, ampliando así el ámbito de la valiosa aportación de sus reflexiones sobre muy variados temas, desde aquellos que son perennes y pertenecientes a las elevadas disciplinas de la filosofía jurídica, hasta los que corresponden a concretas cuestiones debatidas sobre la vigencia práctica de algunas de las nuevas instituciones jurídico-sociales, creadas por la Constitución revolucionaria de 1917.

Desde los números iniciales de dicha revista, correspondientes a los meses de julio y agosto de 1922, publicó un trabajo jurídico de gran trascendencia política acerca de un problema que nuestra Ley Fundamental ha considerado de la manera más adecuada, esto es, mediante una fórmula de aplazamiento y de creación de un vacío absoluto y caótico. El maestro intituló su estudio "Crítica del Sistema Constitucional de Sustitución del Poder Ejecutivo", señalando, con estilo admonitorio, los muy graves peligros de la acefalía, resultante de la carencia total de un método automático de suplencia de la primera magistratura del país.

El insuperable maestro de Garantías y Amparo, al principio de ese trabajo, se refería a la invocada circunstancia temporal, en estos términos: "Cuando llegue el día inevitable de una revisión técnica, serena y desapasionada que hará desaparecer de la Constitución actual las asperezas", y terminaba con una insistencia sobre "las rudezas de una ley hecha para vencer al enemigo y no para gobernar al país".

En el mismo año de 1924, en que el maestro Bassols obtenía el primer premio en un concurso abierto por la Confederación de Cámaras Industriales sobre la interpretación de las fracciones XX y XXI del artículo 123 de la Constitución Federal, en cuanto a la naturaleza jurisdiccional de las Juntas de Conciliación y Arbitraje; publicaba un breve y aleccionador trabajo en la *Revista de Ciencias Sociales* (septiembre), bajo el título "El Derecho Natural según Geny", en el que señala las enseñanzas del ilustre decano de la Facultad de Nancy, como "ejemplo de recia construcción filosófica con materia jurídica", a quienes "desdeñan a los juristas porque no ha podido concebir sino a los *«abogados»* en el bajo sentido —inculto y ladrón individuo que vive de falsear los hechos".

Al cerrarse el breve paréntisis que en su labor docente abriera por el superior requerimiento para servir a su entidad natal, regresa el maestro a alternar sus tareas en la cátedra y como estudioso y divulgador de las doctrinas de los grandes juristas contemporáneos, con otras faenas jurídicas trascendentales, como la de preparar y formular el ordenamiento legislativo sistemático con materia agraria, en la cual se manifiestan simultáneamente la formación técnica profesional del hombre de derecho y de vigoroso empuje del revolucionario social.

En 1927, además de publicar su importante obra *La Nueva Ley Agraria*, escribe para la *Revista de Ciencias Sociales* un breve artículo intitulado "Del Vecchio y la Justicia", destinado a recomendar el libro del gran filósofo italiano sobre este importante tema, "a todos los estudiantes de derecho y a los pocos abogados mexicanos que todavía se acuerdan de leer". Este artículo motivó una violenta contestación del profesor de Derecho Romano, don Francisco de P. Herrasti, maestro ilustre y sabio, también ya desaparecido, quien publicó en la misma revista un precioso trabajo con el título "La Justicia Romana".

Don Narciso Bassols replicó a las objeciones del maestro Herrasti en un magnífico ensayo, que dedicó a su amigo y compañero don Luis Padilla Nervo y que intituló *Justicia de Esclavistas, Filosofía de Pretores,* en el que exhibió con valerosa sinceridad su temperamento rebelde e intransigente y aun visionario, pero partiendo en el desarrollo de su tesis de la idea verdadera de Platón sobre la Justicia. El maestro afirmaba su credo filosófico y revolucionario en estas palabras: "La justicia en las conciencias individuales, será un ímpetu hacia la destrucción del mundo actual, hacia su modificación fundamental. El varón justo será siempre un rebelde. Y en el Universo, la justicia seguirá siendo un arquetipo, un ideal por alcanzar. Jamás una insignificante y vil geometría de la servidumbre y el enriquecimiento. Mientras los hombres no lo entiendan, las lámparas de la civilización se apagarán cada vez que como en Roma, escasea la grasa de esclavos".

En su dúplica, el maestro Herrasti reconoció a su contendiente como "hombre que me ha simpatizado por su inquietud y sus talentos"; pero la polémica, que apasionó también a toda la Escuela Nacional de Jurisprudencia, concluyó por el prudente medio de no publicar una muy enérgica contrarréplica bassolsiana.

El ilustre maestro, cuyo recuerdo inspira estas páginas, vuelve a escribir en la *Revista de Ciencias Sociales* correspondiente al mes de agosto de 1930, publicando un artículo sobre las doctrinas de otro gran jurista francés contemporáneo. En su trabajo "Duguit como revolucionario", niega al decano de Burdeos esta calidad, y ello en virtud de que Bassols afirma categóricamente que "la doctrina jurídica revolucionaria consiste en atribuir al derecho la misión histórica de ser un ariete para la destrucción del mundo actual".

El último artículo que publicó el maestro en la revista de la Facultad de Derecho, tiene también el valor de una importante contribución para la definición de un problema jurídico y político-social que ya había estudiado profundamente con anterioridad de varios años. Cuando se discutía en las Cámaras legisladoras la Ley de Trabajo, en el año de 1931, vuelve otra vez a ocuparse de la incierta cuestión acerca de la naturaleza de las Juntas de Conciliación y Arbitraje en el artículo intitulado "Autoridades y Jueces del Trabajo", afirmando su tesis con argumentos de cerrada lógica jurídica y de vigorosa doctrina social revolucionaria.

Evocar en forma cabal la personalidad de don Narciso Bassols, como el brillante jurista a quien siempre animó una pasión ilimitada por la justicia social, requeriría hacer referencia a los innumerables escritos que publicó en diversas revistas y periódicos sobre los problemas y las cuestiones nacionales de todo momento; lo que está muy alejado de nuestro propósito actual, que se ha circunscrito a recordar a quien fuera un elocuente maestro en la cátedra y un magnífico escritor en la *Revista de Ciencias Sociales,* todo ello al servicio de la Escuela Nacional de Jurisprudencia y de la patria entera.

Antonio Martínez Báez

El Jurista

Cuando salido de la capital de provincia entré al primer año de Derecho en la Escuela Nacional de Jurisprudencia, tuve desde el primer día una doble impresión que perdura entre mis más caros recuerdos de la vida estudiantil: la de un maestro y la de un alumno que en sus respectivas esferas competían, por así decirlo, en la brillantez y profundidad de sus exposiciones. El maestro: Antonio Caso, que profesaba entonces la cátedra de Sociología. El alumno: Narciso Bassols, que empezaba su carrera profesional. Y así como oíamos sobrecogidos las palabras seductoras, al mismo tiempo que combativas del maestro que daba en cada lección el fundamento de las nuevas tendencias para impugnar las ideas filosóficas hasta entonces preponderantes, así también admirábamos la lógica y la consistente y deslumbradora elocuencia del discípulo que se abría paso en el mundo nuevo de los conceptos sociales, políticos y jurídicos.

Bassols realizó en la Escuela de Jurisprudencia una de las carreras más brillantes que allí se han hecho y equipado con un apreciable acervo de conocimientos jurídicos inició su vida profesional y siguió durante la primera década, dedicándose a los problemas legales que más le interesaban por su relación con el problema humano y político de México.

Así fue como, haciendo a un lado algunas intervenciones secundarias, realizó las que en mi concepto fueron las mejores actuaciones de su vida como jurista; su actuación como profesor de la cátedra de Garantías y Amparo, su propósito inquebrantable y entonces incomprendido de elevar el nivel de la Escuela de Derecho y finalmente, su elaboración, por encargo del Secretario de Agricultura y Fomento, de la Ley de Dotaciones y Restituciones de Tierras y Aguas, reglamentaria del artículo 27 constitucional, publicadas el 27 de abril de 1927.

¿Por qué, se puede preguntar, sus mejores actuaciones como jurista se limitan a un período tan breve de tiempo?

Sencillamente porque creo que a él bien pronto le vino esa duda de que habla el juez Cardoso, de si la ley en su estudio y su profesión pueden satisfacer los anhelos de un espíritu inquieto e irreductible a las limitaciones que imponen las estructuras jurídicas que a veces parecen solamente formas vacías de contenido. Pronto, pues, hizo a un lado el ejercicio de su profesión y otras actividades fueron llenando su vida, sin que yo crea que haya logrado la satisfacción plena que perseguía.

Por eso mismo y a pesar de ello, ahora que ha terminado su tránsito por el mundo, es el momento de hacer resaltar su contribución a la definición de los conceptos jurídicos más importantes de la vida contemporánea. Ya habrá quien se ocupe del Bassols hacendista del Bassols diplomático y del Bassols político idealista.

Yo únicamente quiero expresar mi juicio sobre el jurista que fue, muchas veces en contra de su voluntad, y me voy a referir a la interpretación que planteó del artículo 14 de la Constitución de 1917, después de las aportaciones que hicieron en el siglo pasado y principios del presente, los juristas Lozano, Vallarta y Rabasa, al interpretar el mismo artículo de la Constitución de 1857.

Bassols sostuvo que era necesario para comprender la naturaleza de la garantía consignada en ese precepto, determinar hasta dónde llega la connotación del término "juicio" y el contenido del concepto "formas esenciales del procedimiento", que son los medios únicos de que habla el artículo 14 como garantía indispensable para la privación de los derechos y posesiones de un particular.

Para lograr esos propósitos, él indica que "lo que a la garantía constitucional del artículo 14 exige cuando habla de la necesidad de juicio previo y lo que es ciertamente una protección para los miembros de la sociedad, es que la pérdida de la propiedad o de los derechos de un individuo no se derive de un acto arbitrario de la voluntad de los detentadores del poder, llámeseles príncipes, señores o funcionarios públicos, sino que en vez del capricho y del puro deseo infundado, haya una organización establecida por las leyes, conforme a la cual y dentro de principios abstractos de aplicación general, se dicten resoluciones ajenas a las personas que las motiven o las sufran, y por tanto, resoluciones equilibradas, racionales y justas"; y seguía diciendo: "...en la época actual en que debemos considerar definitivamente desechadas todas las influencias sacramentales, formalistas y religiosas en los procesos judiciales, no hay razón alguna para persistir en la tendencia de organizar los juicios sobre otras bases que no sean las que impone la razón y las que derivan de la necesidad de lograr una organización justa y garantizadora de que las leyes se aplicarán exactamente en los casos concretos que motiven la intervención del poder público".

Según Bassols, debe considerarse que se satisfacen las formalidades esenciales prevenidas por el artículo 14 siempre que el procedimiento contenga los requisitos siguientes: a) que el afectado tenga conocimiento de la iniciación del procedimiento, del contenido de la cuestión que va a debatirse y de las consecuencias que se producirán en caso de prosperar la acción intentada; b) que se organice un sistema de comprobación en forma tal que quien sostenga una cosa la demuestre y quien sostenga la contraria tenga también la oportunidad de comprobar su veracidad; c) que cuando se agote la tramitación, se dé a los interesados oportunidad para presentar alegaciones, y, d) por último, que el procedimiento concluya con una resolución que decida sobre las cuestiones debatidas y que, al mismo tiempo, fije la forma de cumplirse.

Esta interpretación dada por Bassols ha tenido una gran importancia práctica, pues entendiendo en esos términos la garantía del "juicio" y "de formas esenciales del procedimiento" echa por tierra la pretensión de que tal juicio y tales formalidades sean sólo el juicio y las formalidades tradicionales de las relaciones de derecho civil, pero al mismo tiempo tiende a que la garantía también funcione cuando una autoridad distinta de la judicial pretenda privar a una persona de sus derechos o posesiones.

Sin embargo, la aportación más importante que hizo Bassols se encuentra en la Ley Agraria que elaboró y cuya finalidad fue la de poner fin al desorden y falta de armonía en disposiciones que antes habían servido para realizar la reforma agraria preventiva por la Constitución de 1917 y que en realidad habían servido para "confundir el agrarismo con el desorden y el abuso", provocando la inconformidad de propietarios y campesinos. En el prólogo de su publicación *La Nueva Ley Agraria,* dice estas palabras de fuego: "Con lo que no se puede estar conforme porque no es agrarismo ni es nada, es con una situación en la que vemos gobernadores de los Estados que se enriquecen hasta la ignominia, robando a los latifundistas y engañando a los campesinos. La conformidad es con la estulticia convertida en institución social. Es con el robo elevado a la categoría de principio revolucionario" "...el agrarismo inteligente no se hace con gritos ni con ignorancia. El único medio es la cultura, la capacidad intelectual aplicada seriamente a un fin. Los ineptos deben ser ejidatarios, no otra cosa".

El impulso fue, pues, generoso y noble, pero difícil de cumplir, puesto que como el mismo autor lo dice, la aplicación de la ley que elaboró "sólo se puede llevar a cabo por gentes entendidas y honradas".

Muchas más reflexiones se podrían hacer sobre la obra jurídica de Bassols, pero ellas más bien caben dentro de la cátedra. Por eso hoy nos limitamos a concluir que así como el poeta Keats escribió que pensaba que sólo figuraría entre los poetas ingleses hasta después de su muerte, es justo que a Bassols, si no se le reconoció en vida como lo reconocimos sus íntimos amigos dentro de la escuela, ahora que ya ha muerto, se le dé su lugar prominente entre los juristas de México.

GABINO FRAGA

LAS MUJERES EN LA REVOLUCION

La participación femenina en las lides revolucionarias de México y en la defensa de las mejores causas, ha sido ampliamente estudiada, aunque todavía está por escribirse el libro que las ubique correctamente y con justicia en el lugar que merecen. Ya una luchadora contemporánea, Angeles Mendieta Alatorre, periodista, maestra, investigadora, ha sentado buenas bases para el conocimiento de las más importantes mujeres en nuestra vida política; en su libro, La mujer en la Revolución Mexicana, ha realizado una serie de aportaciones fundamentales para cuando se escriba una galería femenina en la historia de México, sobre todo en la etapa correspondiente al movimiento de 1910.

A reserva de ocuparnos con mayor extensión sobre estas cuestiones, en un libro que llevamos avanzado, y en el que recogemos la participación que han tenido las compañeras mexicanas en la lucha de nuestro pueblo, desde Xóchitl hasta la época contemporánea, queremos dejar constancia, en esta obra originalmente dedicada a los varones, de algunas mujeres casi ignoradas, a pesar de que historiadores como Rosendo Salazar, Germán Lizt Arzubide, José Muñoz Cota, Fortino Ibarra y otros, han burilado, con sus plumas, estampas definitivas. Del primero recogemos las semblanzas de dos grandes luchadoras: Lucrecia Toriz y Juana B. Gutiérrez de Mendoza.

LUCRECIA TORIZ

El asunto trágico de Río Blanco Ver., en 1907, el 7 de enero, ha sido visto hasta hoy doblemente: con los colores más vivos y por contraste los más oscuros, los de la vida y los de la muerte, los que guardan relación con el ansia de un cambio súbito en la fisonomía de la sociedad política y los que dicen cómo acabó ese movimiento en un rastro de sangre, luminosamente. Hay escritores que tratan la cuestión sin poner entendimiento en el relato; pero hay otros que lo impregnan de fuerza y lo entregan a la historia de los sucederes revolucionarios, en forma monumental.

Háselo configurado teniendo a una parte a la multitud textil embriagada por la ira, producida ésta por la actitud del presidente Díaz, al desairar sus peticiones contenidas en el pliego que le fue presentado para su estudio y fallo; nombrado árbitro supremo de la huelga procedió como un monarca lo hubiera hecho con sus súbditos, y por la otra a una partida de feroces autómatas mandados para ahogar en sangre a los que nacen para caer abrumados por sus cadenas.

Pero habrá que ver: en el lienzo están las mujeres, de ropas blancas, rostros morenos, cabelleras negras, miradas y voces coléricas; mujeres que se desgañitan barbotando condenas a la cara de los armados ya prontos a dar la voz de ¡fuego! Una de esas mujeres es Lucrecia Toriz, la que encarna la efeméride grandiosamente rojinegra. De ella se ha dicho que es leyenda. Muy bien; mas sucede que Marcelino Dávalos, en su libro: *Carne de Cañón,* capítulo: "¡Huelguistas!", la menciona, y luego Jesús Cárdenas G., en su obra: *Los 30 Dineros,* presenta a la arriesgada joven, que fluye al escenario cuando la empresa, ayudada por la soldadesca dictatorial, humilla a los obreros con registros, y Pánfilo Méndez la respalda. "Iba enrojecida por la indignación —asienta el escritor Cárdenas— y los ojos centelleaban... Con una voz metálica gritó: ¡Cobardes! ¡Poco hombres! Todavía están soportando que los aparten como borregos y no hay uno solo que levante el puño. ¡Cobardes!".

Se quiso apartar de allí a la joven mujer diciéndole que aquel era asunto de hombres "y lo estamos arreglando a nuestro modo". Pero ella redobló sus apóstrofes así: "Sí, ya lo veo... como esclavos; les escupen la cara y no hacen sino limpiarse; los mata la miseria...; pero ustedes siguen creyendo que es asunto de hombres y que las mujeres debemos quedarnos en la casa a tragarnos las lágrimas...

¡Miserables esclavos! ¡Maricones!" Fue cuando Pánfilo Méndez intervino y dijo a uno de los que quisieron alejar de allí a la mujer: "Déjala, no tenemos derecho a hacerla callar... Aquí no tenemos nada qué hacer..." Después a los soldados: "Si no entramos todos a la fábrica no entrará ninguno". El capitán se volvió hacia los soldados y gritó: "¡Hay que despejar la plaza, adelante!" Lucrecia gritó con mayor rabia aún —escribe el exponente a que aludo—: "¡Pelones desgraciados! ¿Así abusan del pueblo idefenso? ¿No se les cae la cara de vergüenza? ¡Esbirros miserables!".

El pueblo obrero estaba inerme. Las palabras de Lucrecia siguieron escuchándose: "Mueran los pelones! ¡Muera Porfirio Díaz!".

Lucrecia Toriz, en el signo de la cultura trágica e histórica de nuestro tiempo de masas previó a la Revolución de 1910, ha quedado como la figura más humana, más representativa y heroica de un episodio que espera se le tome de material para una obra a la medida de la tragedia heroica. El que la silencien algunos superficiales y sólo mercantilistas de los hechos de mayor envergadura psicológica, con los cuales se inicia este siglo, no quiere decir que la mujer de quien hago mérito en este esquema de adalides de la resistencia, no sean la figura que requiere el drama del 7 de enero.

JUANA B. GUTIERREZ DE MENDOZA

Mujer de airoso porte, integrante de la pléyade juarista antiporfiriana; tuvo actividades muchas, afines con los batalladores de la pluma: Alfonso Cravioto, Paulino Martínez, Filomeno Mata y el propio Camilo Arriaga. Editaba doña Juana B. Gutiérrez de Mendoza el periódico "Vésper". Inquieta indígena, vibraba al estruendo del recuerdo. Figura desprendida del grupo de madres que dieron hijos a la Revolución Mexicana.

Relata que fue nieta de una mujer conocida de los habitantes de Santiago Papasquiaro como la "India Muda". Era mi abuela, dice; no le conocí otra sensibilidad mayor que su apego a los caxcanes constructores de Chicomóxtoc. Al evocar este su origen echaba atrás su bonita cabeza en acto de orgullo.

Hablando de su participación en el zapatismo escribió:

"Una mujer, risueña como su juventud, puso en manos de Santiago Orozco una bandera; el caxcán guerrero la tomó de aquellas manos urgidas por el amor y, llamando al soldado más antiguo, Porfirio Morales, indio de raza pura, se la entregó con estas sencillas palabras: «Es la enseña de tu raza, consérvala en alto; yo también la seguiré hasta que muera; entonces envuélveme en ella»".

Con su vigor corporal y el brillo de la sangre caxcana, doña Juana B. Gutiérrez de Mendoza era contenta. La conocí y hablé con ella a su regreso del Estado de Morelos. Había concuido la lucha armada; puedo, en consecuencia, afirmar de esta generosa matrona que precede a las luchas redentoras y acompaña a los campesinos en su aventura. Se le encendió el corazón sólo de pensar que, para explicar "la realidad que ha de venir", nos hacía falta nuestra lengua, que hablaba de estas cosas: la lengua que brutalmente nos arrancó la Conquista.

"Pero si no podemos decirlo claramente con nuestra lengua mutilada, lo diremos como se pueda con nuestra lengua postiza, con esta lengua extraña que ni siquiera sabe pronunciar el nombre de los nuestros, que no sabe decir dónde quedó Chicomóxtoc".

No diré que estuviese más allá de los que, con Camilo Arriaga, emprendieron el recorrido por los eriales de la patria, ni que abarcara, en su emoción política, los fuertes tonos en que incidía la problemática obrerocampesina. No; otras mujeres fueron asimismo valientes encarnaciones de nuestro dolor, a la luz del pensamiento, ni en la forma, igualaron a la heroína, que hizo de la hoja "Vésper" la enseña de su concepto.

Puso energía en su vida, al servicio de los desnudos campesinos; la embriagó el olor de la tierra doliente morelense, porque doña Juana B. Gutiérrez de Mendoza, para mi imaginación, fue hermosa figura liberal: se la vio caminar por el campo colaborando con el Ejército Libertador del Sur, al lado de Santiago Orozco, como lo cuenta, al que amó y alentó en el combate.

Ahora:

Sentadita, en su petate de tule extendido por el suelo, ante una pequeña mesa de madera blanca, con una bonita olla vidriada sobre la cubierta y un extraordinario ramo de flores campesinas..., llevando y trayendo el peine, doña Juana adereza una cabellera semicana, la cual no andaba desdeñosa del rostro; una frente alta, de líneas profundas y atractivas de madre cuajada en el crisol tremendo de la Revolución Mexicana.

LAZARO CARDENAS

En una galería de revolucionarios hacía falta, por ello le incluimos en esta 3a. edición, el Presidente Mexicano cuya acción gubernamental es la más notable desde que "la Revolución se hizo gobierno", según la frase consagrada, tanto en el campo agrario, en las pugnas obreras, en lo educativo, así sea con la improvisada "educación socialista", como con uno de los hechos más trascendentales de la vida económica y política mexicana: la nacionalización petrolera, realizada el 18 de marzo de 1938. Con este último hecho la figura de don Lázaro Cárdenas tendría suficiente para merecer el homenaje permanente de los mexicanos.

Nació en el poblado de Jiquilpan, Michoacán, de muy escasa significación en los finales de la pasada centuria, el 21 de mayo de 1895. Hijo de don Dámaso Cárdenas y Felícitas del Río, cuya posición económica pertenecía a la clase media; sin embargo, al morir tempranamente su padre, se vio en la necesidad de trabajar: en un taller de imprenta y en la Oficina de Rentas de Jiquilpan, apenas concluida la enseñanza primaria. La tipografía la aprendió con los Padres Salesianos de Morelia. No intervino en la campaña maderista, pero en 1913, después de producirse el cuartelazo de Huerta, se incorporó en Apatzingán a las fuerzas del Gral. Guillermo García Aragón. Alcanzó en 1914 el grado de capitán.

Al producirse la división revolucionaria, después de la Convención de Aguascalientes, se unió primero al villismo, a las órdenes del Gral. Federico Morales, de la columna del radical Gral. Juan Cabral; pero en marzo se pasó al carrancismo, presentándose al Gral. Calles, quien lo ascendió a coronel. Al producirse el cuartelazo obregonista en contra del Presidente Carranza, sus estrechas ligas al grupo sonorense lo hicieron participar en el Plan de Agua Prieta; se le asciende a Gral. Brigadier como a otros militares que participaron en el cuartelazo contra Carranza. Cuando el Primer Jefe es muerto en Tlaxcalantongo, en una celada que le tendió el Gral. Rodolfo Herrero, éste se entrega al Gral. Cárdenas, jefe de guarnición en Tuxpan, Ver. Ligado muy cercanamente a Calles, ocupa la jefatura de operaciones de varias zonas en la República: Michoacán, la Huasteca, el Istmo y otras. General de Brigada en 1924 y de División en 1928.

Su adhesión a Calles se muestra cuando don Adolfo de la Huerta se lanza, acompañado de la mayoría de los grandes militares mexicanos, a la revolución en 1923. En este movimiento Cárdenas es derrotado por el Gral. Buelna en Huejotitlán, en diciembre de ese año y luego queda prisionero del Gral. Enrique Estrada, quedando en Colima con la ciudad por cárcel. Gobernador de Michoacán de 1928-1932, etapa en la que muestra sus preocupaciones básicas en el gobierno: educación, régimen agrario, organización de obreros y campesinos, fomento del civismo. En 1929 combatió al movimiento escobarista, bajo las órdenes del Gral. Calles, que fue nombrado Secretario de Guerra.

A partir de 1933 adquiere relevancia nacional: Presidente del Partido Nacional Revolucionario y Secretario de Gobernación en la administración de Ortiz Rubio. Era Secretario de Guerra, con el Presidente Rodríguez cuando, bajo la influencia de Calles, es nominado candidato a la presidencia, por el PNR, llevando como contrincante al prestigiado general Antonio I. Villarreal. Triunfante, ocupa la presidencia el 1o. de diciembre de 1934, hasta noviembre 30 de 1940. El gobierno de Cárdenas se significó notablemente por su intensa actividad en el reparto agrario, tocándole abatir a los latifundios más importantes y repartir las mejores tierras. Su acción en favor del campesino fue muy importante, pues inició la mecanización del campo, además de ampliar el crédito, que no tuvo todas las consecuencias positivas de esperarse, porque predominó, en la designación de funcionarios, el criterio político y el compadrazgo, sin importar la capacidad de los funcionarios.

Poco antes de que tomara posesión y bajo la influencia de Calles, se estableció la educación socialista, conforme al art. 3o. constitucional, por lo que la aplicación se intentó con Cárdenas; aunque es opinión general que la incapacidad de los profesores para impartir una doctrina que desconocían y la impreparación de muchos, sobre todo los profesores rurales, determinaron una intensificación de la demagogia, que provocaron graves resistencias en el país, debido a que se chocó con el sentir general de la población, en su mayoría católica, y en ciertas regiones, fanática. La resistencia aumentó por la reforma agraria, que hizo que los profesores de las escuelas oficiales en el campo, sufrieran atropellos por los llamados "guardias blancos" (gente armada por los latifundistas), que cometieron atropellos con maestros y maestras.

Otro renglón importante fue la centralización del sindicalismo. Como la CROM (Confederación Regional Obrera de México) había sido callista, bajo la dirección de Luis N. Morones, una vez que Cárdenas expulsó del país al Gral. Calles, en 1936, se organizó una nueva central obrera, bajo la tutela del gobierno: la CTM (Confederación de Trabajadores de México), manejada por el Lic. Vicente Lombardo Toledano y otros líderes que pronto suplantaron al primer secretario general: Fidel Velázquez, Jesús Yurén, Fernando Amilpa y otros. La persecusión contra los obreros de la CROM fue muy ruda y se cometieron numerosos atropellos, llegando al asesinato, pues los miembros de la CTM gozaban de impunidad: en Atlixco, Santa Rosa, Nogales, Orizaba, Río Blanco, Manzanillo, y otras ciudades donde era fuerte la CROM, fueron asesinados centenares de trabajadores.

La reforma agraria, realizada con escasa técnica, produjo en muchos casos consecuencias negativas: bajo la producción de algodón, en La Laguna, de henequén en Yucatán y de café en el Soconusco, pues en muchos casos los agraristas se negaban a recibirlas y cuando las recibieron, no las cultivaron. Todo ello se complicó con la entrega de los ferrocarriles nacionales a una administración obrera, que fracasó rotundamente, llegando a la barrancota.

En política internacional defendió las mejores causas y condenó la invasión de Etiopía por Italia, de Austria por Alemania, y de España por las tropas fascistas de Italia y Alemania. En cambio, se favoreció la ayuda al gobierno republicano español; y al quedar vencida la República en España se recibió a decenas de miles de refugiados españoles, entre ellos un buen número de profesores universitarios de renombre. Recibió asilo en México el lider bolchevique León Trotzky, que fue asesinado en Coyoacán en 1940.

Tal vez su acto de mayor trascendencia fue la expropiación petrolera, realizada en marzo de 1938, de las compañías inglesas y holandesas que contaban con mayores intereses; también de las norteamericanas. Debe afirmarse que fue el Gral. Francisco Múgica, quien impulsó esta medida, en el gabinete de Cárdenas, redactando incluso el manifiesto que se dirigió a la nación con tan memorable ocasión. En 1938 también organizó el Primer Congreso Indigenista, para realizar una política en favor de esta clase desvalida del país. En este mismo año se enfrentó a la rebelión cedillista, encabezada por el Gral. Saturnino Cedillo y fomentada por los intereses petroleros que habían sido efectados por la expropiación.

En 1939 impulsó la candidatura de un hombre de su confianza, el Gral. Manul Avila Camacho, quien desde su campaña se mostró adverso al radicalismo cardenista, sobre todo en el orden religioso, conforme a su sincero catolicismo. Fue una campaña muy dura, debido a la aversión de las clases medias, rudamente golpeadas en lo económico por el régimen cardenista. El adversario, Gral. Juan Andrew Almazán, alcanzó una gran popularidad, arrollando en las elecciones; pero Avila Camacho, con el apoyo de Estados Unidos fue, declarado triunfador.

Durante el gobierno de Avila Camacho ocupó la cartera de la Defensa Nacional. Después de 1946 intervino marginalmente en la política mexicana siempre del lado del gobierno, hasta 1970, año de su fallecimiento.

LUIS CABRERA

Entre los civiles que mejor sirvieron a la Revolución Mexicana, en la que tuvo una brillante participación, tanto en el orden intelectual, como en la acción de gobierno, se encuentra el distinguido abogado poblano, don Luis Cabrera, cuya obra merece ser mejor conocida, ya que su actuación pública tuvo matices que lo ubicaran entre los mejores servidores públicos. En algún ocasión, el Partido de Acción Nacional decidió, tras de su convención correspondiente, hacer la postulación a la presidencia de la República, postulación que el distinguido ministro de Carranza declinó, aunque la estimó "muy honrosa".

Don Luis Cabrera nació en 1876 en la población de Zacatlán, Puebla. Fue alumno de la Escuela Nacional Preparatoria, todavía en los años en que era notable la influencia del Positivismo, instaurado por don Gabino Barreda, bajo los auspicios de Juárez; pero que llegó a ser doctrina oficial de los científicos del porfirismo. Pasó después a la Escuela Nacional de Jurisprudencia, en la que obtuvo el título de Licenciado en Derecho. Por breve tiempo, a partir de 1908, fue profesor de esta prestigiada institución y en 1912, su director. Aunque Cabrera fue partidario del maderismo, también lo impugnó, lo que no fue lo más grave, sino que en cierto momento, después del asesinato del gran demócrata, Cabrera, consideró que la situación de Huerta se estaba consolidando y llegó a aconsejar conformismo. Sin embargo, esto duró poco, en vista de que en 1913 se unió a las filas del carrancismo.

Pronto comenzó a descollar, en aquellos tiempos en que la mayor parte de los intelectuales permanecieron unidos al huertismo, después de que habían sido porfiristas. Sabemos que el caso de Vasconcelos, afiliado al maderismo, fue de las pocas excepciones. El mismo año de 1913 se le nombró Agente Confidencial de los constitucionalistas ante los Estados Unidos; y el año de 1915 ocupa la cartera de Hacienda en el gobierno de Carranza instalado en Veracruz. Entonces es el momento en que dicta medidas radicales en torno a la moneda, con lo que provoca graves disgustos y el grupo carrancista adquiera fama de poco honesto. Nuevamente recibe una comisión en Estados Unidos, cuando Carranza le nombra presidente de la Comisión Mexicana para formar la mixta México-americana que resolviera las cuestiones divergentes entre ambos gobiernos. Fue diputado federal en dos períodos y marchó a Sudamérica como enviado del gobierno mexicano, en 1918. Vuelve a ocupar el cargo de Secretario de Hacienda de 1919 a 1920, hasta que en el mes de mayo es liquidado el carrancismo, con el propio asesinato del Presidente en Tlaxcalantongo.

Es importante precisar, para conocer la evolución del pensamiento de Cabrera, su actuación durante tres décadas, que a partir de ese momento va a estar separado de los cargos públicos, en virtud de que el obregonismo, causante del asesinato de Carranza, va a marginar a los colaboradores del presidente asesinado. Incluso, para muchos, el abogado poblano se va a reunir con los reaccionarios, debido a que son frecuencia ataca a los funcionarios en el poder. Sin embargo, lo que censura Cabrera es la deformación, la claudicación de los principios revolucionarios, por lo que podemos considerar que quienes conculcan esos principios, son los gobiernos de Obregón y Calles, así como los de Ortiz Rubio, Portes Gil y Abelardo Rodríguez, éstos últimos bajo la tutela del callismo. Mucho habrá que cribar el que quiera definir los límites de la actuación de Cabrera, que si en ciertos momentos, por defender el carrancismo se situó en posiciones antipopulistas, en términos generales podemos decir que su actuación estuvo ceñida a los postulados progresistas del movimiento de 1910.

La intransigencia de los gobiernos revolucionarios, bajo la deformación gubernativa del "Maximato", o sea los llamados presidentes peleles: Portes Gil, Ortiz Rubio y Abelardo, supeditados en buena parte al Gral. Calles, determinó que algunas críticas, sin mayor importancia, de Luis Cabrera, provocaran su destierro hacia el Sur, donde tuvo que permancer, en Guatemala, algún tiempo. Sin embargo, siguiendo sus propios arranques, un día regresó sin solicitud de ningún perdón o favor.

Uno de los mejores capítulos de la vida de Cabrera se encuentra en el periodismo, ejercido desde muy joven, y que adquiere gran relevancia después de 1908. En una biografía anónima se expresa:

"A raíz de la entrevista que el general Díaz concedió al periodista norteamericano James J. Creelman, representante, en apariencia, del *Pearson Magazine,* pero, en realidad, de las grandes empresas del vecino país del norte, que habían hecho cuantiosas inversiones en México y a las que, naturalmente, preocupaba el porvenir de sus intereses ante la inminencia de la octava reelección de don Porfirio: entrevista en la que éste declaró, en concreto, que el pueblo mexicano estaba ya apto para la democracia y que daría la bienvenida a un partido de oposición, los gobiernistas apretaron sus filas temerosos de ser desplazados por unos comicios libres, y los grandes sectores del país que propugnaban la revolución total de hombres públicos, especialmente los científicos, los más corrompidos, los más odiados, sintieron, primero, sorpresa, después una gran esperanza de ver realizar en un futuro próximo sus anhelos, y, finalmente, una gran duda: ¿No sería esta una nueva simulación del gran simulador? ¿No se trataría de una maniobra para que sus enemigos dieran la cara y así poder aniquilarlos como había aniquilado a tantos, a lo largo de su total dominio del país?

"Ante este estado general de expectación e incertidumbre se publicó en el periódico *El Partido democrático*, que dirigía el tribuno Jesús Urueta, una carta abierta firmada por el Lic. Blas Urrea, fechada en México el 24 de julio de 1909, en la que anunciaba las trapacerías de los científicos; carta que fue un auténtico bombazo y a la que siguieron otros artículos publicados en diversos órganos independientes, entre ellos el *Diario del Hogar* y *La Opinión* de Veracruz, contribuyendo esta valiente actitud, valiente sin ditirambos ya que el autor se jugaba positivamente la vida, a que todos los descontentos formaran un solo frente, ex-reyistas inclusive, abandonados por su jefe don Bernardo, que habría de acaudillar don Francisco I. Madero".

Así fue como la firma del Lic. Blas Urrea, anagrama de Luis Cabrera, concretó lo que ya los Flores Magón y otras figuras revolucionarias habían venido postulando: No Reelección, efectividad del sufragio, autonomía del municipio, supresión de los jefes políticos, defensa de la pequeña propiedad, y otros más que fueron recogidos por los revolucionarios de 1910.

He puntualizado que lo más importante es conocer las ideas de Cabrera, por fortuna ahora en buena parte compiladas, incluso en unas *Obras Completas*. Si hay que apartar cierta paja, también es importante el grano que se puede recoger. Tal vez en el periodismo posterior a 1930, en sus ataques al gobierno cardenista, de una rudeza verdaderamente feroz, algunos atisben la amargura o al escritor reaccionario. Sin embargo, una lectura cuidadosa nos indica que se trata de un hombre de gran valor cívico y de un pensador de gran calaridad y franqueza.

Durante dos décadas se dedicó al ejercicio profesional, debido a que los epígonos del Plan de Agua Prieta y del crimen de Tlaxcalantongo, lo hostilizaron. Fue en ese campo de gran litigante donde logró grandes victorias; como en el juicio de Tlahualillo, contra la maquinaria oficial. Su muerte ocurrió en el año de 1974.

JACINTO B. TREVIÑO

Las grandes batallas de la Revolución de 1910, libradas por la División del Norte, mandada por el gran guerrillero Francisco Villa y en algunas de ellas con la intervención del más grande estratega mexicano, el General Felipe Ángeles; batallas que en algunos casos tienen matices de leyenda, o son terriblemente impresionantes como la toma de Zacatecas, por los mismos personajes, han hecho olvidar otros hechos importantes de armas; o quizás, por haber ocurrido en la lucha de las facciones y no contra la dictadura, han merecido que sus protagonistas reciban menos estudios. Sin embargo, un personaje importante en esa lucha de facciones es el general coahuilense Jacinto B. Treviño, a quien en sus tiempos fue llamado "El Héroe de El Ebano", por haber vencido en esa gran batalla a las huestes villistas, mientras el gran guerrillero se batía en la comarca del Bajío.

Nací en el pueblo de Guerrero, Coahuila —dice Treviño en sus *Memorias*— el día 11 de septiembre de 1883. Fueron mis padres el señor coronel de Guardias Nacionales, don Francisco Z. Treviño, y la señora doña Trinidad González. Mis abuelos paternos fueron don Francisco Treviño González y doña Juliana Benavides; los maternos, don Rafael González y doña Dorotea Flores, avecindados en el mismo pueblo de Guerrero, Coah., siendo personas amantes del trabajo, poseedoras de ranchos ganaderos, principalmente y algunos de ellos dueños de predios agrícolas, situación ésta que les permitió llevar una vida ciudadana independiente, muy de acuerdo con el temperamento que privaba entre las gentes que colonizaron aquellas regiones; por lo demás, siempre estaban organizados en el sentido militar, en el orden defensivo, por encontrarse constantemente bajo amenaza de las incursiones de los indios salvajes que merodeaban por Texas y por el Norte de México".

En esta sencilla forma, además de indicarnos su origen, el futuro Gral. Treviño nos muestra el por qué, la constante vigilancia ante las incursiones de indios no sedentarios y bravos, en parte azuzados desde Estados Unidos, dieron a los habitantes norteños y particularmente a los de la frontera, un espíritu de combate y de sacrificio después van a ser decisivos en las luchas revolucionarias, en las que las huestes norteñas de Pancho Villa, o las provenientes del noroeste, jefaturadas por Obregón, Alvarado, Buelna, Juan Cabral y otros, vencieron decisivamente al apoltronado ejército de línea que defendió la dictadura del Gral. Díaz; y después, la usurpación del cuartelario Victoriano Huerta.

En la ciudad de Monterrey, Treviño concluye su instrucción primaria e ingresa a la Preparatoria en el Colegio Civil del Estado de Nuevo León; pero pronto cambia sus estudios para ingresar al Colegio Militar de Chapultepec, al que ingresó en diciembre de 1900. Estudió, por su dedicación para Oficial Técnico de Artillería, logrando graduarse en 1907. Contrajo matrimonio en 1910.

Dada su condición de miembro del antiguo Ejército Federal, no participó en la campaña maderista de 1910, que conmovió al país; pero en 1912 le corresponde combatir a los infidentes del orozquismo, en la campaña de Chihuahua. Participó en la campaña de marzo de 1912 y luego en la llamada segunda campaña de mayo a julio del mismo año, también contra las fuerzas de Pascual Orozco.

Muy largo sería enumerar los cambios y hechos de armas, en general, en el que intervino el Gral. Treviño, solamente debemos señalar que cuando se produjo el cuartelazo de Victoriano Huerta, se une a las fuerzas constitucionalistas, que jefaturaba don Venustiano Carranza y es el primer firmante del Plan de Guadalupe.

Hace la campaña en contra de la usurpación, Pero, como es bien sabido, su principal actuación se encuentra en la lucha de las facciones: permaneció al lado de Carranza y le toca combatir contra el villismo y el zapatismo y, como anotamos antes, su acción principal se halla en una de las batallas más importantes: la defensa del Ebano, decisiva porque las tropas villistas, con buen sentido estratégico y con finalidades de abrir un campo hacia el mar y aprovechar la producción petrolera, se lanzaron sobre Tampico; pero fueron rechazadas en las extensas trincheras de El Ebano. En todas las acciones la principal figura fue don Jacinto B. Treviño, comandante de las fuerzas carrancistas. A pesar de que entre los atacantes figuraba el Gral. Fierro, una de las más recias personalidades del villismo, Treviño resultó vencedor.

Además de su amplia carrera militar ocupó cargos políticos de importancia: Encargado del Despacho de Guerra y Marina; fue diputado al Congreso de la Unión en años en que existía una gran conciencia ciudadana; también fue Secretario de Industria, Comercio y Trabajo. La misma política lo hizo marchar al exilio, donde permaneció algunos años. Después va a participar en la campaña presidencial del Gral. Avila Camacho y en la renovación de poderes federales del año de 1952. Entre otros hechos importantes debe señalarse, con carácter de senador varios discursos importantes, por su valentía en contra de los monopolios económicos y contra la desvirtuación de la acción democrática del gobierno. Precisamente para combatir esta última decide fundar el Partido Auténtico de la Revolución Mexicana, que tiene vida política hasta nuestros días. Los fines de este partido fueron luchar por la democratización del país y por la vigencia real de los principios de la Revolución Mexicana.

Hombre de confianza del Presidente Ruiz Cortines, fue nombrado Director de la empresa descentralizada Puertos Libres Mexicanos. Falleció el 6 de noviembre de 1971.

CARLOS L. GRACIDAS

Sus restos descansan en el lote de los Constituyentes del Panteón Civil, de la Ciudad de México. Tan señalado honor se ha concedido a un sencillo trabajador, quien en vida luchó con toda su pasión por la dignificación de los asalariados. Como él, surgieron en el panorama revolucionario otros obreros que marcaron rumbos de superación, en favor del sindicalismo. Los beneficios de que justamente hoy gozan los productores de la riqueza pública, tienen su punto de partida en la obra de la generación 1910-1913, en cuyas filas llegaron a destacar personalidades forjadas en el taller o en la fábrica.

Don Carlos L. Gracidas perteneció a este grupo de varones. Ejerció siempre el noble oficio de linotipista. Pobre ingresó a la lucha y más pobre salió de ella. Como don Fernando Rodarte, quien fue Gobernador de Zacatecas, al abandonar el poder volvió a las artes gráficas. En su caso personal, a sentarse frente al atril de un linotipo.

Gracidas nació en la ciudad de Toluca, capital del Estado de México, allá por 1877. Fue hijo de don Carlos Gracidas y de doña Juvencia Moreno de Gracidas. Falleció en la capital de la República el 18 de agosto de 1954. Su esposa Jovita Vega y sus hijos Carlos Guillermo y Jovita, heredaron el ejemplo de su jefe familiar.

Gracidas hizo primeros estudios en Toluca. En 1903 llegó a la capital. Los obstáculos a vencer eran muchos y a su encuentro fue el joven obrero. Más penosa fue la lid, por la pobreza económica del provinciano anhelos de progreso. Entre ocupación y ocupación fue a refugiarse en los talleres de artes gráficas. Aprendió el oficio de linotipista, entonces muy solicitado. En el periódico *El Popular,* dirigido por Francisco Montes de Oca, inició su carrera. En 1909 fundó con otros compañeros la Unión Linotipográfica, de la que fue dirigente por muchos años. Tambien se sentó en la silla de los linotipos de *El Imparcial.*

Requeridos sus servicios en la provincia, trabajó en *El Mundo* de Tampico y el *Tampico Libre,* de ese puerto; en *El Dictamen,* de Veracruz, y en *El Siglo de Torreón* y *La Opinión,* de esa ciudad lagunera. Durante su permanencia en Tamaulipas, prestó la ayuda de su consejo a los alijadores y electricistas.

En la fundación de la Casa del Obrero Mundial, en 1912, tuvo notable participación, con Fernando Rodarte, Ezequiel Salcedo y otros significados líderes obreros.

Fiel a sus convicciones, en 1915 se trasladó al puerto de Veracruz, para ponerse a las órdenes de la Primera Jefatura. En el gremio periodístico, su ejemplo fue seguido, pues como se recordará en el carrancismo militaron numerosos tipógrafos. Transitoriamente, dejó su oficio para empuñar la carabina en la campaña del norte. Terminada esta etapa de la lucha, retornó a la ciudad de México. Para entonces era ya un representativo de los trabajadores, con proyecciones nacionales.

Otro acto trascedental de su vida, fue la representación que ostentó en el Congreso Constituyente de Querétaro, como diputado del 15º Distrito del Estado de Veracruz. En plena madurez intelectual, Gracidas se unió al grupo radical de la asamblea, del cual formaban parte Francisco J. Múgica, Froylán C. Manjarrez, Juan de Dios Bojórquez, Heriberto Jara y otros distinguidos legisladores. Su nombre quedó unido a los debates parlamentarios que se registraron para lograr la aprobación de artículos básicos, como el 3º, 27 y 123.

Terminada su actuación en el Constituyente, regresó al obrerismo. Como miembro del Consejo Consultivo de la ciudad de México, presentó y se aceptó un proyecto para cambiar el nombre de las calles de Nuevo México, por el que hoy ostenta de Artículo 123.

Durante el gobierno del general Calles, en 1926, fue designado Agregado Obrero a la Legislación de México en Argentina. Estableció fuertes relaciones amistosas con las organizaciones sindicales del país del Plata. Por medio de su voz se conocieron allá los ideales del movimiento revolucionario mexicano.

De regreso a la patria, escribió folletos relacionados con el trabajo. Su obra titulada *La escencia imperativa del artículo 123* ha pasado a ser un libro fundamental en materia laboral. En reconocimiento a sus méritos, se le nombró miembro honorario del Sindicato Nacional de Redactores de la Prensa.

Así vivía este ciudadano cuando le sorprendió la muerte. Su cadáver fue velado en el edificio de la Asociación de Constituyentes 1916-1917. Se le sepulto con el afecto de sus amigos y la admiración y respeto de las centrales obreras y campesinas del país.

"Hombre de acrisolada honradez, luchador incansable por la causa de los trabajadores y líder que estuvo siempre en pie de lucha, pero con la conciencia del deber que es necesario cumplir, jamás tuvo un gesto de vanidad, y su vida discurrió serena en la lucha y tranquila en sus labores", informaba *El Universal,* del 9 de agosto de 1954, periódico en el cual prestaba sus servicios desde 1928.

Alberto Morales Jiménez

ANTONIO I. VILLARREAL

Cuando hablamos de integridad y honradez, en los años de la Revolución y dentro de la política mexicana, surge un nombre excepcional, que proviene de las más profundas raíces populares, a las que permaneció apegado toda su vida: se trata del ilustre neolonés don Antonio I. Villarreal, quien aparece desde las primeras luchas contra la dictadura y figura en primera línea en el maderismo.

Nació en Lampazos de Naranjo, Nuevo León, el 3 de julio de 1879, de manera que próximamente debemos celebrar el centenario de su nacimiento. Fueron sus padres don Próspero Villarreal y doña Francisca González de Villarreal. En su pueblo natal inicia sus primeros estudios que va a continuar, en 1894, en la Escuela Normal de San Luis Potosí; pero su grado de profesor de enseñanza primaria lo obtiene en la Normal de Monterrey. Forma, por tanto, parte del numeroso grupo de profesores de enseñanza primaria que se lanzan a la lucha de 1910.

Inició sus tareas docentes en la escuela primaria de Villa Aldama, en donde pronto muestra sus inquietudes por la justicia social. En aquella población cercana a la frontera con Estados Unidos, va a palpar la falsedad de las riquezas del porfiriato, preñada de injusticia; pero pronto se da cuenta de que hay otros mexicanos que también sienten que su pueblo se halla privado de lo más fundamental derechos. Sigue con simpatía la celebración del Primer Congreso de Clubes Liberales de la República, que organizan en la ciudad de San Luis Potosí, los precursores Camilo Arriaga, Antonio Díaz Soto y Gama, Juan Sarabia, el profesor Librado Rivera, Rosalío Bustamante y Carlos Uranga.

Para manifestar su inconformidad en contra de la situación imperante, Villarreal funda un periódico que pronto figura en la oposición *El Liberal,* que si le proporciona la satisfacción de combatir las injusticias, pronto es víctima de la persecución y da con sus huesos en la penitenciaría de Monterrey, donde se le acusa de numerosos delitos, como ocurre en toda época de injusticia social y haya quienes la denuncian: Figuraba como gobernador de Nuevo León el pretoriano general Bernardo Reyes, quien pronto se entera de que Villarreal es hombre de gran categoría y del aprecio que se gana entre quienes le tratan. Entonces ordena que le lleven a su presencia. Según la versión de uno de los escasos biógrafos de Villarreal, el profesor Fortunato Lozano, después de escuchar los consejos del gobernador Reyes, le responde: "Doy a usted las gracias por sus consejos, pero mis ideas seguirán en pie, porque las he meditado durante muchos años.

Cuando obtiene su libertad, comprende que seguirá siendo perseguido en México, y, como otros luchadores, marcha a los Estados Unidos, donde pronto se reúne con los hermanos Flores Magón, quienes tienen su periódico *Regeneración* en San Luis Missouri. Figura entre los firmantes del Programa del Partido Liberal Mexicano, fechado en esa ciudad el año de 1906; pero como piensa que no solamente la palabra, sino la acción, deben ser decisivas en la lucha contra el porfirismo, penetra a territorio mexicano para encabezar el levantamiento de Las Vacas, Coahuila, el año de 1908. También figuran Jesús M. Rangel y un grupo de mexicanos resueltos a combatir al Gral. Díaz. Lógicamente, al ocurrir el fracaso y tornar a los Estados Unidos, las persecusiones aumentan y pronto tiene que ser alojado en prisiones de aquel país.

Desde la campaña política de Madero, figura entre sus más entusiastas partidarios y al estallar el movimiento armado es de los primeros que se lanzan a la lucha en el Estado de Chihuahua y participa en la toma de Ciudad Juárez, donde el señor Madero le confiere el grado de coronel. Como antes de la Revolución, Villarreal será de los más prominentes expositores de las ideas progresistas, por lo que su actividad en el periodismo de la capital del país, en las ideas más avanzadas, sigue ininterrumpida. Con un programa revolucionario perfectamente definido, participa en la Convención del Partido Constitucional Progresista, en septiembre de 1911, para lanzar candidato a la presidencia del país. Afiliado, como hemos dicho, a los radicales, está en la fórmula Madero-Pino Suárez, en contra de los partidarios de Vásquez Gómez. Al triunfo de esta fórmula presidencial, Madero lo designa Cónsul General de México en España, con residencia en Barcelona. Allí contrae matrimonio con la mexicana Blanca Sordo.

Llega 1913 y se produce el cuartelazo de Huerta y el asesinato de Madero y Pino Suárez. Retorna de inmediato al país y toma las armas para combatir al régimen espurio y ursupador. Alzado en armas en su tierra Nuevo León, colabora con Pablo González, Francisco Murguía y Francisco Sánchez Herrera, que destacan en la región. También el hermano de don Venustiano, Jesús Carranza, Alfredo Ricaut y otros jefes. Los triunfos que obtienen le ganan muy pronto el grado de general de Brigada. En octubre de 1913 ataca Monterrey, toma Montemorelos y Linares y al lado del Gral. Pablo González, interviene en la toma de Ciudad Victoria, que alcanzan el 18 de noviembre de 1913. Luego se lanza al ataque sobre Tampico y el 24 de abril de 1914 se realiza la toma de Monterrey. Le acompañan los generales Cesáreo Castro, Pablo A. de la Garza, Teodoro

Elizondo y Francisco Cosío Robelo. Poco antes Villarreal ha sido nombrado Gobernador y Comandante Militar de Nuevo León.

Como hombre de gobierno será congruente con su pensamiento: sirve a los desheredados, establece la Junta Agraria, para calmar las ansias de tierras; además, en el orden material y educativo es ampliamente reconocida su obra, por amigos y enemigos.

Conoce muy bien la necesidad de que las facciones revolucionarias que se van formando deben desaparecer y en 1915 interviene tratando de unificar a carrancistas, representado por Cabrera y con Soto y Gama, Serratos y Manuel V. Palafox de los zapatistas, pero la intransigencia y ambiciones de Carranza impiden la unificación. Desde Torreón, con otros militares, había procurado ese avenimiento. Solamente los zapatistas aceptan la unificación. El prestigio de Villarreal es tan grande, que en el último intento por lograr la unión de los revolucionarios, se le elige presidente de la Convención de Aguascalientes, que luego designa Presidente Provisional de la República, al general Eulalio Gutiérrez.

Momentáneamente se une al carrancismo, incorporándose en Veracruz; pero luego torna a Tampico y marcha a Nuevo León, donde declara: "Yo no soy villista ni carrancista, sólo persigo una objetividad, la realización de las ideas predominantes que encarna la Revolución".

Por poco tiempo es gobernador nuevamente, de Nuevo León; pero los recelos de Carranza le obligan a dejar el país. Torna al proclamarse el Plan de Agua Prieta y es nombrado Secretario de Agricultura, donde inicia la reforma agraria en todo el país. Alguna discrepancia con Obregón, que pronto firmará los antimexicanos Tratado de Bucareli, le hacen renunciar. Es postulado como senador por Nuevo León, pero las intrigas palaciegas de la capital le arrebatan su triunfo legítimo.

Se da cuenta de la dictadura que se está forjando con el obregonismo-callismo, por lo que en 1923 se une a los mejores hombres de la Revolución para combatir al lado de De la Huerta. Derrotado, se regresa al norte. En 1927 combate la reelección de Obregón y en 1929 se le obliga a salir al extranjero. Torna al país, postulado a la presidencia por el Partido Nacional Antirreeleccionista; inicia su gira en Monterrey, pero la rebelión escobarista le hace volver a Estados Unidos. Las tareas políticas de Villarreal van a ser aprovechadas por el vasconcelismo. Su prestigio siempre es grande, por lo que en 1934 nuevamente se lanza a la presidencia, ahora por la Convención Revolucionaria de Partidos Independientes, llevando como contrincante al Gral. Lázaro Cárdenas, que es impuesto por el Jefe Máximo, Calles.

Retirado a la vida privada, con el respeto de adversarios y amigos, fallece en la ciudad de México el 16 de diciembre de 1944. Sus funerales fueron encabezados por el Presidente, Gral. Manuel Avila Camacho.

BELISARIO DOMÍNGUEZ

Nació el doctor Belisario Domínguez en la ciudad de Comitán, Chiapas, el 25 de abril de 1863. Fueron sus padres, don Cleofas Domínguez y doña Pilar Palencia, esta última originaria de la República de Guatemala.

Don Cleofas fue comerciante; sin embargo, durante las luchas por la Reforma contra la Intervención Francesa y contra el Imperio, supo poner a prueba el patriotismo peculiar de la familia Domínguez. Fue hermano de don Gregorio y del General don J. Pantaleón, del mismo apellido. Don Gregorio murió luchando en esta ciudad, defendiéndola contra las fuerzas reaccionarias que, al mando del General Barberena, la atacaban en 1847; y don Pantaleón, que fue militar, comandó el glorioso Batallón de Chiapas, en Puebla, durante las cruentas luchas contra los franceses, habiendo tenido la gloria de poner muy alto el nombre de Chiapas, en el histórico sitio de aquella ciudad. Don Cleofas fue un glorioso mutilado, pues perdió una pierna en el combate, verdaderamente espartano, que sostuvieron unos cuantos civiles, defendiendo la plaza de Comitán contra el vigoroso ataque de las numerosas fuerzas clericales del reaccionario Juan Ortega, el 15 de mayo de 1863. En esa épica jornada, que honra mucho a la ciudad de Comitán, cuna de la independencia de Chiapas y de la Incorporación del mismo Estado a la Confederación Mexicana, murió heroicamente el Presidente Municipal de la misma ciudad, don Francisco de Jesús Castellanos, quien patrióticamente organizó la defensa de la plaza, con un puñado de civiles, como antes se dijo.

Se ha hecho esta disgresión con el objeto de dar a conocer el abolengo patriótico del doctor don Belisario Domínguez. Ahora se pasará a dar a conocer algunos rasgos de la vida ejemplar de este hombre, único por su carácter, que desde su niñez denotaba la rectitud y las energías que había de hacer de él un mártir; y la bondad de su corazón, que, en el ejercicio de su profesión de médico, habrán de hacer de él el Apóstol de la Caridad. Desde su infancia fue respetado por sus condiscípulos, en la escuela primaria.

Cuando terminó su instrucción primaria, en escuelas particulares de Comitán, se dedicó a los estudios de latinidad, siendo su profesor el insigne maestro don Braulio García. Luego pasó a San Cristóbal Las Casas, en 1879, a cursar Preparatoria en el Instituto de Ciencias y Artes del Estado. Por haberse desbordado sobre esa ciudad el río **Amarillo**, en septiembre de ese año, se paralizaron todos los negocios; los establecimientos de enseñanza fueron cerrados; y por tal motivo, don Evaristo, hermano de nuestro biografiado, lo condujo a Comitán, para marchar después, acompañado del mismo Evaristo, para París, a hacer sus estudios preparatorios y profesionales. A los diez años de estudiar en aquella Capital, volvió a su ciudad natal, con los títulos de Médico, Cirujano y Partero, y de Oculista. Se dedicó a ejercer su profesión con modestia y con todo empeño.

Poco después contrajo matrimonio con la señorita Delina Zebadúa. Tuvo en su matrimonio cuatro hijos: Matilde, Hermila, Carmen y Ricardo.

Antes de su matrimonio, su padre, don Cleofas, enfermó gravemente. Fue operado por su hijo, el doctor, con éxito; pero como su anciano padre quedó en estado de no poder estar sin el cuidado inmediato de su hijo, éste no lo abandonó jamás; le prolongó por algunos años la vida. Para no dejar a su padre, declinó altos honores, como el de haber sido designado por el Gobierno del Estado, presidido por el coronel Francisco León, para asistir como Delegado a un Congreso Médico, que tuvo lugar en la capital de Rusia, por el año de 1897.

El año de 1897 falleció su madre, y cinco años después, en 1902, su padre. Poco después marchó a México, a ver si en esa capital encontraba médicos más afortunados que él, que curaran a su esposa, que desde hacía varios años se encontraba delicada de salud. Todo esfuerzo fue inútil y aquella señora falleció también en 1902.

Del año de 1903 son sus hojas sueltas impresas y hechas circular profusamente en la Capital de la República. En la primera, titulada "Chiapas", da a conocer nuestras riquezas desconocidas, la incuria de los gobiernos de Chiapas, su desenfrenado afán de lucro, antes de su interés por el verdadero progreso del Estado, e invita a todos los patriotas, y especialmente a los periodistas de México, para que colaboren con sus valiosos elementos de propaganda, a dar a conocer las necesidades de este apartado rincón de la República.

En la segunda hoja, dirigida a los señores periodistas mexicanos de la ciudad de México, hace a éstos un severo extrañamiento por no haber oído sus súplicas anteriores.

El año de 1904 volvió a Comitán el doctor Domínguez, ya viudo, con tres hijos: Matilde, Hermila y Ricardo, pues Carmen había fallecido años antes.

Estableció una farmacia con la denominación de "La Fraternidad". Contigua a ella, tenía establecido su consultorio, comunicado con aquella por una ventanilla. Acudían a consulta personas de diferentes clases sociales. Recibía el valor de la consulta a quienes, a su juicio podían pagársela, sin sacrificio. Había a quienes no cobraba la consulta, pero pagaban la medicina; pero era mayor número el de gentes pobres que no sólo no les cobraba la consulta, sino que pasaban en seguida a recoger las medicinas a "La Fraternidad". Aquella ventanita que comunicaba su consultorio con la farmacia, le servía para pasarle a su boticario las recetas que deberán despacharse gratis, cuantas veces necesitaba el enfermo el medicamento prescrito por el doctor.

Su humanitarismo tuvo casos notables: alguna vez se le vio por los arrabales de la población, confeccionando personalmente el alimento de algún enfermo; y una noche un grupo de jóvenes paseaban con música en el barrio de San Sebastián, apartado del centro; alguien del grupo se dio cuenta que un individuo decentemente vestido llevaba sobre sus espaldas algunas tablas. La curiosidad hizo que el grupo se propusiera conocer a aquella persona; ante su sorpresa, reconocieron al doctor Domínguez. Le pidieron las tablas para conducirlas a donde él quisiera, pero él les pidió que siguieran su paseo y le dejaran cumplir su misión. Llevaba las tablas que había comprado en una casa del mismo barrio, para improvisar cama a un enfermo infeliz, que yacía en el suelo en humilde choza.

Cuando el gobierno del Estado se incautó, indebidamente, del capital del Hospital Civil de Comitán, el doctor Domínguez defendió aquellos intereses, no sólo por la prensa de la capital del país y por medio de sueltos impresos, sino personalmente, hasta enfrentarse al Gobernador del Estado, don Rafael Pimentel, con respeto, pero con entereza en un banquete que se le dio en la ciudad de Comitán; pidio la devolución de aquellos fondos.

Fue el promotor de la construcción de un edificio para hospital, higiénico y dotado de solar para enfermos y terreno para jardines. La construcción se hizo al sur de la ciudad, con dineros del pueblo, por medio de una Junta que se arbitraba fondos. El edificio se construyó, pero el Gobierno Federal lo ocupó para escuelas.

Aunque no fue político el doctor Domínguez, el pueblo comiteco lo eligió su presidente municipal, en 1911. Ese año, el Obispo de Chiapas, don Francisco Orozco y Jiménez, so pretexto de diferencias políticas entre los pueblos de Tuxtla Gutiérrez y San Cristóbal Las Casas, desconoció al Gobierno del Estado. Chiapas se dividió: Comitán, en su mayoría, se mantuvo con el Gobierno constituido, a pesar de que los "Chamulas", raza indígena del Estado, había sido soliviantado por el Obispo Orozco y Jiménez. Pero el peligro fue conjurado a tiempo, y se recuerda el caso para dar a conocer la viril y abnegada conducta del Presidente Municipal.

En 1912 fue electo Senador suplente por Chiapas, siendo el propietario don Leopoldo Gout. A raíz de la "Decena Trágica", en marzo de 1913, falleció el senador Leopoldo Gout, y el suplente, doctor Domínguez, fue llamado para ocupar aquella curul. Desde entonces la República se enteró de la viril y estoica actitud del doctor Belisario Domínguez en el Senado. Redactó un discurso que no fue pronunciado, pero lo hizo publicar; en esta pieza oratoria denunciaba las tropelías de Victoriano Huerta y su culpabilidad en el asesinato del Presidente Madero y del Presidente Pino Suárez. También pronunció un discurso atacando duramente al régimen usurpador. Pero fue publicado con grandes dificultades, pues casi todas las imprentas se negaron a imprimirlo, por lo que el tirano Victoriano Huerta ordenó su asesinato. Su heroico gesto y su muerte por la democracia, hicieron que gobiernos posteriores emanados de la Revolución, instituyeran la medalla "Belisario Domínguez", para honrar a mexicanos que se distinguieran por su valor cívico.

El doctor Belisario Domínguez fue asesinado el 8 de octubre de 1913, por sicarios de Victoriano Huerta y por intrigas del Dr. Urrutia.

José Meléndez (Editor)
Historia de la Revolución Mexicana, Tomo I

BIBLIOGRAFÍA

ALESSIO Robles, Miguel: *Historia Política de la Revolución.* 3a. ed. Ediciones Botas, México, 1946.
ALESSIO Robles, Vito. *Desfile sangriento.* Ediciones Botas. México, 1936.
BARRAGAN, Juan. *Historia Militar de la Revolución Mexicana.* México, 1952.
BEMIS, Samjel Flagg. *La diplomacia de Estados Unidos en la América Latina.* Fondo de Cultura Económica, México, 1941.
ALVARADO, Salvador. *La actuación revolucionaria de Salvador Alvarado.* Costa-Amic, Editor, México, 1962.
ALMADA, Francisco. *Gobernantes de Chihuahua.* Talleres Gráficos del Gobierno del Estado, Chihuahua, 1929.
ANAYA Ibarra, Pedro María: *Precursores de la Revolución Mexicana.* Secretaría de Educación Pública. México, 1955.
BOJORQUEZ, Juan de Dios. *Los hombres de la Revolución.* México, 1931.
BORQUEZ, Djed. *Crónica del Constituyente.* Ediciones Botas, México, 1938.
BRECEDA, Alfredo. *México revolucionario.* 1913-1917. Madrid, 1920.
BUSTAMANTE, Luis F. *Perfiles y bocetos revolucionarios.* México, 1917.
CAMPOBELLO, Nillie. *Apuntes sobre la vida militar de Francisco Villa.*
CERVANTES, Federico: *Felipe Angeles y la revolución de 1913.* México, 1942.
CERVANTES M. Federico: *Francisco Villa y la Revolución.* Ediciones Alonso, México, 1960.
GENERAL FELIPE Angeles: *Su glorificación.* México, 1944.
GARCIA Granados, Ricardo: *Historia de México.* Desde la restauración de la República hasta la caída de Huerta. 2 vol. Editorial Jus, México, 1956.
GONZALEZ Garza, Federico. *La Revolución mexicana.* Mi contribución literaria y política. México, 1938.
GUZMAN, Martín Luis. *Memorias de Pancho Villa.* Compañía General de Ediciones. 3a. ed. México, 1954.
GUTIERREZ Santos, Daniel: *Historia Militar de México (1876-1914).* Ediciones Ateneo, México, 1955.
ISLAS Bravo, Antonio. *Don Venustiano Carranza.* México, 1938.
KAPLAN, Samuel. *Combatimos la tiranía.* México, 1958.
MAGAÑA, Gildardo. *Emiliano Zapata y el agrarismo en México.* 4 tomos. México, 1952.
MANCISIDOR, José. *Historia de la Revolución Mexicana.* Libro-Mex Editores. 2a. ed. México, 1960.
LAMIQ, Pedro. *Madero, por uno de sus íntimos.* Editorial Azteca.
MADERO, Francisco Indalecio. *Las memorias y las mejores cartas de.* Selección de Armando de María y Campos. Libro-Mex Editores, México, 1956.
MARIA Y CAMPOS, Armando de: *Múgica, crónica biográfica.* Prólogo de José Muñoz Cota. México, 1939.
MAYTORENA, José María: *Algunas verdades sobre el general Alvaro Obregón.* Los Angeles, Cal. 1919.

MADERO, Francisco I. *La sucesión presidencial de 1910.* 2a. ed. México, 1910.
MENA Brito, Bernardino. *Carranza. Sus amigos, sus enemigos.* Ediciones Botas. México, 1935.
MARQUEZ Sterling M. *Los últimos días del Presidente Madero.* Editorial Porrúa. 2a. ed. México, 1958.
MEYER, Jean. *La Cristiada.* Siglo Veintiuno. Editores, México, 1974.
MORENO, Daniel. *Raíces ideológicas de la Constitución de 1917.* Ediciones Metropolitanas. México, 1973.
El Congreso constituyente de 1916-1917. Universidad Nacional Autónoma de México, 1967.
PICHON, Edgumb. *Viva Villa.* 2a. edición. Ediciones Peusser. Buenos Aires, 1952.
PRIDA, Ramón. *De la Dictadura a la Anarquía.* Ediciones Botas, México, 1958.
PUENTE, Ramón. *La Dictadura, la Revolución y sus hombres,* México, 1938.
RAMIREZ Plancarte, Francisco: *La ciudad de México durante la Revolución constitucionalista.* Ediciones Botas, México, 1941.
REED, John. *México insurgente.* Fondo de Cultura Popular. México, 1954.
REYES, Rodolfo: *De mi vida. Memorias Políticas.* 2 tomos. Biblioteca Nueva. Madrid, 1929.
ROMERO Flores, Jesús. *Anales históricos de la Revolución Mexicana.* Libro-Mex. 2a. ed. México, 1960.
ROAIX. Pastor. *Génesis de los artículos 27 y 123 constitucionales.* Prólogo de Antonio Soto y Gama. Instituto de Estudios Históricos de la Revolución Mexicana. México, 1959.
SALINAS Carranza, Alberto. *La Expedición Punitiva.* Ediciones Botas. México, 1936.
SOTELO Inclán, Jesús. *Raíz y razón de Zapata.* Editorial Etnos. México, 1943.
TANNENBAUM, Frank: México, *La lucha por la paz y por el pan.* Revista Problemas Agrícolas e Industriales de México. 1951.
La Revolución Agraria Mexicana. México, Problemas Agrícolas e Industriales de México.
VASCONCELOS, José. *La Tormenta.* Ediciones Botas. México, 1936.
El desastre. Ediciones Botas. México, 1938.
VALDES, José C. *Las caballerías de la Revolución.* Ediciones Botas. México, 1938.
VELASCO Vaidés, Miguel. *Diccionario biográfico de la Revolución Mexicana* (Inédito en su mayor parte, solamente se imprimió, por la Cámara de Diputados, hasta la letra C). México, 1952.
ULLOA, Berta. *La Revolución intervenida.* Relaciones diplomáticas entre México y Estados Unidos (1910-1914). El Colegio de México, 1971.

Gran parte del material utilizado en las biografías, procede del *Diccionario Biográfico de los revolucionarios mexicanos,* obra que aun no termino y del material que aproveché para el *Diccionario Porrúa,* en varios millares de fichas que redacté. *El autor.*

ÍNDICE

	Pág.
Revolucionarios de entonces	7
Prólogo a la segunda edición	10
Nota a la tercera edición	11
Los hermanos Flores Magón	12
Praxedis Guerrero	19
Andrés Molina Enríquez	20
Wistano Luis Orozco	22
La familia Serdán	23
Pascual Orozco	36
Luis Moya (Románticos de la Revolución)	38
Abraham González	41
Filomeno Mata (El sembrador del ideal)	45
Francisco Vásquez Gómez	47
Francisco I. Madero	53
Plan de San Luis Potosí	69
José María Pino Suárez (De la tragedia de 1913)	77
El crimen de la embajada	82
José María Maytorena	90
Emiliano Zapata	95
Plan de Ayala	114
Reformas al Plan de Ayala	120
Otilio Montaño	121
Pancho Villa	122
Un corrido de la muerte de Pancho Villa	137
Benjamín Argumedo	141
Fusilamiento de Benjamín Argumedo	143
Felipe Angeles	146
El personalismo se impone	150
Eulalio Gutiérrez	153
Rodolfo Fierro	154
Le Expedición Punitiva	157
La Constitución de 1917. Forjadores y enemigos	169
Múgica y su revolucionario vivir	176

Pastor Rouaix	182
La sucesión en 1920	192
Venustiano Carranza	196
Salvador Alvarado	210
Felipe Carrillo Puerto	213
Manuel M. Diéguez	216
Alvaro Obregón	219
Obregón visto por Blasco Ibáñez	223
"Granito de Oro". Rafael Buelna	227
Plutarco Elías Calles	231
Pascual Ortiz Rubio	238
Abelardo L. Rodríguez	241
Narciso Bassols	244
Las mujeres en la Revolución	252
Lucrecia Toriz	253
Juana B. Gutiérrez de Mendoza	255
Lázaro Cárdenas	257
Luis Cabrera	260
Jacinto B. Treviño	263
Carlos L. Gracidas	266
Antonio I. Villarreal	268
Belisario Domínguez	272
Bibliografía	277

Este libro se terminó de imprimir en los talleres de PROYECCION CULTURAL MEXICANA, S.A. de C.V., en el mes de Octubre de 1994.
Edición de 40,000 ejemplares

Esta reimpresión de la obra de
Don Daniel Moreno Díaz, se hizo por
encargo de la Secretaría de Educación Pública,
a iniciativa del Profr. Benjamín Fuentes González,
Director General de Educación Primaria.
La edición estuvo al cuidado del
Lic. Jaime Mercado.
El tiraje fue de 40,000 ejemplares
más sobrantes de reposición.